**Kohlhammer**
**Urban**-Taschenbücher

Band 346

# Grundkurs Philosophie

Der Grundkurs Philosophie in den Urban-Taschenbüchern gibt einen umfassenden Einblick in die fundamentalen Fragen heutigen Philosophierens. Er stellt die wichtigsten Bereiche der Philosophie systematisch dar; ergänzend gibt er eine Übersicht über ihre Geschichte von der Antike bis zur Gegenwart. Anliegen des Grundkurses ist es, den Einstieg in die Philosophie zu ermöglichen und zu eigenständigem Denken anzuregen. Besonderer Wert wird deshalb auf eine verständliche Sprache und eine klare Gliederung der Gedankenführung gelegt; zu allen Abschnitten ist weiterführende Literatur angegeben.
Koordination: Friedo Ricken und Gerd Haeffner

Albert Keller

# Allgemeine Erkenntnistheorie

Grundkurs Philosophie 2

3., durchgesehene
und ergänzte Auflage

Verlag W. Kohlhammer

Dritte, durchgesehene und ergänzte Auflage 2006

Alle Rechte vorbehalten
© 1982 W. Kohlhammer GmbH Stuttgart
Umschlag: Data Images GmbH
Reproduktionsvorlage: Andrea Siebert, Neuendettelsau
Gesamtherstellung:
W. Kohlhammer Druckerei GmbH + Co. KG, Stuttgart
Printed in Germany

ISBN-10: 3-17-019053-9
ISBN-13: 978-3-17-019053-5

# Inhalt

7

Die eingeklammerten Ziffern im Text verweisen auf dessen Randnummern. Ebenso die Ziffern in den beiden Registern. Den einzelnen Kapiteln ist weiterführende Literatur beigefügt. Die ausführlichen Titel finden sich in der Bibliographie; sie gibt die in den Literaturhinweisen und Zitaten angeführten Werke und die in den Zitaten gebrauchten Abkürzungen an.

# A. Fragestellung der Erkenntnistheorie

Der Mensch kann seine Aufmerksamkeit nicht nur auf das richten, was ihm begegnet oder womit er sich abgibt, sondern er vermag sie auch auf sein Tun und Erleben selbst zu lenken. Weil er dabei sein Erkennen gleichsam auf sich selbst zurückwendet, nennt man diese Erkenntnisweise reflexiv (vom lateinischen „reflectere“: „zurückbiegen“) und spricht von Reflexion und reflexem Bewusstsein. So kann der Mensch etwa auch darauf achten, dass er erkennt; er besitzt die Fähigkeit zur Erkenntnis der Erkenntnis. Damit verfügt er jedoch noch nicht über eine Erkenntnistheorie.

Wer die aufbauen möchte, dem stellen sich zunächst Fragen, denen sich jeder ausgesetzt sieht, der etwas bewusst anfängt. Er muss überlegen, was er da beginnt, wozu er es unternimmt und wohin es führen soll und wie er folglich vorzugehen hat. Damit sind auch die einleitenden Fragen der Erkenntnistheorie umrissen:1.Was ist Erkenntnistheorie? 2. Warum und wozu betreibt man sie? 3. Wie, d.h. nach welcher Methode, mit welchen Mitteln und in welcher Schrittfolge ist sie zu entfalten? Zum Unterschied vom Vorgehen auf anderen Gebieten lassen sich im erkenntnistheoretischen Rahmen diese Fragen jedoch nicht ohne Vorbereitung angehen. Die Erkenntnistheorie erforscht nämlich die Erkenntnis, stellt aber zugleich selbst eine Art Erkenntnis dar; somit muss sie sich auch mit sich selbst beschäftigen, also reflexiv verfahren und ihr eigenes Vorgehen in ihr Untersuchen einbeziehen. Bevor deshalb die Frage angegangen wird, was Erkenntnistheorie sei, ist zu bedenken, wie Fragen generell von statten geht, und dann näher zuzusehen, was es heißt, eine Frage von der Form „Was ist Erkenntnistheorie?“ zu stellen.

## I. Das Fragen

Martin Heidegger (1889–1976) vermerkt: „Jedes Fragen ist ein Suchen.“ Dann erläutert er, zu diesem „Verhalten eines Seienden, des Fragers“, gehöre ein Gefragtes, ein Befragtes und ein Erfragtes (Heidegger 1979, § 2). Sieht man von rhetorischen Fragen ab, deren Antwort als gegeben unterstellt wird (Beispiel: „Hast du keine Augen im Kopf?“), so ist das richtig: Wer fragt, sucht; selbst wenn er in einer Prüfung die Antwort auf seine Frage bereits kennt, so sucht er damit doch das Wissen des Befragten zu ermitteln.

9

4 Allerdings ist nicht umgekehrt alles Suchen auch ein Fragen; man denke nur an einen gefangenen Vogel, der einen Ausweg aus seinem Käfig sucht. Das Fragen grenzt sich vom übrigen Suchen dadurch ab, dass es sprachlich formuliert sein muss. Aber darin liegt nicht der einzige Unterschied. Wer fragt, weiß auch, wonach. Dagegen kann das suchende Verhalten eines Tieres – aber auch eines Säuglings oder sonst eines unbewusst handelnden Menschen – durch angeborene oder erworbene Verhaltensmuster auf etwas hingesteuert sein, ohne dass dies dem Suchenden als Ziel bewusst ist. Wo jedoch der Mensch mit Bewusstsein sucht oder fragt, weiß er auch wonach; das, was Heidegger das Gefragte nennt. Ohne dieses Vorwissen würde alles Suchen und Fragen sinnlos. Ich kann etwa niemandem beim Suchen helfen, wenn ich nicht weiß, wonach er Ausschau hält; denn ich merkte nicht einmal, wenn ich auf das Gesuchte stieße, könnte es also nie finden. Freilich kann jemand, der eine Bücherei durchstöbert, auf die Frage, was er denn suche, bisweilen zutreffend antworten „Nichts Bestimmtes!" Dann schaut er sich unter den Büchern nicht nach einem um, dessen Titel er kennt, sondern sieht sie nur danach durch, ob er irgendeines entdeckt, das ihn interessieren könnte. Es genügt also eine recht vage Idee, die das Suchen leitet – und ähnlich unbestimmt kann man auch fragen wie bei den vier Fragen der Philosophie nach Immanuel Kant (1724–1804): 1. Was kann ich wissen? 2. Was soll ich tun? 3. Was darf ich hoffen? 4. Was ist der Mensch? (Kant, Logik, A 25) Dennoch bleibt auch bei der allgemeinsten Fassung einer Frage die Forderung bestehen: Wer fragt, muss wenigstens ungefähr wissen, wonach. Weil ohne dieses Vorwissen keine Frage zustande käme, kann unser Erkennen nicht mit Fragen beginnen.

5 Suchen jedoch gehört von Anfang an zum menschlichen Erkennen. Bereits das Neugeborene zeigt durch Abwehrverhalten etwa gegen laute Geräusche oder Kälte und durch suchende Zuwendungsbewegungen zur Mutterbrust oder auf Wärme hin, dass angeborene Interessen sein Erkunden leiten, das auf ein entsprechendes Suchziel eingerichtet ist. Das jeweilige Hin- oder Wegstreben kommt zur Ruhe, wenn das Gesuchte erreicht ist. Derartige instinktiv gesteuerte Verhaltensweisen, die man als Suchen deutet, finden sich auch beim Tier, ja dort in viel reicherer Ausgestaltung als beim Menschen; dieser erweist sich auch auf dieser zur Erkenntnis gehörenden Ebene als „Mängelwesen", wie ihn A. Gehlen (1904–1976) wegen seiner „Instinktreduktion" genannt hat. Allerdings hat dieser Mangel auch Vorteile. Bereits J. G. Herder (1744–1803), Gehlen vorwegnehmend, stellt fest: „Eben deswegen kommt der Mensch so schwach, so dürftig, so verlassen von

dem Unterricht der Natur, so ganz ohne Fertigkeiten und Talente auf die Welt, wie kein Tier, damit er, wie kein Tier, eine Erziehung genieße, und das menschliche Geschlecht, wie kein Tiergeschlecht, ein innig verbundenes Ganzes werde!" (Herder 1960, 68).

Jedenfalls muss der Mensch, weil er mit den kärglichen Mustern des ihm zu Verfügung stehenden instinktiven Verhaltens nicht auskommt, mehr als jedes Tier durch das, was er selbst erfährt und erkennt oder – noch häufiger – von anderen lernt, aus diesen Vorgaben aufbrechen. So gelangt er zu einer Offenheit der Welt gegenüber, die ihn vom Tier unterscheidet. Wie einer der Väter der Verhaltensforschung, J. von Uexküll (1864–1944), gezeigt hat, ist jede Tierart fest in ihre besondere Umwelt eingebettet, und sie nimmt nur das für sie Bedeutsame daraus wahr. Das gilt auch für höherentwickelte Arten, obwohl sie über einen größeren, von den Instinkten nicht festgelegten Freiraum verfügen, in den hinein sie ihr Umweltverhalten durch das, was sie lernen, erweitern können. Die Menschen allein jedoch, obwohl auch bei ihnen jeder in einer durch Anlage und Tradition bedingten Eigenwelt lebt; vermögen diese Umwelt – etwa indem sie die Welt des anderen verstehen – zu überschreiten und „weltoffen", ja über die Welt hinausgreifend, zu erkennen. Die spezifisch menschliche Tendenz zur Erkenntnis über das biologisch Nützliche hinaus, die in diesem Sinn „triebfrei" und daher uneingeschränkt ist, kommt nun nicht als etwas anderes zur menschlichen Erkenntnis hinzu; sie zeigt sich vielmehr als deren dynamische Seite: das menschliche Erkennen stellt zugleich ein Streben dar, das auf kein Objekt und keinen Gegenstandsbereich festgelegt ist, sondern auf alles hin offen auslangt. Gewiss erkennt auch der Mensch zunächst selektiv; d.h. seine Wahrnehmung und Einsicht ist, bedingt durch eigene Interessen und äußere Anlässe, jeweils nur mit Ausschnitten und eingeschränkten Rücksichten des Erkennbaren befasst. Aber er ist imstande, diese Begrenztheit selbst zu entdecken und damit zu überschreiten. Allerdings muss er, um ein bestimmtes Gebiet oder Objekt genauer in den Blick zu bekommen, sein der Anlage nach unbeschränktes Erkenntnisinteresse darauf konzentrieren, und zwar vor allem dadurch, dass er sich vorsetzt, wonach jetzt gefragt ist. Auch so erweist sich das Wissen um das Gefragte als unerlässliche Vorbedingung für das Fragen.

*Literatur:*

Gadamer 1972, Zweiter Teil II, 3c.
Uexküll 1970.

## 2. *Das Erfragte*

6  Hingegen scheint das, was Heidegger das Erfragte nennt, also die angezielte Antwort, nicht gleichermaßen unabdingbar. Zwar behauptet auch Ludwig Wittgenstein (1889–1951), es könne nur gefragt werden, „wo eine Antwort besteht" (Wittgenstein, TLP Nr. 6.51); aber ob eine Antwort gegeben werden kann oder nicht, lässt sich erst ausmachen, wenn die Frage bekannt ist. So ist es erst 1931 dem Mathematiker Kurt Gödel (1906–1978)) gelungen, zu beweisen, dass es unentscheidbare Sätze in dem Sinn gibt, dass sich in jedem formalisierten System, das hinreicht, die elementare Zahlentheorie zu umfassen, Sätze konstruieren lassen, die im System nicht entscheidbar sind. Weil damit gezeigt ist, dass kein derartiges System vollständig formalisierbar ist, spricht man vom ersten „Unvollständigkeitstheorem" Gödels. Dennoch liegt hier eine Frage vor, nämlich, ob ein Satz in einem System zulässig ist, die – mit den Mitteln dieses Systems – nicht beantwortet werden kann. Die Unbeantwortbarkeit verhindert dennoch die Fragestellung nicht – ganz abgesehen davon, dass auch die Feststellung, ein Problem sei nicht zu entscheiden, als Antwort aufgefasst werden kann. Soviel allerdings ist einzuräumen: eine Frage ließe sich nicht ernsthaft stellen, wenn man ihre Beantwortung von vornherein als unmöglich ansähe..

*Literatur*

Gödel 1931.
Stegmüller 1973a.

## 3. *Das Befragte*

7  Als dritte Bedingung dafür, dass gefragt werden kann, nennt Heidegger das Befragte. Meist wird jemand andere Menschen fragen; aber er kann sich auch selbst eine Frage vorlegen. Wenn er zu deren Beantwortung Bücher oder Schriften heranziehen muss, kann man sagen, er befrage den Text; und wenn er gleichsam mit seinen Experimenten die Natur. Auch bei ihr gilt, dass durch die Fragestellung bereits weitgehend festgelegt wird, welche Antwort man erwarten kann und welche nicht. In der Wissenschaftstheorie hat man daraus gefolgert, „dass es pure empirische Daten überhaupt nicht gibt. Denn da jede Beobachtung bereits mitbestimmt ist durch theoretische Implikationen

und da insbesondere für die Interpretation von experimentell gewonnenen Daten die Geltung bestimmter Naturgesetze schon vorausgesetzt werden muss, auf Grund deren das Funktionieren der Messapparaturen erklärt wird, lässt sich jede experimentell ermittelte Tatsache als ‚Tatsache' nur im Bezugsrahmen bereits akzeptierter theoretischer Voraussetzungen konstatieren" (Ströker 1973, 82).

Dass eine Frage schon eine bestimmte Auswahl trifft aus dem zu Erkennenden, sollte uns daher bewusst sein. Aber es ist auch zu überlegen, an wen sich die Frage richten soll. Zumindest wenn sie an einen Menschen gestellt wird, bekundet das Fragen selbst überdies die Bereitschaft, dem Befragten Glauben zu schenken; und entsprechend vertraut, wer experimentiert, auf die Verlässlichkeit der Versuchsergebnisse.

*Literatur:*

Patzig 1980.
Popper 1976, V. Kap.

## 4. Sinnvolle Formulierung der Frage und Scheinfragen

Eine vierte, von Heidegger nicht hervorgehobene Bedingung des Fragens liegt darin, dass die Frage formuliert werden muss. Sie lässt sich nur in einer bereits vorliegenden Sprache stellen; sofern man das wissenschaftliche Experiment zu den Fragen rechnet, entspräche die Kenntnis der Gesetzlichkeiten, die für die Versuchsanordnung zu berücksichtigen sind, der Sprachkenntnis, die sonst für das Fragen erforderlich ist. Auch das zeigt, dass die Frage nicht die erste Stelle in unserer Erkenntnis einnehmen kann, weil sie bereits von anderem Bekannten ausgehen muss.

In den Kreis dieser Bedingung gehört auch die Forderung, dass die Frage sinnvoll sein müsse. Danach wären Fragen unzulässig – oder treffender gesagt: sie kämen gar nicht als Frage zustande –, wenn sie sinnlose Wörter enthielten (Beispiel: „wer hat eine Birte?") oder sonst gegen dieses Sinnpostulat verstießen. Das kann auf vielfältige Weise geschehen. So darf die Frage nichts Widersprüchliches enthalten („Wie berechnet man den Flächeninhalt eines viereckigen Kreises?") oder unvereinbare Eigenschaften verknüpfen („Wieviel Gramm wiegt eine Idee?", „Was war vor dem Anfang der Zeit?"), aber etwa auch keine Ursachen für Sachverhalte suchen, die es nicht gibt („Warum lebt Josef Stalin noch?", „Wer hat Goethe ermordet?"). Leider liegt die Sinnlosigkeit bei weitem nicht immer so auf der Hand wie in den angeführten Beispielen, die ohnehin keinesfalls den Anspruch erheben, vollständig darzutun, wodurch eine Frage sinnlos werden kann. Wenn etwa Heidegger als „erste aller Fragen" die sieht: „Warum ist überhaupt Seiendes und nicht vielmehr Nichts?" (Heidegger 1966, 1), dann fragt er nicht bereits deshalb Unsinniges, weil er die (Teil-)Frage „Warum ist Nichts?" für möglich zu halten scheint. Denn diese Frage muss nicht – sinnlos – nach der Ursache für nichts suchen; sie kann etwa auch nur eine Erklärung dafür wollen, wieso da nichts ist, wo der Frager erwartet oder vermutet hätte, es könne etwas sein. Allerdings muss eingeräumt werden, dass der Sinn einer solchen Frage nicht sehr klar erscheint.

10 Da dieser Eindruck auch bei anderen Fragen der Metaphysik entsteht, hat sie sich – verstanden als Wissenschaft von dem, was „hinter" der sinnenhaft erfahrbaren Wirklichkeit liegt – den Verdacht zugezogen, als ganze unsinnig zu sein. Besonders der Neopositivismus des Wiener Kreises (eine Gruppe von Philosophen, darunter R. Carnap, P. Frank, M. Schlick, O. Neurath, die vor 1938 in Wien schulbildend wirkten) erklärte nicht nur metaphysische Lehrsätze, sondern bereits deren Problemstellung für sinnlos. Allerdings machte man sich die Aufgabe zu einfach, indem man neben logisch-mathematischen Aussagen nur jene als sinnvoll zuließ, die auf Beobachtungsaussagen zurückführbar waren. Wenn man – recht willkürlich – den Begriff „Sinn" so festlegt, dann ergibt sich die Sinnlosigkeit der metaphysischen Aussagen, eben über das Beobachtbare hinausgehenden Aussagen zwangsläufig. Will man jedoch begründen, warum Sinn so verstanden werden müsse, dann gerät man unweigerlich selbst in metaphysische Erörterungen – denn aus Beobachtungen allein lässt sich diese Norm nicht ableiten. Das Ungenügen dieses Ansatzes wurde schließlich auch im Wiener Kreis selbst erkannt, ohne man das Problem, was unter „Sinn" zu verstehen sei, auf eine Weise zu lösen vermochte, die nicht nach eigener Festlegung selbst als sinnlos gelten musste. Wittgenstein, der diese Richtung beeinflusste, merkt deshalb sogar konsequent am Ende seines Erstlingswerks „Tractatus logico-philosophicus" an: „Meine Sätze erläutern dadurch, dass sie der, welcher mich versteht, am Ende als unsinnig erkennt, wenn er durch sie – auf ihnen – über sie hinausgestiegen ist." (Nr. 6.54) Für ihn entstehen philosophische (Schein-)Probleme allerdings deshalb, weil nicht beachtet wird, wie die Sprache funktioniert (Wittgenstein, TLP, Nr. 4.003; PhU I, Nr. 133).

Ein Verdienst dieser Philosophiekritik bleibt: sie hat die Gefahr ins Licht gerückt, Scheinfragen nachzuhängen. Denn ähnlich wie die Kenntnis des ersten Hauptsatzes der Thermodynamik („Im geschlossenen System bleibt die Summe der Energie konstant") verhindert, dass einer seine Erfinderarbeit darauf verschwendet, das nach diesem Satz unmögliche Perpetuum mobile erster Art (eine Maschine, die ohne Energiezufuhr laufend Arbeit leistet) zu entwickeln, so kann auch der Aufweis, bei einer Problemstellung handle es sich um eine Scheinfrage, viel vergebliches Bemühen um deren Beantwortung ersparen. Allerdings ist bisweilen ein solcher Nachweis selbst nicht leicht; er hängt zudem nicht selten davon ab, dass geklärt ist, was unter „Sinn" begriffen werden soll, so dass er erst nach einiger Vorarbeit zu erbringen ist.

*Literatur:*

Carnap, 1966.

## 5. Der Ausgangspunkt der Frage

Außerdem – und damit ist eine letzte Bedingung des Fragens angeführt – hängt die Sinnhaftigkeit einer Frage auch davon ab, von welchem Wissensstand aus sie gestellt wird. Es hat etwa wenig Sinn, in einem Kreis ohne logische und physikalische Vorbildung die Frage anzugehen, ob die Logik der Quantenmechanik die klassische Logik für ihren Bereich außer Kraft setzt oder nicht. Sodann ändert sich die Bedeutung der Frage je nach dem Wissen, auf das sie aufbaut. Die Frage: „Was soll man tun, wenn der Verdacht auf eine Lebensmittelvergiftung besteht?" erwartet eine verschiedene Beantwortung, wenn sie einmal von einer Hausfrau ihrer Nachbarin, dann im Erste-Hilfe-Kurs und schließlich einem Facharzt gestellt wird. Auch die Anekdote vom rasanten Fahrer, der anhält und fragt: „Wo bin ich hier?" und auf die Antwort: „In der Bahnhofstraße!" erwidert: „Bitte, keine Einzelheiten. In welcher Stadt, möchte ich wissen", verdeutlicht, dass die Frage ein unterschiedliches Ziel hat – und wohl auch verschieden formuliert werden sollte –, je nach dem Stand des Wissens, von dem sie ausgeht.

Um fragen zu können, muss man also über Wissen verfügen; und zwar nicht nur Wissen darüber, wonach man fragt, an wen sich die Frage richtet und wie sie folglich zu stellen oder zu formulieren ist, sondern auch, – im reflexiven Beachten der für die Frage bedeutsamen Kenntnisse – über den Unterbau des Wissens, von dem aus das Fragen weiterführen soll. Um diese Stufe zu erkennen, muss jedoch nicht nur das Wissen, sondern auch seine Grenze zum Nichtwissen bekannt sein. Deshalb ist der Sokrates (469–399 v.Chr.) zugeschriebene Satz: „Ich weiß, dass ich nichts weiß", der diese Begrenztheit des eigenen Wissens zur Kenntnis nimmt, unerlässlicher Ansatzpunkt für das „Streben nach Weisheit", wie „Philosophie" nach Sokratischem Verständnis zu übersetzen wäre, in dem sie noch alle Wissenschaft umfasste.

Es ist nämlich nicht so sehr die Beschränktheit des menschlichen Erkennens selbst, die dem Fragen und damit dem Fortgang der Erkenntnis vor allem im Wege steht. Viel hinderlicher ist der falsche Glaube, überall schon hinreichend Bescheid zu wissen, der Fragen nicht aufkommen lässt, da er die Grenzen des eigenen Wissens ignoriert und deshalb auch nichts unternimmt, sie zu überschreiten. Man kann diese Haltung, die sich über Bedingtheit und Begrenztheit des jeweiligen Kenntnisstandes keine Rechenschaft gibt, nach Kant „Dogmatismus" nennen, sollte dann aber – weil das Wort an „Dogmatik", die theologische Disziplin der Glaubenslehren, erinnert – auch den Hinweis Kants beachten, im „Dogmatism der Metaphysik" liege „die wahre Quelle alles der Moralität widerstreitenden Unglaubens, der jederzeit gar sehr dogmatisch ist" (Kant, KrV, B XXX).

Auf den ersten Blick scheint nun der Skeptizismus, der alle sichere Erkenntnis bestreitet, dieser dogmatischen Haltung am entschiedensten entgegengesetzt, da er der menschlichen Erkenntnis überhaupt keine Reichweite zutraut, während der Dogmatische deren jeweilige Begrenztheit übersieht. Näher besehen stellt sich jedoch eine überraschende Verwandtschaft der skeptischen Einstellung mit der dogmatischen heraus, da auch sie nicht in der Lage sich über die Grenzen des menschlichen Erkennens Rechenschaft zu geben. L. Wittgenstein bemerkt im Vorwort zu seinem „Tractatus logico-philosophicus": „Um dem Denken eine Grenze zu ziehen, müssten wir beide Seiten dieser Grenze denken können (wir müssten also denken können, was sich nicht denken läßt)." Und G. W. I. Hegel (1770–1831) lehrt noch weitergehen: „Als Schranke, Mangel wird etwas nur gewusst, ja empfunden, indem man zugleich darüber hinaus ist ... Es ist daher nur Bewußtlosigkeit, nicht einzusehen, dass eben die Bezeichnung von etwas als einem Endlichen oder Beschränkten den Beweis von der wirklichen Gegenwart des Unendlichen, Unbeschränkten enthält, dass das Wissen von Grenze nur sein kann, insofern das Unbegrenzte diesseits im Bewußtsein ist" (Hegel, 1959, § 60).

Dass etwas nur dann als begrenzt erfasst werden kann, wenn der Blick über seine Grenze hinausreicht, lässt sich schon an räumlichen Endlichen verdeutlichen: Wenn mein Gesichtskreis nur einen Radius von zehn Metern hätte und sich dahinter das Gelände im Nebel verlöre, könnte ich nicht ausmachen, ob und wo eine über die Sichtweite hinaus sich erstreckende Ebene eine Grenze fände. Wer also nicht blind und unberechtigt behaupten will, die Erkenntnis als ganze sei begrenzt, dessen Erkenntnis müsste gerade über jede so festgestellte Grenze hinausreichen. Dieser anscheinende Widerspruch lässt sich auflösen, falls man die Beschränkung der Erkenntnis und ihre Grenzenlosigkeit unter zwei verschiedenen Rücksichten ansetzt und nach einer Aristotelische Unterscheidung als Erkenntnis als Potenz und Akt einander gegenüberstellt. Das nämlich, was die Erkenntnis jedes einzelnen wie die der Menschheit insgesamt tatsächlich, als »Akt« im genannten Sinn, erreicht, bleibt immer endlich; dasjenige, woraufhin sie sich potentiell erstreckt, wonach sie ausgreift und uneinschränkbar fragt, reicht immer weiter ins Grenzenlose – und von ihm her erst kann sie sich über ihre eigene Begrenztheit Rechenschaft geben und so – wie diese Überlegungen zeigen – dieses Unbegrenzten als des unendlichen Horizonts ihrer Ausrichtung bewusst werden, so dass es nach Hegel „Gegenwart diesseits im Bewusstsein ist".

Wer der menschlichen Erkenntnis diese ihre Anlage aufs Grenzenlose hin in einer im erkenntnistheoretischen Sinn falschen, weil wirklichkeitswidrigen Bescheidenheit bestritte, wie das nicht wenige Skeptiker versuchen, gerade der ist nicht mehr imstande, seine Aussagen über die Begrenztheit der Erkenntnis zu rechtfertigen; und so öffnet er dem Dogmatismus das Tor, da er ja in seinem unbegründeten Behaupten selbst dogmatisch vorgeht. Auch wenn sich der Skeptizismus in das Gewand „Ehrfurcht vor dem Geheimnis" hüllt, gemäß der Maxime Goethes: „Das schönste Glück des denkenden Menschen ist, das Erforschliche erforscht zu haben und das Unerforschliche ruhig zu verehren", so wird auch diese Haltung, wenn sie sich zur Behauptung versteigt, man habe in der Erkenntnis Grenzen deshalb zu beachten, weil hinter ihnen ein tabuisierter, dem Weiterfragen verbotener Bezirk liege, nicht nur erkenntnishemmend, weil sie Fragen untersagt, sondern auch unverantwortbar, weil sie sich nur begründen ließe, wenn man die Grenzen zum verborgenen Geheimnis zumindest in einem vermutenden Vorgriff schon überschritten hätte. Gegen diese Einstellung, die sich bisweilen auch in religiöser Verkleidung findet, wendet sich durchaus mit ethischem Anspruch Sokrates, wenn er lehrt: „Da möchte ich entschieden verfechten, dass wir besser sind und mannhafter und weniger träge, wenn wir glauben, man müsse das suchen, was man nicht weiß, als wenn wir meinten, was man nicht wisse, das könne man auch nicht finden und brauche es daher auch nicht zu suchen" (Platon, Menon, 86bf).

Auch Bosheit, Feigheit und Trägheit könnten danach Erkenntnis hindern und sich hinter der Selbstbeschränkung auf das gerade vorliegende Wissen verbergen: sie werden in dem Maße überwunden, als wir auf mehr Erkenntnis aus sind in einem Streben, das keine unüberschreitbaren Grenzen anerkennt und gerade deshalb die vorhandene Begrenztheit zu erkennen imstande ist, die es unaufhörlich zu überschreiten gilt.

## 6. Die Motivation, nach etwas zu fragen

*Literatur:*

Reinisch 1969.
Weischedel, 1972, II, §§ 114–131.
Hogrebe 2004

14 Dass wir stets auf der Grenze zwischen Wissen und Nichtwissen stehen und das auch erkennen, ist nur eine Vorbedingung unseres Fragens. Wir werden aber gedrängt, diese Grenze zugunsten des Wissens zu verschieben durch eine von der Natur mitgegebene Triebkraft, wie Aristoteles (384–322 v.Chr.) im ersten Satz seiner Metaphysik feststellt: „Alle Menschen streben von Natur aus danach zu wissen." Und da unser Erkennen seiner Ausrichtung nach unbegrenzt ist, strebt es danach, immer mehr zu wissen, ja möchte mit Faust zu sagen: „Zwar weiß ich viel, doch möcht' ich alles wissen!" Gerade wenn wir auf die Begrenztheit unseres Erkennens angesichts einer darüber weit hinausragenden Wirklichkeit stoßen, reagieren wir mit Staunen. Das galt deshalb der klassischen griechischen Philosophie bei Sokrates, Platon (427–347 v.Chr.) und Aristoteles als Anfang des Strebens nach Weisheit, als Beginn des Philosophierens. Wie weit man jedoch – vom Drang, mehr wissen zu wollen, bewegt – die Grenze von Nichtwissen auf mehr Wissen hin verlegt, tilgen lässt sie sich nie; denn mit der Zunahme des Wissens, das ja eine Vorbedingung des Fragens darstellt, nimmt die Menge des Fragbaren nicht ab, sondern sie wächst. Je mehr ich weiß, um so mehr weiß ich auch, dass ich nichts weiß, d.h. um so mehr Bereiche entdecke ich, die ich nicht hinreichend kenne, um so mehr Fragen kann ich stellen, ohne schon die Antwort zu wissen.

15 Weil wir indes nicht allem gleichermaßen nachgehen können, tritt angesichts dieses zunehmenden Angebots von Fragbarem zu den übrigen Fragen und diese abwägend noch die Überlegung hinzu: Welche Fragen aus den uns möglichen stellen sich uns vordringlich, so dass andere hinter ihnen zurückstehen müssen? Die Antwort auf diese Leitfrage wird je nach der jeweiligen Situation des Fragenden verschieden ausfallen. Aristoteles meint mit dem Blick auf die Wissenschaftsgeschichte, wie er sie sieht: zuerst kämen die Fragen nach dem Lebensnotwendigen; dann jene, die sich darauf beziehen, was das Leben an-

nehmlich mache; dann erst, wo man Muße habe, gelange man schließlich zu den Fragen nach den ersten Gründen und nach dem Wozu, dem Ziel von allem, also zu den Fragen der Philosophie im engeren Sinn. Sie würden um ihrer selbst willen gestellt und seien so die freien, weil sie nicht im Dienst einer anderen Frage stehen, deshalb den anderen übergeordnet und der Weisheit näher (Aristoteles, Met. 1, 981b–983a). In der Tat stehen wir ständig vor Fragen, die wir uns nicht eigens aussuchen, sondern die unser Beruf oder die Planung unserer Freizeit, die Bedürfnisse des Alltags oder die Wünsche unserer Mitmenschen an uns herantragen. Wir fragen etwa: „Wer käme für diesen Auftrag in Frage?", „Wie wird wohl das Wetter?", „Was kostet das?", „Was kann ich für Sie tun?" Solche Fragen gehörten im Aristotelischen Sinn zu den Sorgen ums Überleben oder um die Bequemlichkeit des Lebens. Wir können uns davon so sehr in Anspruch nehmen lassen oder ohne unser Dazutun durch die Not des Lebens so gefangen sein, dass wir uns die Fragen nicht selbst stellen, sondern sie uns gestellt finden; „denn", bemerkt Aristoteles in diesem Zusammenhang, „die menschliche Natur ist in vielfacher Weise eine Sklavin" (Aristoteles, Met. I, 982b 29); daher ist sie genötigt, dem Satz zu folgen: „Primum vivere, deinde philosophari" („Erst leben, dann philosophieren").

Als freier muss der Mensch allerdings versuchen, über diesen Zustand hinauszugelangen und selbst zu bestimmen, mit welchen Fragen er sich befasst und welche vor anderen zu behandeln sind; er wird sich Klarheit verschaffen über seine Beweggründe, warum er gerade das eine vor dem anderen fragt, und wenn er die Priorität einer Frage rechtfertigen will, hat er zu bedenken, wozu er überhaupt fragt und nach Erkenntnis sucht. Das aber führt ihn zu der Frage, worin er als Mensch lebt und worauf es für ihn letztlich ankommt oder – in einer anderen Formulierung – zu den vier Fragen der Philosophie, wie sie Kant zusammengefasst hat (4). Diese wären deshalb für den Menschen, insofern er frei sein will, unabweisbar. Daraus ergibt sich indes nicht die unerfüllbare Forderung, jeder habe, um verantwortlich leben zu können, Fachphilosoph zu sein.

Man kann sich nämlich einer Frage mit recht unterschiedlichem Nachdruck widmen; das hängt ganz davon ab, wie viel Zeit und Mühe man für ihre Beantwortung aufwenden kann und will. Daneben bestimmen auch die geistigen und materiellen Mittel, über die der Fragende verfügt, die Intensität, mit der er einer Frage nachgeht. Entscheidender ist dennoch die Motivation des Fragenden, das damit gegebene Interesse, das bedingt, in welchem Maß er diese Mittel einsetzt. Wenn jemand eine Frage, zu der ihn kein Beweggrund hinzieht, dennoch nicht umgehen kann, dann wird er für die Beantwortung wenig Umsicht aufwenden, sondern sich mit einer – wenn nicht ganz ausweichenden –

vorläufigen, sehr ungefähren und kaum begründeten oder überprüften Antwort zufrieden geben. Liegt ihm an der Frage, so wird er hingegen versuchen, sie möglichst gründlich, systematisch und genau zu beantworten. Mit nach oben und unten offenen Grenzen lassen sich so beliebig viele Grade der Sorgfalt beim Erarbeiten einer Frage angeben. Wird die Frage innerhalb einer Wissenschaft angegangen, ergeben sich so auch unterschiedliche Grade der Wissenschaftlichkeit. Weil nicht jeder, der sich eine Frage stellt, an deren Beantwortung die strengsten Maßstäbe (die sich ohnehin immer noch steigern lassen) anlegen kann – will er nicht die Beschäftigung mit einer derartigen Frage völlig vereiteln –, ist eine nichtwissenschaftliche oder nichtfachphilosophische Meinungsbildung zu vielen Fragen nicht nur legitim, sondern bisweilen unerlässlich. Allerdings wird der Nichtfachmann in der Regel – das ist bei philosophischen Fragen nicht weniger zu beachten als bei denen der übrigen Wissenschaften – um so eher in der Fachdiskussion schweigen, je mehr er über Einblick in das betreffende Fach verfügt. Da gilt nämlich nicht selten der Spruch (nach Boethius, 480–524 n.Chr.): „Si tacuisses, philosophus mansisses" („Hättest du geschwiegen, wärst du Philosoph geblieben"), d.h. wer die Grenzen seiner Erkenntnis kennt, erkennt auch hier mehr als einer, der meint, überall mitreden zu können.

Wer es sich leisten kann, einer Frage systematisch nachzugehen und wen sein berechtigtes Interesse dazu führt, der muss sich auch der genannten Fragebedingungen vergewissern – selbst wenn er sich das sonst, wenn er fragt und antwortet, nicht ständig ausdrücklich bewusst machen kann. Er hat sich also Rechenschaft darüber zu geben, wonach er fragt; ferner wo er anfragt und von wem, von welchem Wissensstand aus, die Frage gestellt wird; auch weshalb man fragt, gilt es zu überlegen, und wie die Frage – in Kenntnis dieser übrigen Bedingungen – sinnvoll zu formulieren und wie aufwendig sie anzugehen ist, d.h. auch so zweckmäßig, dass sie am ehesten die erwartete Antwort in der gewünschten Genauigkeit und Begründetheit findet

*Literatur:*

Coreth 1964, §§ 1–33.
Hersch 1981.

18

## II. Die „Was-ist-Frage"

### 1. Die Frageform: »Was ist a?«

Auch wenn wir überlegen, worauf eine Frage von der Form: „Was ist a?" zielt, wird erneut deutlich, dass wir viel für selbstverständlich ansehen, was bei näherem Zusehen durchaus nicht so unbedenklich erscheint. Wir halten es etwa gemeinhin für ausgemacht, man müsse nur Deutsch können, um für alle Fälle zu wissen, wonach mit einem Satz von der Form „Was ist a?" gefragt ist. Indes verdeutlicht ein simples Beispiel, dass das nicht stimmt. Nehmen wir an, zwei Freundinnen treffen sich nach längerer Trennung; die eine teilt der anderen mit: „Denk dir, ich habe mich verlobt." Die andere gratuliert und fragt: „Was ist denn dein Verlobter?" Antwortete die Freundin nun: „Ein Mensch" oder „ein Mann" oder „ein Erwachsener", würde sich die andere zu Recht veralbert fühlen und sagen: „Danach habe ich nicht gefragt!" Obzwar alle Auskünfte der Freundin zuträfen, hätte sie damit die Frage der anderen nicht beantwortet; diese wollte nämlich wissen, welchen Beruf der Verlobte habe. In allen angeführten Fällen aber ging es um die Einordnung eines Individuums (des Verlobten) in eine Klasse; dabei konnte die Fragerin davon ausgehen, dass seine Zugehörigkeit zu den Klassen, die mit „Mensch", „Mann", „Erwachsener" bezeichnet werden, nicht in Frage steht, also auch nicht in der Antwort anzugeben ist.

Aber damit sind die möglichen Ziele einer Frage der Form: „Was ist a?" keineswegs erschöpft. Sie kann sich ebenso nach der Zugehörigkeit zu einer Art zu einer übergeordneten erkundigen (Beispiel: „Was ist ein Schakal?«", angezielte Antwort: „Ein hundeartiges Raubtier") wie nach der Identifikation eines Einzelobjekts („Was ist Hungen?". „Eine hessische Kleinstadt in der Wetterau") oder nach der Definition eines Wortes („Was ist ›Hermeneutik‹?". „Die Wissenschaft von den Regeln des Verstehens"); bisweilen kann die Frage nach der Bedeutung eines Wortes jedoch nur mit Beispielen der Wortanwendung beantwortet werden („Was ist ›auberginenfarben‹?«: „Zum Beispiel dieses Kleid dort"). Auch damit sind die unterschiedlichen Fragemöglichkeiten, die mit der Form „Was ist a?" verfolgt werden können, nicht vollständig aufgezählt. Wegen der Wandelbarkeit und Biegsamkeit der normalen Sprache ist das auch kaum zu leisten; die kann auch etwa nach mathematischer Gleichheit so fragen: „Was ist die Wurzel aus 16?" Außerdem ändert sich die Frage, wenn Zusatzerläuterungen beigefügt werden. So hieße die Antwort auf die Frage: „Was ist „a'?" wohl: „Ein Vokal" oder „Der erste Buchstabe im Alphabet"; fragte man aber:

„Was ist ‚a‘ in der nun wiederholt gebrauchten Formel „eine Frage in der Form von: ‚Was ist a‘?‘‘, dann lautet die Antwort: „‚a‘ ist hier eine Variable, für die man Eigennamen oder Prädikate einsetzen kann, damit aus der Frageform eine Frage wird‘‘ (die angeführten Beispiele nahmen jeweils eine solche Einsetzung vor).

Vor allem im philosophischen Sprachgebrauch kann eine derartige Frage noch ein weiteres Ziel haben; man denke an die Frage Kants: „Was ist der Mensch?‘‘ (4) Hier ist nicht eine Antwort angezielt, die man in einem Satz geben könnte; vielmehr erwartet diese Frage eine umfassende Erörterung all dessen, was den Menschen kennzeichnet; bisweilen sagt man auch, sie frage nach dem Wesen des Menschen. Ähnlich könnte ein Astronom sagen: „Wir fragen uns, was ein Quasar ist. Wir wissen es noch nicht.‘‘ Der Einwand, „Quasar‘‘ stehe doch bekanntlich für „Quasi-stellare Radioquelle‘‘ würde ihn nicht erschüttern. Er könnte entgegnen: Natürlich ist die Bedeutung des Wortes „Quasar‘‘ bekannt; wir haben sogar einige entdeckt, können sie jeweils in einer Himmelsgegend lokalisieren und kennen auch verschiedene ihrer Aktivitäten. Aber wir wissen nicht genau, um welche Art sternartiger Gebilde es sich dabei handelt. Deshalb kann man behaupten, wir wüssten nicht, was Quasare sind. Danach suchen wir noch. Bei einer so verstandenen Frage der Form „Was ist a?‘‘ weiß man also schon ungefähr, was mit dem für a eingesetzten Prädikat gemeint ist, hat schon einen Begriff davon; allerdings müsse der, dazu fordert die Frage gerade auf, noch weiter bestimmt oder gefüllt werden. Den Anfangsbegriff, von dem man dabei ausgeht, nennt man bisweilen auch Vorbegriff oder heuristischen Begriff (vom griechischen „heuriskein‘‘; „finden‘‘), weil er das Auffinden erleichtern soll, indem er das Suchen leitet. Wo die „Was-ist-Frage‘‘ eine Begriffserläuterung sucht, geht sie oft von einem derartigen Anfangswissen aus, das die ungefähre Bedeutung des fraglichen Begriffs schon fasst, und will sie nur genauer kennen lernen. Mitunter fragen wir aber auch nach der Bedeutung eines völlig unbekannten Begriffs; dann wissen wir aber, dass es sich um einen Begriff oder ein Wort handelt, oder wir unterstellen das zumindest.

*Literatur:*

Heidegger 1962.

## 2. Die Wortbedeutung

Wörter unterscheiden sich von sinnlosen Laut- oder Buchstabenfolgen dadurch, dass sie eine Bedeutung haben. Unter der Bedeutung eines Ausdrucks in einer Sprache verstehen wir seine bekannte Gebräuchlichkeit. Ein Wort hat für jemand also eine Bedeutung, wenn er weiß, wofür es gebräuchlich ist, welche Aufgabe oder Funktion es in der Sprache erfüllt. Damit ist „Bedeutung" in dem weiten Sinn getroffen, in dem man auch etwa von der Bedeutung eines Schalters an einem Armaturenbrett reden könnte. Unter anderen Funktionen unterscheidet man für Wörter eine synsemantische und eine (auto-)semantische Bedeutung. Semantik befasst sich mit der Beziehung zwischen Zeichen und Bezeichnetem. Synsemantika sind Ausdrücke, die nur in Verbindung mit anderen etwas bezeichnen, z.B. „sehr", „obwohl", „mit". Ihre Aufgabe besteht darin, die inhaltlichen (semantischen) Ausdrücke wie „Haus", „Peter", „lieben" in Beziehung zueinander zu setzen oder zu modifizieren. Man kennt ihre Bedeutung, wenn man weiß, wofür sie gebräuchlich sind; die vorgeschlagene Bestimmung von „Bedeutung" trifft auch für sie zu. Will man davon Bedeutung im engeren Sinn abgrenzen, dann bestimmt man sie als „bekannte Gebräuchlichkeit eines Ausdrucks, für etwas anderes zu stehen". Sie kenne ich, wenn ich weiß, wofür der Ausdruck stellvertretend zu gebrauchen ist. Die Bedeutung gibt also eine Norm an, denn sie sagt nicht nur, dass der Ausdruck gebraucht wird, sondern wie oder wofür er zu gebrauchen ist.

Bei der semantischen Bedeutung unterscheidet man noch den Bedeutungsgehalt, auch Komprehension, Inhalt oder Intension genannt, vom Umfang oder der Extension, dem Anwendungsbereich des Begriffs. In der Regel ist der Anwendungsbereich um so enger, je reicher der Bedeutungsgehalt ist und umgekehrt. Der Begriff „Junggeselle" besagt etwa inhaltlich mehr (nämlich „unverheirateter") als „Mann", entsprechend enger ist sein Anwendungsbereich: er betrifft nicht alle Männer, sondern nur jene, die nicht verheiratet sind oder waren.

Nach Auskunft der Sprachphilosophie wird die Bedeutung eines Wortes allein dadurch bestimmt, wie die Sprachbenutzer es gebrauchen, und nicht durch eine naturgegebene Entsprechung zwischen den Sprachzeichen und dem, wofür sie stehen (Keller, 1989, 48–57 und 85–120). Daraus erwächst ein beachtliches Problem; denn was etwa das Wort ‚Mensch' im Deutschen bedeutet, entscheiden demnach ausschließlich die Deutschsprachigen dadurch, wie sie es verwenden. Demnach ist auf die Frage: „Was bedeutet das Wort ‚Mensch'?" zu antworten: „Genau das, was die Deutschsprachigen durch ihren Gebrauch dieses Wortes festlegen." Sie bestimmen den Anwendungsbereich und grenzen dadurch ab, worauf der Begriff anzuwenden ist

24

und worauf nicht. Nun ist es aber denkbar – und leider nicht nur denkbar, wie die Geschichte zeigt –, dass eine Sprachgemeinschaft eine Rasse oder sonst eine menschliche Gruppierung nicht als Menschen bezeichnet. Sind die dann keine Menschen mehr, nicht mehr Menschen zu nennen, nur weil ein derartiger Sprachgebrauch herrscht? Oder aktueller gefragt: „Sind Embryos dann nicht zu den Menschen zu rechnen, wenn es die Mehrheit in ihrem Sprachgebrauch so festlegt?"

Dieses Problem lässt sich auch von der „Was-ist-Frage" her aufrollen. Nicht alle derartigen Fragen erkunden – das zeigen die angeführten Beispiele (13) – die Bedeutung eines Wortes. Zunächst erscheint es jedoch in den meisten Fällen, wo wir in die Frageform „Was ist a?" für a ein Prädikat oder einen Eigennamen einsetzen, unerheblich, ob man das Ergebnis als Frage nach einer Sache oder nach einer Wortbedeutung ansieht. Wir suchen anscheinend nach der gleichen Antwort, ob wir etwa fragen: „Was ist Allergie?" oder: „Was bedeutet das Wort ‚Allergie'?", die erfragte Auskunft könnte in beiden Fällen lauten: „Allergie, das ist die Überempfindlichkeit eines Organismus gegen Reizstoffe." Setzt man jedoch statt ‚Allergie' ‚Mensch' ein, dann scheinen beide Fragen nicht mehr so leicht austauschbar; „Was ist der Mensch?" fragt nach etwas anderem als „Was bedeutet das Wort ‚Mensch'?", denn – wie bereits erwähnt (14) – scheint die erste Frage die Kenntnis der Bedeutung von ‚Mensch', zumindest als eines heuristischen Begriffs schon vorauszusetzen. Außerdem wird an diesem Beispiel deutlicher, dass es bei der Frage nach der Wortbedeutung von ‚Mensch' die Sprachgemeinschaft ist, bei der die letzte Auskunft zu holen ist, dass wir aber doch zögern, auf die Frage „Was ist der Mensch?" die Antwort hinzunehmen: „Genau das, was die Deutschsprachigen in ihrem Gebrauch des Wortes ‚Mensch' festlegen."

*Literatur:*

Frege, 1962.
Putnam, 2004

*3. Reden in der Sprache – Reden über die Sprache*

25 Um hier Klarheit zu gewinnen, aber auch um Antinomien (in einem logischen System ableitbare Widersprüche) zu vermeiden, hat man gefordert, es sei stets zu unterscheiden, ob man in einer Sprache oder über eine Sprache rede. Die Sprache, in der man über eine andere redet, bezeichnet man als Metasprache, die andere als Objektsprache.

Wenn über die Bedeutung eines sprachlichen Ausdrucks geredet wird, geschieht das demnach in der Metasprache; wenn jedoch etwa gefragt wird: „Was ist der Mensch?", ziele ich damit nicht auf ein Wort, sondern auf die „Sache"; ich rede nicht über das Wort, sondern mittels des Wortes; ich führe es nicht an, sondern ich verwende es. Worte und Ausdrücke, über die man redet, die man also anführt, setzt man zur Kennzeichnung in Anführungszeichen und hebt sie so von denen ab, die man verwendet.

Allerdings ist mit dieser Unterscheidung das Problem nicht ganz gelöst. Wenn wir zum Beispiel auf die Behauptung stoßen: „Ein Fisch ist ein Wirbeltier, das durch Kiemen atmet!", kann nicht ohne weiteres als ausgemacht gelten, dass es sich dabei um eine Aussage über eine bestimmte Art von Wasserbewohner und nicht um eine Feststellung über die Sprache der Zoologie handelt. Das hängt nämlich vom Kontext ab. Wenn in ihm darüber diskutiert wird, weshalb Wale in der Zoologie nicht als Fische bezeichnet werden, dann wird über den Sprachgebrauch der Zoologie geredet. Fragt da etwa einer: „Wodurch unterscheidet sich der naturwissenschaftliche Begriff ‚Fisch' von dem der Umgangssprache, die von Walfischen und Tintenfischen redet?", dann könnte die Antwort lauten: „Die Zoologie engt die Bedeutung des Wortes ‚Fisch' ein auf Wirbeltiere, und zwar auf solche, die nicht auf Lungenatmung angewiesen sind, sondern durch ihre Atmungsorgane den Sauerstoff aus dem Wasser aufnehmen können. Deshalb lässt sich der zoologische Sprachgebrauch durch die Festlegung bestimmen: ‚Ein Fisch ist ein Wirbeltier, das durch Kiemen atmet.'" Damit redet diese Aussage über die Sprache und gehört selbst zu einer Metasprache. Hingegen spräche man nicht über die Sprache, über das Wort „Fisch", sondern über die damit bezeichnete Tiergruppe, wenn mit dem gleichen Satz etwa auf die Frage geantwortet würde: „Wie können Fische atmen, da sie doch fast alle keine Lunge haben?"

Dies zeigt auch, dass man sich zunächst vergewissern muss, in welcher Sprache geredet wird, welche Bedeutung den verwendeten Ausdrücken zukommt, bevor man über die Wahrheit der Aussagen urteilen kann. Die Klärung der Sprache muss der Erörterung der Sache vorausgehen. Denn wenn man die herkömmliche Umgangssprache zugrunde legte, wäre die Aussage: „Fische sind Wirbeltiere, die durch Kiemen atmen" falsch, da Tintenfische keine Wirbeltiere sind und Walfische oder Delphine nicht durch Kiemen atmen, obwohl sie in dieser Sprache Fisch genannt werden. „Aber in Wirklichkeit sind es dennoch keine Fische", möchten wir wohl einwenden, „sondern im Wasser lebende Kopffüßer oder Säugetiere!" Der Einwand ist jedoch irreführend. Denn statt „in Wirklichkeit" müsste es heißen: „Nach der – von uns freilich als maßgeblich angenommenen – Sprachregelung der

Zoologen, in der sie die Tiere anders einteilen, als es die Umgangssprache bisweilen nahelegt." Bei der Verwendung der Wörter ‚wirklich' oder ‚Wirklichkeit' ist also Vorsicht geboten, damit wir nicht mit ihnen den Anspruch erheben, etwas bestehe unabhängig von einer Meinung, vom Wünschen und Denken, und dann doch etwas nur ‚wirklich' nennen, weil es der herrschenden, d.h. als maßgeblich angenommenen Auffassung entspricht.

Ein weiteres Problem wird noch durch die Unterscheidung des Redens über Sprache und in der Sprache betroffen. Eine Allaussage, also etwa ein naturwissenschaftliches Gesetz von der Form: „Für alle x gilt, wenn x das Prädikat P zukommt, dann kommt ihm auch das Prädikat Q zu" oder – mit logischen Kürzeln („Symbolen") geschrieben – „$\bigwedge x(P(x) \Rightarrow Q(x))$", wird offenkundig durch ein einziges Gegenbeispiel widerlegt oder – wie man dafür auch sagt – falsifiziert. So wurde die Behauptung „Alle Schwäne sind weiß!" durch den ersten schwarzen Schwan, den man in Australien entdeckte, bereits als falsch erwiesen. Dennoch verbirgt sich hier wieder eine Schwierigkeit. Würde man es nämlich von der weißen Farbgebung abhängig machen, ob ein Exemplar dieser Unterfamilie der Entenvögel „Schwan" genannt werden soll oder nicht, dann würde man bei der Entdeckung eines derartigen Vogels, der nicht weiß ist, nicht die Allaussage: „Alle Schwäne sind weiß" als widerlegt ansehen, sondern einfach feststellen, dass es sich bei diesem merkwürdigen Vogel nicht um einen Schwan handle. Damit ist die Allaussage vor der Widerlegung geschützt oder – wie man in der Wissenschaftstheorie sagt – gegen Kritik immunisiert, indem man sie als metasprachliche Erläuterung einer Wortbedeutung oder als Begriffsfestlegung auffasst und nicht als eine Behauptung über die Farbe bestimmter Schwimmvögel, also über einen Bereich der Wirklichkeit. Auf diese Weise lassen sich generelle Aussagen immer unabhängig von Beobachtungsergebnissen festhalten und so in dieser Hinsicht kritikimmun gestalten, wenn man sie als Vorschrift über den Sprachgebrauch nimmt. Wer entschlossen ist, die Verwendung eines Begriffs davon abhängig zu machen, ob ein bestimmtes Merkmal bei allen seinen Anwendungsfällen vorliegt, den kann kein Nachweis beirren, dass für einige dieser Fälle das geforderte Merkmal fehle, weil er dann nur folgern wird, dass darauf der Begriff nicht hätte angewandt werden dürfen. Für dieses Vorgehen spricht, dass es die Begriffsbedeutung konstant erhält, wodurch die Sprache verlässlich bleibt. Dagegen spricht jedoch, dass es die sachliche Korrektur etwa von Gesetzesaussagen in den Wissenschaften zu vereiteln vermag, indem es die Sprachregelungen umdeutet. Ferner erlaubt es, an einer Terminologie festzuhalten, obwohl sie sich vielleicht als unbrauchbar erwiesen hat, den ihr zugeordneten Wirklichkeitsbereich zu erfassen; für dessen Tatbestände müssen dann zusätzlich neue Ausdrücke eingeführt werden, so dass die Sprache unübersichtlich wird. Deshalb scheint eine kontrollierte Sprachentwicklung erforderlich, wenn man die Wirklichkeit übersichtlich wiedergeben will. Dabei muss angegeben werden, wenn man ein Wort in einer Bedeutung zu verwenden gedenkt, die von der herkömmlichen abweicht. Das wichtigste Mittel zu einer so überwachten Sprachentwicklung stellt für die wissenschaftliche Sprache die Definition dar.

*Literatur:*

Petöfi, 1975.
Tarski, 1935.

## 4. Definition und Worteinführung

An die gerade erörterte Unterscheidung zwischen dem Reden in einer Sprache über etwas anderes und dem – metasprachlichen – Reden über diese Sprache erinnert eine Einteilung in der klassischen Definitionslehre. Dort wurde nämlich zwischen Nominal- und Realdefinition unterschieden. Die Nominaldefinition hatte „die genaue Bedeutung eines Sprachzeichens zu umgrenzen", die Realdefinition „das artliche Wesen einer Sache anzugeben" (Brugger, 1976, 56).

Dabei wird verwischt, dass jede Definition zum metasprachlichen Bereich gehört, denn in ihr geht es immer um die Bestimmung der Bedeutung eines Sprachzeichens; sie redet also über etwas Sprachliches, selbst wenn sie dabei auch auf Sachen Bezug nähme. Das Wort „Definition" kommt vom lateinischen ‚de-finire': ‚abgrenzen'; denn in der Definition soll der Anwendungsbereich eines Begriffes dadurch umgrenzt werden, dass sein Bedeutungsgehalt sprachlich festgelegt wird (16). Verwendet man eine symbolisierte Schreibweise, dann setzt man für „x wird definiert als y" oder „x ist definitorisch gleich y" die Form „x=df y" oder auch „x def y" oder einfach „x=y". Der zu definierende Ausdruck, auch Definiendum genannt, steht dabei an der Stelle von x, die zur Definition verwendeten, als Definiens bezeichneten, sind für y einzusetzen. Nach der traditionellen Definitionslehre sollte das Definiens den nächsthöheren Gattungsbegriff, das „genus proximum", zum Definiendum angeben und dazu den artbildenden Unterschied, die „differentia speci-fica". Als Beispiel für eine derartige Definition könne man nennen: „Ein Quadrat =df ein gleichseitiges Rechteck", aber auch die klassische Definition des Menschen: „Der Mensch =df ein vernunftbegabtes Lebewesen".

30 Eine Schwäche dieser Definitionsvorschrift liegt darin, dass sie nicht gestattet, Beziehungen oder Funktionen zu definieren, sondern nur einstellige Prädikate. „Einstellig" heißt ein Prädikat, wenn es zusammen mit einem Namen einen einfachen Satz bildet, z.B. ist „schläft" einstellig, weil es sich mit einem Eigennamen zu dem Satz ergänzen lässt: „Fritz schläft"; dagegen ist „liebt" zweistellig („Fritz liebt Ilse") und „liegt zwischen" dreistellig („Ulm liegt zwischen Stuttgart und Augsburg"). Einstellige Ausdrücke dieser Art bezeichnet man auch als Eigenschaften, mehrstellige als Beziehungen.

Ein weiterer Nachteil des traditionellen Definitionsschemas besteht darin, dass nicht feststeht, was als „nächster Oberbegriff" oder „genus proximum" zu gelten hat. Ein Quadrat kann nämlich nicht nur definiert werden als gleichseitiges Rechteck, sondern ebensogut als rechtwinkliger Rhombus. Deshalb benutzt die moderne Wissenschaft auch verschiedene andere Definitionsweisen. Die Physik definiert „Kraft = df Masse mal Beschleunigung"; die Chemie „Kochsalz = df Natriumchlorid (NaCl)"; und die Theologie könnte von der extensionalen Definition Gebrauch machen, die alle Elemente nennt, auf die der zu definierende Begriff angewandt werden kann, indem sie festsetzt: „Die Evangelisten =df Matthäus und Markus und Lukas und Johannes, der Apostel". In dieser letzten Definition dürfte Johannes nicht dadurch von Johannes dem Täufer unterschieden werden, dass man ihm, wie sonst üblich, den Titel „der Evangelist" beilegt, weil dadurch gegen die Regel verstoßen würde, Definitionen dürften nicht zirkulär sein, das Definiens dürfte also keine Ausdrücke enthalten, die auch im Definiendum vorkommen oder erst mit Hilfe des Definiendums ihrerseits zu definieren wären, denn das Definiens muss eine wohlbestimmte Bedeutung haben, die man nicht selbst wieder mit Hilfe des Definiendum bestimmen kann. „Daraus ergibt sich einerseits eine Reihenfolge für die Definitionen in der Sprache S, da die im Definiens vorkommenden definierten Ausdrücke Definiendum einer früheren Definition sein müssen, andererseits folgt, dass nicht alles definiert sein kann, d.h. man müsste auf wohlbestimmte Grundausdrücke der Sprache S zurückgehen, die selber nicht definiert sind" (Keller, 1989, 116) Sonst käme man nämlich in der Kette des Definierens an kein Ende, sondern müsste ins Unendliche immer weiter zurückschreiten in einem „regressus in infinitum".

31 Eine Definition setzt also bereits eine vorliegende Sprache voraus. Ein Sonderfall liegt beim Kalkül vor. Darunter versteht man ein System von Figuren mit dazugehörigen Operationsregeln; es kann einen logischen (Logikkalkül) oder mathematischen Aufgabenbereich ebenso bezeichnen wie etwa ein Schachspiel. Seine Elemente kann man nämlich allein dadurch bestimmen, dass man angibt, wie mit ihnen geregelt

zu verfahren ist. Obwohl im Kalkül von der (semantischen) Bedeutung abgesehen wird, nennt man seine Figuren oder Elemente auch „Zeichen" und deren Bestimmung „Definition". Diese Ausdrücke haben hier aber dann eine von der sonst üblichen abweichenden Bedeutung, auch wenn man das oft nicht angibt. Selbst wenn in derartige „Definitionen" die vorliegende Sprache nicht eingehen muss, weil sie ja nicht die semantische Bedeutung eines Ausdrucks durch andere wiedergeben will, so benötigt man diese Sprache doch zur Erläuterung der jeweiligen Elemente und Regeln.

Auf dieser Ebene gibt es also eine „Unhintergehbarkeit der Sprache", wie man – bisweilen mit zu weitgehenden Folgerungen – diesen Tatbestand beschrieben hat. Ähnliches besagt die Feststellung, dass die Umgangssprache die letzte Metasprache darstelle. Es wurde ja gefordert, dass man beim Reden über eine Sprache, die dann Objektsprache heißt, eine andere ‚Sprachstufe', die Metasprache benutzen solle. Wenn über diese Metasprache geredet wird, benötigt man dann eine Meta-Metasprache. Diese Hierarchie der Sprachstufen kann beliebig fortgesetzt werden; da aber auch hier nicht ins Unendliche zurückgegangen werden kann, muss die in einer Erörterung letzte Stufe der Metasprache selbst umgangssprachlich erläutert werden.

Es bleibt die Frage, wie die Grundwörter dieser und jeder Sprache, die zuletzt undefinierbar angenommen werden müssen und auf die dann die weiteren definierten Begriffe in einer Kette von Definitionen zurückgehen, in ihrer Bedeutung, die man für das weitere Vorgehen zugrunde legt, kenntlich gemacht oder – wie man dafür fachsprachlich sagt – eingeführt werden können.

Dafür gibt es die Alternative: Entweder die Einführung setzt Sprachkenntnis voraus oder nicht. Im ersten Fall kann ich den Ausdruck entweder rein sprachlich einführen, indem ich seine Bedeutung umschreibe, das von ihm Bezeichnete beschreibe oder Beispiele seiner Anwendung benenne (z.B.: „Gemüse" bezeichnet verschiedene essbare Pflanzen und die daraus bereitete Speise, etwa Kohl, Bohnen, Möhren, Spinat usw.); oder ich kann zusätzlich zur Sprache noch Hinweisgesten benutzen oder sprachlich erläuterte Beispiele vorzeigen (z.B. „Dies ist ein Telefon" oder „das ist purpurrot, das hingegen nicht"). Die mit Hinzeigen verbundene Einführung heißt „deiktische", die andere könnte man „erläuterte exemplarische" nennen. (Der Ausdruck „Hinweisdefinition" ist ungeeignet, denn es handelt sich hier nicht um Definitionen, sondern um vordefinitorische Einführungen.)

Da diese Einführungen aber die Kenntnis der Sprache bereits voraussetzen, können sie nicht die ursprüngliche Einführungsart darstellen. Die kann allein in der exemplarischen Einführung, im engeren Sinn gesehen werden. In ihr wird der Sprachgebrauch nicht noch einmal sprachlich erläutert, sondern in wechselnden Situationen und unterschiedlichem Kontext wird vorgeführt, wofür ein Ausdruck gebraucht werden kann und wofür nicht. Im Beobachten solcher Beispiele und Gegenbeispiele erlernt auch das Kind ursprünglich die Sprache. Die so in einer Sprachgemeinschaft eingeführten Ausdrücke sind aufgrund des lebendigen Gebrauchs nie endgültig in ihrer Bedeutung umgrenzbar und fixierbar und variieren zudem noch durch die verschiedenen sozialen oder räumlichen Gruppierungen innerhalb einer solchen Sprachgemeinschaft, die zu Soziolekten und Dialekten führen. Unter anderem um in diese vagen und schwankenden Bedeutungen verlässlichere Abgrenzungen zu markieren, bedarf es der Definitionen.

Dass die erforderlich sind, ist keineswegs selbstverständlich. Zu den Regeln des richtigen Definierens gehört es nämlich, dass sich – als Ergebnis der Definition – Definiens und Definiendum so entsprechen müssen, dass sie in jedem Kontext füreinander einsetzbar sind, ohne dass sich dadurch die Bedeutung des Satzes ändert, in dem sie vorkommen. Dies entspricht der Forderung nach Eliminierbarkeit (Ausscheidbarkeit) der definierten Ausdrücke, die der französische Mathematiker und Philosoph Blaise Pascal (1623–1662) aufgestellt hat. Aus dieser Austauschbarkeit von Definiens und Definiendum ergibt sich die Nichtkreativität der Definition. Sie besagt, dass aus einer Definition keine neue Tatsachenbehauptung abgeleitet werden kann, die nicht auch ohne die Definition hätte gefolgert werden können. Da so der definierte Ausdruck prinzipiell vermeidbar ist, könnte es scheinen, Definitionen seien theoretisch entbehrlich.

Dennoch muss Wissenschaft definieren, weil Definitionen höchst zweckmäßig sind und ohne sie ein wissenschaftliches Arbeiten undurchführbar würde. Man definiert also nicht um des Definierens willen, sondern um die Bedeutung eines sprachlichen Ausdrucks genauer zu bestimmen, denn darin besteht die Aufgabe jeder Definition. Mit ihr wird auch die Absicht bekundet, einen Ausdruck innerhalb einer Erörterung oder einer Wissenschaft, für die er definiert wurde, stets in der mit der Definition angegebenen Bedeutung zu verwenden. Dabei sind drei Möglichkeiten denkbar. Entweder der Ausdruck hat bereits eine für die beabsichtigten Zwecke hinreichend bestimmte Bedeutung, die man übernehmen möchte; oder die vorliegende Bedeutung des Ausdrucks ist zu ungenau oder er soll abweichend vom üblichen Gebrauch interpretiert werden; oder der Ausdruck ist völlig neu, es soll für ihn erstmals eine Bedeutung festgesetzt werden. Im ersten Fall geht es darum, die vorhandene Bedeutung festzustellen. Eine solche Feststellung kann wahr oder falsch sein. Als (feststellende) Definition kann sie nur insofern bezeichnet werden, als sie zugleich die Vorschrift besagt, den Ausdruck auch künftig in eben der

33

festgestellten Bedeutung zu verwenden. Wie alle Definitionen ist sie als Vorschrift zweckmäßig oder unzweckmäßig, nicht aber wahr oder falsch. Eine derartige Feststellung nennt man auch Begriffsanalyse. Dagegen spricht man im zweiten Fall, wo die vorgefundene Bedeutung nicht übernommen, sondern ihre Grenzen neu festgesetzt werden, bisweilen von Begriffsexplikation (der Ausdruck ist zwar nicht glücklich gewählt, aber seit Carnap für die Gegenüberstellung eines unexakten Begriffs mit einem entsprechenden exakteren üblich). Man kann diese Definition, die wie die dritte eine festsetzende ist, auch einengende oder verschärfende Definition nennen. Im dritten Fall würde ein Ausdruck durch die Definition völlig neu eingeführt, etwa um einen neu abzugrenzenden oder neu entdeckten Wirklichkeitsbereich zu benennen (wenn die Astronomen die Bezeichnung „Quasar" einführen, liegt ein solcher Fall vor) oder um eine umständliche Formulierung durch einen kurzen neuen Ausdruck zu ersetzen. Das kann allerdings auch bei den anderen Definitionsarten beabsichtigt sein.

Die hier angegebene Unterscheidung zwischen festsetzender und feststellender Definition wird heute bisweilen mit den alten Ausdrücken Nominal- und Realdefinition wiedergegeben; man sagt etwa: „Durch eine Nominaldefinition wird ein neuer Begriff in die Wissenschaftssprache eingeführt und diese somit erweitert, während durch eine Realdefinition ein bereits bekannter Begriff auf andere bekannte Ausdrücke in Übereinstimmung mit deren Intensionen zurückgeführt ... wird" (Essler, 1970, 62). Man sollte jedoch diese traditionelle Terminologie eher meiden, weil unklar bleibt, in welcher Bedeutung sie verwendet wird.

*Literatur*:

Essler 1970.
Gabriel 1972.

## 5. Die Frage nach dem Wesen

Ursprünglich beansprucht die Realdefinition das Wesen einer Sache auszudrücken (27). Auch Fragen von der Art „Was ist der Art „Was ist der Mensch?" oder „Was ist das Leben?" werden oft so aufgefasst, dass sie – da der in der Frage verwendete Begriff ja nicht neu einzuführen, sondern bekannt ist – nach dem Wesen der fraglichen Sache (und nicht nur nach einer „Nominaldefinition") suchen. Allerdings müsste für solche Vorhaben geklärt sein, was unter „Wesen" zu verstehen ist. Obwohl dieser Begriff in der philosophischen Tradition eine wichtige Rolle spielt, ist seine Bedeutung nämlich recht unbestimmt geblieben. Platon und Aristoteles verwenden den griechischen Ausdruck ‚ousia‘, dessen vielschichtig Bedeutung aber bereits die mittelalterliche scholastische Philosophie nötigte, ihn mit zwei verschiedenen Ausdrücken in ihr Latein zu übersetzen, nämlich ‚substantia‘ und ‚essentia‘, deutsch mit ‚Substanz‘ und ‚Wesen‘ wiedergegeben. Unter ‚Wesen‘ versteht man in dieser Tradition dreierlei: „Wesen (W) bildet zunächst als Sosein den Gegenpol zu Dasein und wird dann Wesenheit (Wh) genannt. Wie das Dasein auf die Frage, ‚ob‘ ein Seiendes ist, antwortet, so das Sosein auf die Frage, ‚was‘ ein Seiendes ist; deshalb heißt die Wh auch Washeit (lat: quidditas). Wendet man für das Dasein das Wort ‚Existenz‘ an, so bezeichnet man im Ggs dazu die Wh als ‚Essenz‘.“ Nach einer zweiten Bedeutung besagt Wesen das Wesentliche, „das eigentliche oder wahrhafte Sein der Dinge, das ihre erscheinende Gestalt hervorbringt, trägt und verständlich macht … Während die erscheinende Gestalt der Vereinzelung, dem Wechsel und so der NichtNotwendigkeit unterliegt, tritt das W als der Vereinzelung Überlegenes, Bleibendes und Notwendiges auf.“ Schließlich „heißt auch das Einzelseiende ein W; wir sprechen sogar von Einzel-W“ (Lotz, 1976, 463f.).

In der ersten hier erwähnten Bedeutung entspräche also „Wesen“ der Antwort auf die Frage „Was ist a?“, ohne dass hier die Vielfalt möglicher Antwortarten berücksichtigt ist (19f.). Die dritte Bedeutung wird umgangssprachlich schon dadurch von den anderen abgehoben, dass man hier nicht wie in den beiden anderen Fällen eine Genitivergänzung setzt, also nicht vom Wesen einer Sache redet, sondern etwa von lebenden Wesen schlechthin. Die zweite angeführte Bedeutung von „Wesen“ steht im Vordergrund, wenn man – über die Frage hinaus, was etwas sei – nach dem Wesen einer Sache fragt. Dazu werden drei Merkmale angegeben, die jedoch nochmals eine unterschiedliche Bedeutung von „Wesen“ nahelegen. Wenn das Wesen als Bleibendes dem Wechsel gegenübergestellt wird oder als das, was die erscheinende Gestalt hervorbringt und trägt, nähert es sich der Aristotelischen oder Kantischen Sinn, die als Selbständiges unter ihren wechselnden Eigenschaften dieselbe bleibt. Als „der Vereinzelung Überlegenes“ verweist es auf den Allgemeinbegriff, der in vielen einzelnen verwirklicht sein kann, oder auf dessen Grundlage im Einzelnen. Mit „Notwendiges“ wird wohl nicht behauptet, dass die Sache, von deren Wesen die Rede ist, selbst notwendig sei; vielmehr wird angegeben, etwas sei der Sache so wesentlich – und in diesem Sinn für sie notwendig –, dass sie ohne das, was zu ihrem Wesen gehört, aufgehoben würde. Dennoch dürften damit nicht ihre Existenzbedingungen gemeint sein; ohne Sauerstoff kann etwa der Mensch nicht leben, er ist lebens-notwendig, aber er zählt wohl nicht zu seinem Wesen.

Diese Bedeutung von „Wesen" kann wohl nur erläutert werden, wenn man die traditionelle klassifikatorische Definitionslehre mit ihrer Forderung nach Bestimmung eines Begriffs aus dem unmittelbar vorgeordneten Gattungsbegriff und dem artbildenden Unterschied zugrundelegt und dazu noch die Prädikabilienlehre der Aristotelischen Logik heranzieht. Die fünf Prädikabilien geben darin die Arten an, wie ein Begriff von einem Gegenstand ausgesagt werden kann (abgeleitet von diesen Zuschreibeweisen nennt man auch die so verwendeten Begriffe Prädikabilien). Zugleich ermöglicht das, Urteile als „analytisch" oder „synthetisch" zu bestimmen.

Nehmen wir als Beispiel die klassifikatorische Definition eines Quadrates als ‚gleichseitiges Rechteck'. Dann lassen sich die fünf Prädikabilien folgendermaßen angeben. 1. „Quadrat" heißt die Art oder die „species". 2. „Rechteck" die Gattung oder das „genus proximum". 3. „Gleichseitig" der artbildende Unterschied, die „differentia specifica". Damit wäre das „Wesen" des Quadrats angegeben, die Merkmale zusammengefasst, die es ausmachen. Weitere Merkmale können ihm dann entweder notwendig oder zufällig (akzidentell) zukommen. Dass sich in ihm die Diagonalen halbieren und einen rechten Winkel zueinander bilden, wäre ein notwendiges Merkmal; dass es etwa die Seitenlänge von zehn Zentimetern hat, wäre in dem Sinn zufällig, dass Quadrate ebenso gut ganz andere Seitenlängen haben können. 4. Eine notwendig zugeschriebene Eigenschaft heißt ‚Proprium'; 5. eine beliebige andere hieße (logisches) ‚Akzidens'.

Die Wesensangabe aus Gattung und spezifischem Merkmal hat man auch als „metaphysisches Wesen" bezeichnet. „Zum ‚metaphysischen W' sagt man, gehören nur die in der Definition enthaltenen ‚konstitutiven' Merkmale, zum ‚physischen W' auch die ‚konsekutiven' Merkmale, d.h. die Propria, weil ohne sie das W nicht physisch verwirklicht werden kann. Entsprechend müsste man sagen, das W könne ‚metaphysisch' ohne die Propria verwirklicht werden. Aber was soll das heißen? Tatsächlich kann das sog. metaphysische W für sich allein nur gedacht werden, aber nicht wirklich existieren. Entsprechend wäre es richtiger ‚logisches W' oder ‚Wesensbegriff' zu nennen; das W mit seinen aus dem Wesensbegriff notwendig folgenden Bestimmungen (Propria) hieße das reale W" (de Vries 1980b, 110).

Als Wesen gilt also nur, was in der Definition ausgesagt ist – „essentia est id quod per definitionem significatur", „das Wesen ist das, was durch die Definition ausgedrückt wird" heißt es schon bei Thomas von Aquin (1225–1274), (Thomas, De Ente, VII, 60) – oder was sich notwendig daraus ergibt. Daher ist es gänzlich von der jeweiligen Definition abhängig, was als wesentlich anzunehmen ist und was nicht. Für ein Gebilde, das als Rechteck definiert wäre, gehörte es zum Wesen, dass sich die Diagonalen halbieren, aber nicht, dass sie sich rechtwinklig schneiden, wäre es als Quadrat bestimmt, dann müsste es auch als wesentlich für diese Figur gelten, dass ihre Diagonalen senkrecht zueinander verlaufen.

Ergeben sich Eigenschaften nicht bereits aus dem notwendig, was durch die Definition festgelegt wurde, sondern folgen sie naturgesetzlich aus anderen oder hängen mit ihnen zusammen, könnte man auch diese zum Wesen in einem weiteren Sinn, dann bisweilen „physisches Wesen" genannt, rechnen und etwa sagen, es sei für Zucker wesentlich, in Wasser löslich zu sein.

Nimmt man hinzu, dass in der philosophischen Tradition „Wesen" oder „essentia" noch als Gegenbegriff zu „Sein" oder „Existenz" gebraucht wurde, nicht nur um das „Sosein" auszudrücken, sondern auch um Sein oder Existenz zu bestimmen und zu begrenzen, dann erhellt, dass sich der Ausdruck „Wesen" als höchst unklar erweist; dazu kommt, dass man „Sein" und „Existenz" nicht das gleiche bezeichnen; denn man kann etwa vom „Gedacht-Sein" aber kaum von „Gedacht-Existenz" sprechen und müsste jedenfalls unterscheiden zwischen der Existenz des Gedachten und dem existent Gedachten, das deshalb noch längst nicht zu existieren braucht. Es erscheint deshalb tunlich, den Begriff „Wesen" wegen seiner Unbestimmtheit in der wissenschaftlichen Sprache zu meiden. Man sollte das damit Angezielte dann genauer angeben, indem man von in der Definition enthaltenen Merkmalen, von notwendigen Eigenschaften oder naturgesetzlichen (besser als „naturnotwendigen") Bestimmungen einer Sache redet.

*Literatur:*

de Vries 1937, 64–88, 214–235.
Zubiri 1968.

## 6. „Analytisch" – „synthetisch"

Auch die – allerdings selbst zuvor zu klärenden – Ausdrücke „analytisch" und „synthetisch" können dazu dienen, deutlicher anzugeben, was mit „wesentlich" gemeint sein könnte.

Was als analytisch zu gelten hat und was nicht, ist ebenfalls nur von der Definition her auszumachen. Analytisch sind Aussagen, die von einem Definierten – oder nach heutiger Prädikationstheorie besser: von dem, was unter die Definition fällt – die Definitionsbestandteile prädizieren, entweder insgesamt oder einzeln. In einer klassischen Definition aus Gattungsbegriff und artbildendem Unterschied kämen analytische Aussagen dadurch zustande, dass von der definierten Art eines der drei ersten der genannten Prädikabilien ausgesagt wird, also entweder die Art oder die Gattung (auch wenn es sich nicht um das „genus proximum", sondern um einen höheren, in der Definitionskette früher gebrauchten Gattungsbegriff handelt) oder den artbildenden Unterschied. Als Beispiel kann das Quadrat genommen werden, definiert als „gleichseitiges Rechteck", nachdem in der Definitionsreihe zuvor etwa „Rechteck" definiert worden sei als „rechtwinkliges Parallelogramm". Dann sind Aussagen wie „ein Quadrat ist ein Quadrat", „ein Quadrat ist ein gleichseitiges Rechteck" ebenso analytisch wie „ein Quadrat ist ein Rechteck" oder „ein Quadrat ist ein Parallelogramm" oder „ein Quadrat ist gleichseitig, und „ein Quadrat ist rechtwinklig". Dabei wären die beiden ersten hier aufgeführten Aussagen, weil umkehrbar, nicht nur analytisch, sondern tautologisch; tautologische Aussagen stellen also nach dieser Festlegung eine Teilmenge der analytischen dar.

Werden dagegen von einem unter eine Definition Fallenden Merkmale ausgesagt, die für die Definition nicht verwendet wurden, dann handelt es sich um eine synthetische Aussage. Wenn etwa von dem wie angegeben definierten Quadrat festgestellt würde, seine Diagonalen schnitten sich rechtwinklig oder sie halbierten sich, dann wäre das ebenso eine synthetische Aussage oder ein synthetisches Urteil wie die Feststellung, seine Seitenlänge betrage 5 cm. Allerdings könnte man die beiden ersten Feststellungen ohne Überprüfung des zu beurteilenden Gebildes treffen, nur vorausgesetzt, es handelt sich um ein Quadrat, da sie ein Proprium aussagten, also eine Eigenschaft, die mit den definitorisch festgelegten notwendig gegeben ist; hingegen ist die Angabe der Seitenlänge synthetisch a posteriori, da sie ein Akzidens anführt, das also beim Definierten nicht notwendig vorhanden ist und daher erst im Nachhinein zur Beobachtung des zu beurteilenden Gegenstandes, also a posteriori, diesem zugeschrieben werden kann. Dagegen muss ich das einzelne Rechteck nicht nachmessen, um behaupten zu können, dass seine beiden Diagonalen gleich lang sind; diese Aussage kann ich vielmehr a priori, d.h. vorgängig zur Erfahrung mit den zu beurteilenden Einzelfällen aufstellen. Wenn man etwa „Quadrat" definierte als „euklidische ebene vierseitige Figur, deren Diagonalen gleich lang sind, sich rechtwinklig schneiden und im Schnittpunkt halbieren", dann wären Aussagen über das Quadrat analytisch, die bei einer anderen Definition als synthetisch gelten müssten und umgekehrt. Ohne Kenntnis der Definition einer Sache, lässt sich weder die Frage beantworten, ob etwas zu ihrem Wesen gehöre oder nicht, noch lässt sich feststellen, ob eine Aussage über ihr Wesen analytisch oder synthetisch sei, außer bei der simplen Identitätssetzung nach der Form „A ist A", die offenkundig immer analytisch, weil tautologisch, ist.

38

*Literatur:*

Delius 1963.
Keller 1989, 117–120.

## III. Was ist Erkenntnistheorie?

Die Frage „Was ist Erkenntnistheorie?" fragt also nicht nach dem Wesen von Erkenntnistheorie, einmal weil der Begriff ‚Wesen' zu unbestimmt erscheint und daher zu vermeiden ist, zum andern, weil von der Definition von Erkenntnistheorie auszugehen wäre, um eine derartige Frage zu beantworten; die aber liegt noch nicht vor. Daher ist die Frage umzuformulieren zu der: „Was ist unter dem Wort ‚Erkenntnistheorie' zu verstehen?". Es gilt also, diesen Begriff zu definieren; dabei soll soweit möglich Allgemeinverständlichkeit gewahrt bleiben, sodann aber doch die Bedeutung hinreichend genau abgegrenzt werden. Der ersten Absicht gemäß ist der vorliegende Sprachgebrauch zu berücksichtigen, also eine Art feststellende Definition vorauszuschicken, der zweite Zweck wird hingegen nur erreicht, wenn wir die vorliegende Bedeutung nicht unbesehen übernehmen, sondern Verwendungsweisen des Wortes ‚Erkenntnistheorie' ausschließen, die zu unbestimmt sind, also eine einengende Definition anwenden.

Den vorliegenden Sprachgebrauch stellt man am einfachsten fest, indem man ein verlässliches Wörterbuch der deutschen Sprache konsultiert. Dort heißt es dann etwa, Erkenntnistheorie oder Erkenntnislehre sei „die Wissenschaft von der Erkenntnis, d.h. vom Wesen, Umfang, von den Grenzen der Erkenntnis". Von dieser Bestimmung werden wir übernehmen, dass Erkenntnistheorie Wissenschaft von der Erkenntnis ist; allerdings – und darin gilt es, die angegebene Bedeutung zu präzisieren – gibt es noch andere Wissenschaften von der Erkenntnis – etwa Wahrnehmungs- und Denkpsychologie oder auch Logik und Wissenschaftstheorie – so dass genauer angegeben werden muss, dass es sich bei der Erkenntnistheorie um die philosophische Disziplin handelt, die sich mit Erkenntnis befasst (außerdem sagte man besser nicht, sie handle vom „Wesen" der Erkenntnis (36), sondern sie frage danach, was Erkenntnis sei).

Damit können wir als Definition, die den gegebenen Sprachgebrauch berücksichtigt, folgende Formulierung vorschlagen: „Erkenntnistheorie = die philosophische Wissenschaft von der Erkenntnis". Es kann nun nicht als ausgemacht gelten, dass die drei in dieser Definition für das Definiens verwandten Bestandteile bereits hinreichend genau bestimmt sind. Es ist also noch anzugeben, was unter „Erkenntnis", unter „Wissenschaft" und unter „Philosophie" verstanden werden soll. Zwischen diesen drei Begriffen besteht ein Überordnungsverhältnis derart, dass Wissenschaft einen Teilbereich der Erkenntnis und Philosophie einen Teilbereich von Wissenschaft ausmacht, so dass Erkenntnis der weiteste, Philosophie der engste Begriff in dieser Ordnung ist.

## 1. Was ist Erkenntnis?

„Erkenntnis" scheint zu den Grundausdrücken zu gehören, die sich nicht – etwa mittels einer Definition – auf bekanntere zurückführen lassen. Um die Bedeutung dieses Wortes zu bestimmen, ist daher auf die nicht definitorische, sondern exemplarische Begriffseinführung zurückzugreifen (32). Zuvor lässt sich jedoch eine Unterscheidung anmerken, die es gestattet, einen Bereich der Wortverwendung herauszuheben. „Erkenntnis" wird nämlich umgangssprachlich auch oft verwandt, um das Ergebnis eines Erkenntnisprozesses zu bezeichnen, um etwa erkannte und in Aussagen gefasste Sachverhalte unter einen Begriff zu fassen; so spricht man von den „Erkenntnissen der Medizin" oder den „neuesten Erkenntnissen der astronomischen Forschung", Diese Verwendung, die sich aus dem Kontext ergibt, soll hier nicht im Vordergrund stehen; vielmehr gilt das Interesse dieser Erkenntnistheorie vor allem den Erkenntnisakten. Was das Wort „Erkenntnis" in dieser Bedeutung besagt, lässt sich am ehesten durch eine Aufzählung von Verwendungsfällen angeben. In folgenden Aussagen beschreibe ich Beispiele von Erkenntnis: „Ich sehe die Tür. Ich stelle mir den Gang dahinter vor. Ich fühle mich müde. Ich löse eine Gleichung. Ich entwerfe ein Haus. Ich lerne ein Gedicht auswendig. Ich plane meine Ferien. Ich stelle fest, dass die Stadt düster wirkt. Ich denke das. Ich überlege ein Argument für das Recht auf Eigentum. Ich frage mich, wie ich so etwas vergessen konnte. Wir diskutieren über den Begriff ‚Freiheit'. Ich formuliere eine Hypothese. Mir fällt eine Möglichkeit ein, wie man eine Schwierigkeit umgeht. Ich sehe ein, dass die Diagonalen in einem Quadrat immer länger sein müssen als die Seiten." Außerdem gehört alles, was ich tue oder will, insoweit es mir bewusst ist, unter dieser Rücksicht des Bewusstseins auch zur Erkenntnis, selbst wenn das Bewusstsein nicht in einer Reflexion sich diese Einstellungen und Tätigkeiten zum Gegenstand macht, sondern sie nur begleitet. Was mit Erkenntnis bezeichnet wird, ist also ein sehr weites und schwer abgrenzbares Feld. Die Arten von Erkenntnis, von denen im Verlauf der Erkenntnistheorie die Rede sein wird, werden daher noch eigens anhand von Beispielen zu erläutern sein. Fürs erste mag genügen, dass Erkenntnis in dem durch die Beispielsätze angedeuteten weiten Sinn als Gegenstand der Erkenntnistheorie betrachtet wird.

*Literatur:*

Handbuch der Psychologie 1966/1964.
Oerter 1974.

## 2. Was ist Wissenschaft?

41 Als nächstes Definitionsmerkmal von Erkenntnistheorie ist „Wissenschaft" zu bestimmen, die selbst eine Erkenntnisart darstellt. Auch hier ist wieder anzumerken, dass unter „Wissenschaft" nicht selten das Ergebnis wissenschaftlichen Erkennens zusammengefasst wird, etwa wenn man vom „neuesten Stand der Wissenschaft" redet. Wiewohl der Erkenntnisprozess, der zu diesem Resultat führt, ebenfalls Wissenschaft genannt werden kann und sogar für die Zuerkennung dieses Prädikats ausschlaggebend ist (denn auch ein „Erkenntnisprodukt" kann nur wissenschaftlich genannt werden, wenn seine Gewinnung wissenschaftlichen Ansprüchen genügte) wird hier – eher umgekehrt wie bei „Erkenntnis" – unter „Wissenschaft" nicht vor allem der Vorgang methodischen Forschens und Überlegens verstanden, sondern dessen sprachlich festgehaltenes Ergebnis.

In dieser Einschränkung lässt sich „Wissenschaft" definieren als „allen Kompetenten gegenüber rechtfertigbares System von Ausdrücken, das dazu dient, Erkenntnisse über einen bestimmten Sachbereich unter einer bestimmten Rücksicht zu gewinnen und zu ordnen." Auch die Elemente dieser Definition bedürfen nun noch der Erläuterung. „Ausdrücke" umfassen Sätze, Regeln (etwa auch symbolisierte Handlungsanweisungen), Formeln (z.B. auch Strukturformeln chemischer Verbindungen), dazu Aussageformen, wie sie in der Logik verwandt werden, aber auch logische und mathematische Zeichen sowie graphische Darstellungen und Modellentwürfe; kurz alles, was dazu dient, die

Ergebnisse von Erkenntnisprozessen über den Augenblick hinaus festzuhalten.

Was hier unter „System" verstanden werden soll, lässt sich ausgehend von dem übergeordneten Begriff „Menge" bestimmen. Eine Menge ist eine Zusammenfassung von beliebigen Objekten; diese können Einzelelemente oder Teilmengen sein, also Individuen oder Klassen; sie können real oder fingiert sein; auch Eigenschaften und Beziehungen, Namen, Zeichen, Sätze und Zahlen können zu einer Menge gehören. Diese kann abgeschlossen oder – wenn immer weitere Elemente dazukommen können – auch offen sein. Wenn die Elemente einer Menge nach einer Regel zusammengestellt sind, dann handelt es sich um eine geordnete Menge, eine Ordnung. Wenn zudem diese Elemente aus der Zuordnung zueinander und zum Gesamt bestimmt werden, dann bezeichnet man das als „System".

Damit dieses System „rechtfertigbar" genannt werden kann, muss gezeigt werden, dass es vorgegebenen Normen entspricht, denn jede Rechtfertigung geschieht im Aufweis, dass eine für maßgeblich angesehene Richtschnur oder Regel berücksichtigt worden ist. Die Hauptnorm, woran sich ein wissenschaftliches System messen lassen muss, ergibt sich aus dem Ziel der Wissenschaft, das in der Definition von „Wissenschaft" allgemein als die Aufgabe, Erkenntnisse zu ordnen, bestimmt wurde. Deshalb ist Wissenschaft dann als ganze rechtfertigbar, wenn sich zeigen lässt, dass sie insgesamt dem Zweck entspricht, dessentwegen Wissenschaft betrieben wird, nämlich – zumindest für den, der sich darin auskennt – einen Gegenstandsbereich dadurch überschaubar zu machen, dass sie ihn geordnet darstellt. Dazu muss das System selbst in sich widerspruchsfrei in einer plausiblen Schrittfolge aufgebaut sein; zudem muss es seine eigenen Grenzen aufdecken, also zu erkennen geben, wohin es nicht reicht. Aber auch für seine einzelnen Elemente und Regeln ist Rechtfertigbarkeit gefordert.

Eine Möglichkeit, Feststellungen zu rechtfertigen, besteht darin, sie als wahr zu erweisen. Vieles in der Wissenschaft kann jedoch nicht auf diese Weise gerechtfertigt werden, entweder weil es sich nicht um behauptende Aussagen handelt, sondern etwa um Regeln, Vorschläge, Fragestellungen, oder weil Aussagen als Hypothesen oder als erläuternde Modelle vorgetragen werden, die nicht den Anspruch erheben, wahr zu sein. In diesen Fällen ist eine Rechtfertigung dadurch möglich, dass man etwas, z.B. eine Annahme, als vernünftig, d.h. dem Ziel der Wissenschaft dienlich oder zweckmäßig erweist. Damit nicht ein individuelles oder partielles Interesse als Zweck einer Wissenschaft ausgegeben und so zur Norm für die Rechtfertigung werden kann, gebraucht die vorgeschlagene Definition von Wissenschaft den Ausdruck „allen Kompetenten gegenüber", d.h. „rechtfertigbar" gegenüber jedermann, der sich darin auskennt, unabhängig von Einzel- oder Gruppeninteressen, die denen anderer entgegengesetzt wären. Mittels einer solchen Rechtfertigung erreicht die Wissenschaft auch eine Allgemeinverbindlichkeit, die sie vor anderen Zusammenfassungen von Aussagen oder Erkenntnissen auszeichnet.

43 Weil „rechtfertigbar" aber die Ausrichtung auf andere einschließt, denen gegenüber etwas rechtfertigt werden soll, muss die Wissenschaft auch gewährleisten, dass sie intersubjektive Verständlichkeit verlangt wieder einen hohen Grad an Sprachgenauigkeit und Sprachkonstanz, die nicht von der einmal angegebenen Bedeutung eines Wortes unvermerkt abweicht.

Bisweilen fordert man statt Rechtfertigbarkeit der Wissenschaft „intersubjektive Überprüfbarkeit" ihrer Aussagen. Diese Forderung scheint zu ungenau, weil sie noch mehr offen lässt, woraufhin die Aussagen überprüft werden sollen, als das in der hier vorgelegten kurzen Erläuterung von „rechtfertigbar" der Fall ist, weil sie sodann zu sehr auf Aussagen eingeschränkt bleibt und vor allem, weil der Ausdruck „intersubjektiv" in diesem Zusammenhang eher irreführend erscheint. Die Überprüfung wird nämlich stets von „Subjekten", nie von einem „Intersubjekt", vorgenommen; Intersubjektivität kommt erst dadurch zustande, dass die einzelnen Wissenschaftler die Ergebnisse ihrer Überlegungen und Überprüfungen sprachlich austauschen. Bisweilen nennt man auch die Möglichkeit der Überprüfung „Intersubjektivität"; dann gelten als ‚intersubjektiv' vor allem Aussagen, deren Gültigkeit prinzipiell von jedem Subjekt beurteilt werden kann" (in: Ritter 1976, 521). Damit verlässt man jedoch die Wirklichkeit des heutigen Wissenschaftsbetriebs, der zu Aussagen führt, deren Verständnis bereits hohe fachliche Vorbildung erfordert und deren Überprüfung erst recht nicht jedermann zugänglich ist; deshalb wurde in der Definition auch von „Kompetenten" gesprochen, denen gegenüber sich Wissenschaft rechtfertigen können muss.

Das Maß an „Intersubjektivität", ohne das keine Erkenntnis als wissenschaftlich angenommen wird, scheint besser mit dem in der Wissenschaftsdefinition erhobenen Postulat nach Rechtfertigbarkeit, (und das meint: Vertretbarkeit fachkundigen Gesprächspartnern gegenüber) ausgedrückt. Das schließt auch nicht aus, dass einmalige Ereignisse oder genauer Berichte darüber, wie etwa von geschichtlichen Vorkommnissen, Gegenstand der Wissenschaft werden können; hingegen erfordert Überprüfbarkeit im strengen Sinn, dass die fraglichen Sachverhalte wiederholbar oder vielfach in ähnlichen Situationen vorkommen; die Wissenschaft handelt dann nur von den so genannten „generellen Tatsachen" und den sie erklärenden Gesetzen, nicht von Einzelvorkommnissen (singuläre Tatsachen), also davon, dass Wasser bei einer bestimmten Temperatur friert, und nicht von diesem Wasser.

Dass in der Definition der Ausdruck „rechtfertigbar" und nicht etwa „beweisbar" oder „begründbar" gebraucht wird, lässt sich selbst rechtfertigen. Bereits Aristoteles hat einsichtig erläutert, dass sich nicht alles beweisen lässt, denn entweder man müsste beim Beweisen ins Unendliche fortgehen (jede Prämisse des Beweises wieder beweisen und so fort) oder man müsste, um diesen „regressus in infinitum" zu vermeiden, zirkulär verfahren, indem man etwa einen Satz, den man zum Beweis herangezogen hat, selbst wieder mit dem erst durch ihn Bewiesenen zu beweisen versucht. Mit ähnlichen Überlegungen begründet der „Kritische Rationalismus" seine Einwände gegen das Postulat nach Begründbarkeit wissenschaftlicher Aussagen; der „Kritische Rationalismus" ist eine Richtung der heutigen Wissenschaftstheorie, die von Karl R. Popper (1902–1994) ihren Ausgang nahm; in Deutschland wird er u.a. von H. Albert vertreten, der meint, es lasse sich deshalb nicht alles begründen, weil man sonst entweder im Begründen ins Unendliche fortschreiten oder zirkulär vorgehen müsse (wie fürs Beweisen festgestellt) oder man breche das Begründungsverfahren „dogmatisch", nämlich willkürlich ab; statt dessen gelte es, wissenschaftliche Aussagen und Theorien so zu formulieren, dass sie kritisierbar und gegebenenfalls falsifizierbar, d.h. als falsch erweisbar seien, dann dürften sie solange als wissenschaftlich vertreten werden, wie sie nicht widerlegt seien. (129)

Um in dieser wissenschaftstheoretischen Diskussion nicht einfach durch die Definition von Wissenschaft eine Entscheidung zu treffen (die dann nicht hinreichend begründet oder gerechtfertigt wäre), wurde statt „begründbar" der Ausdruck „rechtfertigbar" vorgezogen; denn durch die Rechtfertigung lassen sich wissenschaftlich zulässige Aussagen und Gebilde von anderen unterscheiden. Und dass nicht etwa alle beliebigen Aussagen in einer Wissenschaft zugelassen werden dürfen, dass man vielmehr ein Kriterium für die Wissenschaftlichkeit der Aussagen benötigt, wenn nicht die Bedeutung des Begriffs „Wissenschaft" ins Unkenntliche ausgedehnt werden soll, darüber sind sich alle Wissenschaftstheoretiker einig. Und als dieses Unterscheidungsmerkmal schlägt die angegebene Definition eben die Rechtfertigbarkeit aller Kompetenten gegenüber vor.

Die Wissenschaft, so legt die Definition weiter fest, diene dazu, unter einer bestimmten Rücksicht Erkenntnisse über einen bestimmten Gegenstandsbereich zu gewinnen und zu ordnen. Diesen Gegenstandsbereich bezeichnet man als Materialobjekt, die jeweilige Rücksicht als Formalobjekt der Wissenschaft. So kann etwa der Mensch Gegenstand verschiedener Wissenschaften sein, die sich dann durch ihr Formalobjekt unterscheiden. Die (Human-)Medizin etwa behandelt den Menschen unter der Rücksicht seiner Gesundheit, die (biologische) Anthropologie erforscht ihn unter dem Aspekt seiner Entwicklung und Variabilität, die Psychologie untersucht ihn hinsichtlich seines Verhaltens und Erlebens, und K. Rahner (1904–1984) hat sogar die Theologie als „die reflexe Selbstaussage des Menschen über sich selbst von der göttlichen Offenbarung her" (Rahner 1982, 4), somit als Humanwissenschaft bestimmt, die ebenfalls durch eine eigene Fragerücksicht von den anderen abgehoben ist.

## 3. Was ist Philosophie?

*Literatur:*

Theobald 1973.
Wohlgenannt 1969.

46

Weil auch die menschliche Erkenntnis Gegenstand unterschiedlicher Wissenschaften ist (38), muss zur Bestimmung der Erkenntnistheorie das ihr eigene Formalobjekt, die philosophische Betrachtungsweise herangezogen werden, da sie zum Unterschied von den anderen Wissenschaften von der Erkenntnis als philosophische Disziplin gilt. So fragt sich, wodurch sich die Philosophie von anderen Wissenschaften unterscheidet. Damit ist bereits angegeben, dass Philosophie als Wissenschaft betrachtet wird. Zwar nennt die Umgangssprache auch gelegentlich ein unverbindliches Vorsichhinträumen oder ein ungeregeltes Spekulieren und hintersinniges Grübeln „Philosophie", diese Wortverwendung sei hier jedoch durch eine einengende Definition von Wissenschaft geschlossen; nur was der aufgestellten Definition von Wissenschaft genügt, soll „Philosophie" heißen können, aber natürlich nicht alles, was dieser Wissenschaftsdefinition entspricht, weil eben neben der Philosophie noch viele nichtphilosophische Wissenschaften vorkommen. Von den übrigen Fachrichtungen, die man Einzelwissenschaften nennt, weil sie nämlich jeweils einen einzelnen Gegenstandsbereich untersuchen, unterscheidet sich die Philosophie bereits durch ihr Materialobjekt, da sie sich nicht auf ein derart abgegrenztes Gebiet beschränkt, sondern weil sie für sie alles als Gegenstand in Frage kommt; deshalb wird sie auch als Universalwissenschaft bezeichnet. Dieser Name kann jedoch in die Irre führen. Philosophie kann nämlich keineswegs beanspruchen die Summe aller anderen Wissenschaften darzustellen oder deren Quintessenz. Zwar hat noch W. Wundt (1832–1920) gefordert, sie solle deren „allgemeine Erkenntnisse zu einem widerspruchslosen System", einer „wissenschaftlichen Weltanschauung" vereinigen; aber das wäre ein Fehlversuch, weil zum einen die Addition von Wissenschaften keine neue Wissenschaft ergibt und weil zum anderen der „universale Fachwissenschaftler", der auf allen Gebieten so zu Hause wäre, dass er ihre Erkenntnisse zu sichten und zu einer Einheit zu verbinden vermöchte, schon seit einigen hundert Jahren ein Fabelwesen darstellt, selbst wenn das erst neuerdings ganz offenbar geworden sein sollte. Die Philosophie ist vielmehr auf den Gebieten anderer Wissenschaften unter deren Fragerücksicht nicht fachkundig. Wenn sie dennoch deren Gegenstände ebenfalls zu untersuchen beansprucht, dann deswegen, weil sie die unter einer anderen, die Philosophie kennzeichnenden Rücksicht betrachtet.

47

Worin dieses philosophische Formalobjekt besteht, darüber gehen die Meinungen gerade in der Philosophie selbst auseinander. Bei den Griechen konnte Philosophie noch jede (theoretische wie ethische) Wissenschaft bezeichnen. Aristoteles grenzt dann daraus als „erste Philosophie" jene ab, die sich mit dem Seienden als Seienden beschäftigt und mit dem, was ihm als solchem zukommt, etwa mit den letzten Gründen von allem (Met. 4, 1003 a 21ff.). Diese Bestimmung hat sich in der abendländischen Philosophie bis in die Gegenwart durchgehalten, tritt jedenfalls in verschiedener Form immer wieder auf, so wenn man die Philosophie die das Gesamt betreffende Wissenschaft nennt oder sie nach den ersten Ursachen von allem fragen lässt (wie die Frage Heideggers: „Warum ist überhaupt etwas und nicht vielmehr nichts?" [9]). Allerdings hat man im Verlauf ihrer Geschichte der Philosophie auch mannigfache andere Ziele zugewiesen, neuerdings ihr (in Ausprägungen der sprachanalytischen Philosophie) etwa allein Sprachklärung zu leisten aufgegeben oder ihr, auf Wissenschaftsphilosophie reduziert, ausschließlich überlassen zu bestimmen, was als Kriterium, Methode und Aufgabe der Wissenschaften zu gelten habe. Insofern da versucht wird, ihr einen eigenen, von dem anderer Wissenschaften abgegrenzten und ihnen nebengeordneten Gegenstandsbereich zuzuweisen, liegt das wohl daran, dass man den Unterschied zwischen Formal- und Materialobjekt nicht beachtet und allein im unterschiedlichen Gegenstandsgebiet ein Unterscheidungsmerkmal der Wissenschaften sieht. Dennoch überwiegt deutlich die Auffassung, die Philosophie sei keine Einzelwissenschaft neben anderen.

48

Falls jedoch der Anspruch aufrechterhalten werden soll, Philosophie sei Universalwissenschaft, die zwar auch die Gegenstandsbereiche der übrigen Wissenschaften untersuchen kann, aber nicht deren Summe darstellt, dann muss sie über eine einheitliche – sonst würde sie in Teilwissenschaften zersplittern – und von der anderer Wissenschaften unterschiedene Fragerücksicht verfügen. Etliche möchten dieses Formalobjekt nicht – wie Aristoteles vorschlägt – im Sein als einer Gemeinsamkeit aller möglichen Objekte sehen, weil dieser Begriff zu vage, unbestimmt und vieldeutig sei, was auch Aristoteles ausdrücklich vom „Seienden" anmerkt, der allerdings hinzufügt, es werde zwar „in mehrfacher Bedeutung gebraucht, aber immer im Bezug auf eines und auf eine einheitliche Wesenheit und nicht in bloßer Namensgleichheit" (Met. 4, 1003a 33ff.). Dem Bedenken kann man dennoch Rechnung tragen, denn da alle zu untersuchenden Gegenstände und Bereiche zumindest auch darin übereinkommen, dass sie auf den fragenden Menschen bezogen sind, schon dadurch, dass dieser sie und alles in den Blick zu bekommen sucht (5), (12), so kann man die Frage rücksicht der Philosophie auch vom Menschen her, also anthropozentrisch formulieren: Philosophie untersucht alles danach, was es für den Menschen als Menschen bedeutet. Das „als" in dieser Formulierung gibt selbst noch einmal eine Rücksicht an. Ich kann den Menschen etwa als Körper betrachten, also unter der Rücksicht seiner Eigenschaften und Beziehungen, die er mit jedem anderen materiellen Gegenstand teilt, oder als lebend, also zusammen mit Pflanzen und Tieren, oder als wahrnehmend, worin er mit den Tieren übereinkommt, oder schließlich unter der Rücksicht seiner Eigenschaften und Beziehungen, die ihm allein, zum Unterschied von jeder anderen Art der Seienden zukommen, aber die dann alle Menschen auszeichnen (und nicht etwa nur einer Gruppe Menschen eigen sind, wie wenn ich den Menschen als erwachsen, als Bildhauer, als Familienmitglied betrachte); diese Rücksichten aufzuspüren, die den Menschen von allem anderen unterscheiden und so angeben, was „der Mensch als Mensch" ist, stellt deshalb eine zentrale Aufgabe der Philosophie dar. Für den Bereich der Erkenntnis wurde eine derartige, den Menschen kennzeichnende Eigenschaft schon angegeben: seine fragende Offenheit auf alles hin, die gerade die Philosophie mit ihrem unbeschränkten Gegenstandsbereich als eine dem Menschen als Menschen gemäße Erkenntnis zeigt. So lässt sich für sie folgende Definition vorschlagen: Philosophie = die Wissenschaft, die sich auf keinen Teilbereich des Erkennbaren einengen lässt, sondern für die alles in Frage kommt und zu untersuchen ist unter der Rücksicht, was es für den Menschen als Menschen bedeutet.

*Literatur:*

Salamun 1980,
de Vries 1969
Anzenbacher: 2004

## 4. Nähere Bestimmung von „Erkenntnislehre"

Wenn „Erkenntnislehre" oder „Erkenntnistheorie" als „die philosophische Wissenschaft von der Erkenntnis" definiert wurde (39), so lässt sich aus dieser Einordnung der Erkenntnistheorie in die Philosophie nun als ihr Ziel angeben, sie habe zu untersuchen, ob und wie Erkenntnis für den Menschen als Menschen kennzeichnend ist und worin ihre Rolle für den Menschen besteht, eben insofern er Mensch ist. Dabei kann man davon ausgehen, dass die Fähigkeit, überhaupt zu erkennen, nicht charakteristisch für den Menschen ist, weil wir auch den Tieren Erkenntnis zubilligen: sie sehen, hören, riechen, tasten zum Teil erheblich besser als der Mensch; diese Art von Wahrnehmung, die man Sinneserkenntnis nennt, kann daher nicht als kennzeichnend für den Menschen als Menschen gelten. Freilich gehört sie auch zu der ihm eigenen Erkenntnis, ist aber bei ihm so untrennbar mit jenem spezifisch menschlichen Vermögen zu erkennen verbunden, das die klassische griechische Tradition „Verstand" und „Vernunft" und die klassische griechische Philosophie „logos" genannt hat, dass diese Erkenntnistheorie die Ausdrücke „Sinnes-" bzw. „Vernunftserkenntnis" meidet und die unterschiedlichen Weisen menschlichen Erkennens jeweils eigens mit unmissverständlicheren Bezeichnungen erläutert. Nur weil man, die Ganzheit des Menschen missachtend, Sinnes- und Verstandeserkenntnis auseinandergerissen hat, konnte man nämlich jenen fragwürdigen Gegensatz konstruieren, der in der Geschichte der Philosophie die Beschäftigung mit der Erkenntnis immer wieder belastet hat, die falsche Alternative zwischen Empirismus und Rationalismus, also zwischen der Auffassung, die in der Erfahrung – und das heißt fast stets Sinneserfahrung (Empirie) – die alleinige Quelle der Erkenntnis sieht, und der entgegengesetzten, die nur die Vernunft als Wurzel verlässlicher Erkenntnis gelten lassen will.

Vielleicht wurde diese Definition des Menschen als „animal rationale", als „vernunftbegabtes Lebewesen", wie man sie deutsch übersetzt hat; denn sie gibt die „ratio" oder die Vernunft als arbildendes Merkmal des Menschen aus, das ihn vor den Tieren auszeichnet, ihn als Menschen kennzeichnet. Lässt man sich vom Aufbau der Definition verführen und betrachtet den Menschen ebenso zusammengesetzt wie die Definition aus ihren Begriffsbestandteilen, dann ist der Mensch ein Tier mit aufgesetzter Vernunft, die ihrerseits am besten rein bewahrt werden müsste von allen empirischen Einflüssen. Aus diesem Verständnis ergäbe sich eine bedenklich verengte Sicht nicht nur der menschlichen Erkenntnis, sondern des Menschen selbst, legte man es etwa folgender Aussage Hegels zugrunde: „Wenn es aber richtig ist (und es wird wohl richtig sein), daß der Mensch durchs Denken sich vom Tiere unterscheidet, so ist alles Menschliche dadurch und allein dadurch menschlich, daß es durch das Denken bewirkt wird" (Hegel 1959, § 2). Allerdings faßt Hegel „Denken" in seiner nicht zusätzlich eingeschränkten Bedeutung so weit, dass alles bewusste Hervorbringen darunterfällt und ihm etwa das Gefühl keineswegs entgegengesetzt werden darf.

Noch näher an einem unzerstückelten Menschenbild scheint allerdings die klassische griechische Bestimmung des Menschen, die in der lateinischen Formulierung „animal rationale" unzureichend, weil verengend, übersetzt wurde; sie reicht in die Anfänge griechischer Philosophie zurück und wurde von Aristoteles in die nicht schnell übersetzbare Form gebracht: „zoon logon echein"; das (sinnenbegabte) Lebewesen, das „logos" hat; „logos" aber bedeutet nicht nur Vernunft, Berechnen, Rechenschaft, Grund, sondern zuvor das Sagen, die Rede, die Kunde, das Wort. Dadurch wird nicht nur die Sprachgebundenheit des Denkens und die Leib-haftigkeit der menschlichen Vernunft ausgedrückt, sondern es klingt auch als deren vorzügliche Aufgabe das Begründen und Rechenschaft geben, das Verant-wort-en mit. Eine in die gleiche Richtung zielende Übersetzung könnte lauten: Der Mensch ist das Lebewesen, das Rede stehen kann (wobei „Rede" etymologisch mit lateinisch „ratio" verwandt ist, das ebenfalls „Rechenschaft" bedeuten kann).

Mit dieser Erläuterung dessen, was den Menschen als Menschen bestimmt, einmal in die Formel gefasst, er sei das Lebewesen, das Rede stehen könne, ist nun nicht mehr bloß die Vernunft als einziges Kennzeichen des Menschen genannt. Dass er zur Rede gestellt werden und Rede stehen kann, besagt vielmehr auch, dass er über Sprache verfügt und damit, weil Sprache Bedingung und Ergebnis menschlicher Gemeinschaft ist, in einer bestimmten Zuordnung zu dieser Gemeinschaft steht; daher kennzeichnet Aristoteles den Menschen auch als „zoon politikon" von Natur aus (lateinisch: „animal sociale" = ein auf eine verfasste Gemeinschaft ausgerichtetes Lebewesen). Ferner setzt das „Rede stehen", also das Sichverantworten, neben der Vernunft auch die Freiheit des Menschen voraus, denn nur das freie Handeln ist „anrechenbar", also möglicher Gegenstand einer Rechenschaft, wohingegen dem „Unzurechnungsfähigen" entweder die Vernunft oder die Freiheit oder – weil beides sich bedingt – genau besehen beides fehlt. Damit ist auch die Rücksicht, unter der die Erkenntnistheorie als philosophische Disziplin das menschliche Erkennen zu untersuchen hat, hinreichend bestimmt. Sie hat vor allem darauf zu achten, wie sich Erkenntnis verantworten lässt, etwa in der Frage, was sie gilt, und wie sie ihrerseits dazu beiträgt, dass sich der Mensch der menschlichen Gemeinschaft und zur

Sprache verhält; dabei verweist auch hier das „spezifisch menschlich" noch einmal auf Verantwortung, insofern etwa die verfasste Gemeinschaft, auf die das Aristotelische „politikos" zielt, in dessen Verständnis Recht und Gerechtigkeit gewährleisten soll – und insofern die Sprache nicht nur diese Gemeinschaft ermöglicht, sondern dem Menschen unerlässlich ist, damit er überhaupt zu etwas Stellung nehmen kann, auch zu sich selbst und vor sich selbst. Diesen Bezug zur Verantwortung in der Fragerücksicht der Erkenntnistheorie kann man auch mit der Unterscheidung der „quaestio facti" von der „quaestio iuris", also der Frage, ob etwas ist (und wie es ist), von der Frage, ob es richtig ist (mit welchem Recht es ist) erläutern. Welche Erkenntnisweisen es etwa gibt und wie sie unter sich und mit anderen psychischen Akten verbunden sind (quaestio facti), das zu untersuchen, ist eine Aufgabe der Erkenntnispsychologie; welchen Wert hingegen eine beliebige Erkenntnis hat, ist eine erkenntnistheoretische Frage (die auch bestimmen muss, was „Wert" in diesem Zusammenhang bedeutet). Eine ähnliche Unterscheidung ist die zwischen „Genesis" und „Geltung", damit soll die Frage nach dem Zustandekommen oder dem Ursprung von etwas unterschieden werden von der anderen Frage, die wissen will, ob etwas gültig ist.

Der Aufgabenbereich der so genannten „Evolutionäre Erkenntnistheorie" liegt in der Frage nach der Genesis des menschlichen Erkennens; sie untersucht also, wie sich die verschiedenen Erkenntnisfähigkeiten des Menschen in seiner Stammesgeschichte entwickelt haben. Ein besonderes Problem stellt für sie dabei das Aufkommen der Einsicht der logischen Notwendigkeit und in Washeitszusammenhänge dar (210–220), die auch für die Wahrheitserfassung bedeutsam sind (185ff, 209f) und die sich nicht auf immer wiederholte Erfahrungen zurückführen lassen. Da sie diese Fragen nach der Entwicklung der menschlichen Erkenntnis nicht mit denen nach deren Geltung vermengen darf, stellt sie keine Konkurrenz zur philosophischen Erkenntnistheorie dar und sollte, um den Unterschied zu dieser nicht zu verwischen, wohl besser als „Evolutionäre Erkenntniswissenschaft" bezeichnet werden.

*Literatur:*

Riedl 1996.
Vollmer 1998.
Schüling 1998–2004.

Die Abgrenzung zu jenen Erfahrungswissenschaften, die sich ebenfalls mit der menschlichen Erkenntnis befassen, lässt sich also mit Hilfe der für die Erkenntnistheorie charakteristischen Fragerücksicht (51F) hinlänglich vornehmen. Mit der Erkenntnis hat es jedoch auch die Logik zu tun, die nicht auf Erfahrung beruht, denn sie beschreibt nicht, wie man denkt, sondern schreibt – als normative Wissenschaft – vor, wie folgerichtig zu denken ist. In älteren Terminologien benutzte man bisweilen auch den Ausdruck „Logik", um die philosophische Beschäftigung mit der Erkenntnis allgemein zu bezeichnen (noch weiter geht Hegel, für den sie „eigentliche Metaphysik oder reine spekulative Philosophie" ist). Heute spricht man genauer von „formaler Logik", weil sie sich auf die Form der Aussagen konzentriert und so definiert werden kann als formale Logik= „Wissenschaft von den Implikationen der Aussageformen" (Lorenzen 1970, 5). Eine Aussageform unterscheidet sich von einer Aussage dadurch, dass in ihr die bedeutungsvollen Konstanten (etwa die Prädikate „Deutsche" und „Europäer" in der Aussage „Alle Deutschen sind Europäer") durch Variable ersetzt werden. Variable sind bedeutungsleere Zeichen, die nur eine „Leerstelle" anzeigen, an der Konstanten einzusetzen sind, damit aus der Aussageform eine Aussage wird. Man benutzt als Variable Buchstaben (im obigen Beispiel etwa „Alle P sind Q"). Unter Implikationen versteht man ein der normalsprachlichen „Wenn-dann-Beziehung" ähnliches Verhältnis zwischen Aussagen oder Aussageformen; für die Aussagen p und q schreibt man „p impliziert q" in der Form „p ⇒ q" und definiert: „p ⇒ q" ist dann und nur dann falsch, wenn p wahr und q falsch ist; in jedem anderen Fall ist es also richtig, d.h. dann liegt eine Implikation vor.

Von der Erkenntnistheorie unterscheidet sich die Logik also sowohl durch ihr Material- wie durch ihr Formalobjekt, weil sie nicht die Erkenntnis schlechthin betrachtet, sondern Ausdrücke, und zwar unter der Rücksicht der Folgerichtigkeit ihrer Verknüpfung. Die Erkenntnistheorie muß sich selbst, wenn sie folgerichtig vorangehen will, an die logischen Regeln halten, und sie hat ihrerseits auch die logische Erkenntnis unter ihrer eigenen philosophischen Fragerücksicht zu betrachten.

Von verwandten philosophischen Disziplinen schließlich unterscheidet sich Erkenntnistheorie nicht durch ihr Formalobjekt, sondern nur durch den jeweils anderen Gegenstandsbereich. Insofern diese Bereiche nicht scharf gegeneinander abgrenzbar sind, gehen auch die philosophischen Fachrichtungen ineinander über. So muss etwa die Erkenntnistheorie Fragen der Sprachphilosophie miterörtern, insoweit die Sprache unmittelbar erkenntnisbestimmend ist. Andere Funktionen der Sprache hingegen, die nicht zu ihrem engeren Gegenstandsbereich gehören, muss sie übergehen und auf entsprechende sprachphilosophische Erörterungen verweisen.

Das Verhältnis der Erkenntnistheorie zur Wissenschaftstheorie ist insofern zwiespältig, als es Wissenschaftstheorien nach Art einer Einzelwissenschaft gibt, die Terminologie und Methode irgendeiner Einzelwissenschaft erarbeiten. Von ihnen grenzt sich die Erkenntnistheorie wieder durch ihr philosophisches Formalobjekt ab. Eine allgemeine Wissenschaftstheorie jedoch, der daran liegt, die Bedeutung der Wissenschaft für den Menschen als Menschen zu erkunden, stellt einen Teil der speziellen Erkenntnistheorie dar, da sie einen – zwar sehr wichtigen, aber nicht umfassenden – Bereich aus deren Materialobjekt, nämlich der menschlichen Erkenntnis, unter der gleichen philosophischen Rücksicht untersucht.

*Literatur*:
Kutschera 1982.
de Vries 1980a.
Ruß 2004.

## 5. *Erkenntnistheorie und Erkenntniskritik*

Nun ist noch zu fragen, wie sich Erkenntnistheorie und Erkenntniskritik zueinander verhalten. Zur Beantwortung hilft ein Blick auf die Geschichte der Philosophie. Bereits in der Antike und im Mittelalter finden sich da durchaus auch – zum Teil sehr ausführliche – Untersuchungen der menschlichen Erkenntnis in philosophischer Betrachtung, also erkenntnistheoretische Erörterung im Sinn unserer Definition. Dennoch entsteht Erkenntnislehre als eigenständige und grundlegende philosophische Disziplin nicht vor der Neuzeit; ihr Name „Theorie der Erkenntnis" oder „Erkenntnislehre" stammt sogar erst aus dem 19. Jahrhundert (Diemer 1972, 683).

Als ihr Eröffnungswerk könnte der 1637 erschienene „Discours de la Methode" von Rene Descartes (1596–1650) gelten, dessen ausführlicher Titel in deutsch hieße: „Rede (nicht wie manchmal übersetzt: Abhandlung) über die Methode, seine Vernunft gut zu gebrauchen und die Wahrheit in den Wissenschaften zu suchen." Descartes schildert, dass er großes Verlangen hatte, „Wahres von Falschem unterscheiden zu lernen, um in meinen Handlungen klar zu sehen und in diesem Leben sicher zu gehen" (Descartes, Discours, 1, 14). Auf der Suche danach, „was erforderlich ist, damit ein Urteil wahr und gewiß sei" (IV, 3), half ihm seine Kenntnis der Philosophie nicht: „Ich sah, daß sie von den ausgezeichnetsten Köpfen einer Reihe von Jahrhunderten gepflegt worden ist und daß es gleichwohl noch nichts in ihr gibt, worüber nicht gestritten würde und was folglich noch zweifelhaft wäre" (1, 12), ja „daß man sich nichts so Sonderbares und Unglaubliches ausdenken kann, was nicht schon von irgendeinem Philosophen behauptet worden wäre" (II, 4). Und die Wissenschaften führen ihn auch nicht weiter, denn er ist überzeugt, „da sie ja ihre Anfangsgründe der Philosophie entlehnen, daß man auf so unsicherem Fundament nichts Dauerhaftes habe bauen können" (1, 13). Und auch die sonstigen Auffassungen anderer erscheinen ihm in ihrer Widersprüchlichkeit und Modeabhängigkeit nicht verlässlich. Deshalb entschließt er sich auf seinem Erkenntnisweg, „wie ein Mensch, der sich allein und in der Dunkelheit bewegt, so langsam zu gehen und in allem umsichtig zu sein, daß ich, sollte ich auch nicht weit kommen, mich doch davor hütete, zu fallen" (II, 5). Sein erster methodischer Schritt liegt daher in dem Versuch, an allem zu zweifeln, da er glaubt, er müsse, um zu einer gewissen Wahrheit zu gelangen, zunächst „all das als völlig falsch verwerfen, wofür ich mir nur den geringsten Zweifel ausdenken könnte, um zu sehen, ob danach nicht irgend eine Überzeugung zurückbliebe, die gänzlich unbezweifelbar wäre." Und er kommt zu dem Ergebnis, „daß, während ich auf diese Weise zu denken versuchte, alles sei falsch, doch notwendig ich, der es dachte, etwas sei. Und indem ich erkannte, daß diese Wahrheit ‚ich denke, also bin ich' so fest und sicher ist, daß die ausgefallensten Unterstellungen der Skeptiker sie nicht zu erschüttert vermöchten, so entschied ich, daß ich sie ohne Bedenken als ersten Grundsatz der Philosophie, die ich suchte, ansetzen könnte" (IV, 1).

Auf diesem „Cogito ergo sum", „Ich denke, also bin ich" als unerschütterlichem Fundament baut er dann seine übrigen „gewissen Wahrheiten" auf. Ähnlich hatte übrigens schon über tausend Jahre zuvor Augustinus (354–430) gegen die „Akademiker", jene damalige Philosphenschule, (102) argumentiert, die in einem gemäßigten Skeptizismus meinten, Erkenntnis könne nur Wahrscheinlichkeit, nie Wahrheit erreichen: „Nie also kann sich täuschen oder lügen, wer sagt, er wisse, daß er lebe. Tausend Arten von trügerischen Gesichten mögen also dem, der sagt: Ich weiß, daß ich lebe, vorgehalten werden: Nichts davon fürchtet er, da auch, wer sich täuscht, lebt" (Augustinus, De Trin, 15, 12, n. 21). Noch mehr ähnelt im Wortlaut die kurze Formel von Augustinus „Si enim fallor, sum", „Auch wenn ich mich täusche, bin ich" (Augustinus, De civ. Dei, XI, 26) einem Text von Descartes. Dieser wendet gegen seine eigene Gewissheit nämlich ein: Könnte nicht ein allmächtiger und zugleich höchst verschlagener böser Geist, ein „genius malignus", mich täuschen? Und er antwortet: „ego

57

50

etiam sum, si me fallit", „Ich bin auch, wenn er mich täuscht" (Descartes, Meditationes, II, 3). Solche Entsprechungen zwischen Descartes und Augustinus finden sich in dieser Frage noch mehrere.

Das Problem, wie man sich in der Erkenntnis Gewissheit verschaffen könne, ist demnach nicht neu. Dennoch ist die neuzeitliche Philosophie in einem Maß von ihm geprägt, dass Habermas zu Recht schreibt: „Wollte man die philosophische Diskussion der Neuzeit in Form einer Gerichtsverhandlung rekonstruieren, wäre diese zur Entscheidung der einzigen Frage einberufen worden: wie zuverlässige Erkenntnis möglich sei" (Habermas 1973, 11). Warum das so ist, dafür gibt die Lebensgeschichte Descartes' Hinweise, der etwa erläutert, wie ihm durch seine Reisen aufgegangen sei, „wie ein und derselbe Mensch mit denselben geistigen Anlagen ein ganz anderer wird, wenn er von Kind auf unter Franzosen oder Deutschen aufgewachsen ist, als er es sein würde, hätte er immer unter Chinesen oder Kannibalen gelebt" (Descartes, Discours II, 4); und wie es ihm unmöglich schien, anstelle der unsicheren eigenen Ansichten sich nach den wirklichen Überzeugungen und dem Glauben anderer zu richten, nicht nur, weil es „wenige Leute gibt, die alles sagen würden, was sie glauben, sondern auch, weil viele es selbst nicht wissen" (111, 2).

Überträgt man das auf die mit Beginn der Neuzeit sich wandelnde Situation des Abendlandes, dann kann man sagen, dass der einheitliche Rahmen des gemeinsamen Glaubens und Weltbildes, der bei allen Unterschieden im einzelnen das mittelalterliche Denken zusammenhielt, durch Glaubensspaltung, Entdeckung neuer Welten und das Aufkommen eigenständiger Naturwissenschaften gesprengt wurde, so dass nun eine widerstreitende Vielfalt von Auffassungen hereinbrach, die zu einer tiefen Verunsicherung und – als Reaktion darauf – zu einem neuen intensivierten Verlangen nach Gewissheit führte. Dies zielte darauf, in dieser Vielfalt das Wahre vom Falschen zu unterscheiden, also Kritik anzuwenden. Während Erkenntnistheorie ganz allgemein alle Erkenntnis unter der Rücksicht ihrer Bedeutsamkeit für den Menschen untersuchen will, geht es der Erkenntniskritik – und die ist typisch für die Neuzeit – vor allem darum, wahre und gewisse Erkenntnis von falscher oder trügerischer auszulesen. Da also die genannte „quaestio iuris" nach der Geltung von Erkenntnis bestimmend ist, stellt sie einen wichtigen und weiten Teil der Erkenntnistheorie dar. Meist wird sogar die Bedeutung von „Erkenntnistheorie", „Erkenntnislehre" oder „Erkenntniskritik" nicht unterschieden. Das hat jedoch dazu geführt, dass man, weil – freilich fälschlich – angenommen wurde, das erkenntniskritische Problem sei unlösbar oder stelle eine Scheinfrage dar, Erkenntnistheorie ganz aufgegeben oder – aus anderer Sicht – ihr eine Erkenntnismetaphysik an die Seite gestellt hat. Im Sinn einer Philosophie des menschlichen Erkennens hingegen bleibt sie für jede Philosophie unentbehrlich und grundlegend.

*Literatur:*

Chisholm 1969.
Wittgenstein 1970b.

## IV. Wozu Erkenntnistheorie?

### 1. Die „Wozu-Frage"?

60 Wenn wir fragen: „Wozu ist das?", „Wozu dient das?", „Wozu geschieht das?", dann erkundigen wir uns nach dem Ziel oder dem Zweck oder dem Sinn von etwas. Diese Begriffe besagen nicht ganz dasselbe, hängen aber in ihrer Bedeutung zusammen. So sollen zunächst diese Bedeutungen mit ihrem Umfeld bestimmt werden.

### a) „Ziel" und „Zweck", „Richtpunkt", „Ende"

Umgangssprachlich werden „Ziel" und „Zweck" nicht deutlich auseinandergehalten. Dennoch ist ein Bedeutungsunterschied in der Verwendung beider Wörter angelegt, den man so noch genauer abgrenzen könnte: „Ziel" im weiten Sinn (worunter dann auch „Zweck" fiele) heißt alles, woraufhin etwas angelegt ist, wozu es sich entwickelt oder weswegen es geschieht. Ein Ziel kann bereits bestehen und dann etwa zu erreichen sein, oder es kann erst hergestellt, verwirklicht werden sollen. Wenn das so Angezielte außerhalb dessen liegt, was zu seiner Verwirklichung dient, dann heißt es „Zweck", das Dienliche „Mittel". Das Ziel im engeren Sinn dagegen gehört zu einem Strebenden oder zu einem Ausgerichtetsein als das, was dieses selbst erreichen oder in sich verwirklichen soll (etwa das Ziel einer Wanderung oder Kenntnis und Fähigkeit als Ziel einer Ausbildung).

61 Vom Ziel ist der Richtpunkt zu unterscheiden, woraufhin sich etwas orientiert, ohne dass er herzustellen oder zu erreichen wäre; „Richtpunkt" war zunächst die Bezeichnung des Punktes, auf den eine Waffe beim Schuß zu richten ist; bei gekrümmter Geschoßbahn fällt er nicht mit dem Ziel zusammen; ihn erreichen wollen hieße also das Ziel verfehlen. Dann kann man aber auch jede die Richtung bestimmende

Orientierungshilfe Richtpunkt nennen (wie Polarstern oder Magnetpol für Seefahrer), auch wenn es sich nicht um das Zurechtfinden im Raum handelt; beim Wort „Richtlinie" steht sogar die nichträumliche Orientierung im Vordergrund.

Auch „Ende" oder „Endpunkt" ist von „Ziel" zu unterscheiden als das, wo etwas tatsächlich aufhört, auch wenn es sich um ein Geschehen, einen Entwicklungsprozeß oder eine Bewegung handelt. So findet etwa der Flug eines Pfeils, der sein Ziel verfehlt, dennoch unvermeidlich sein Ende, und für die meisten Menschen dürfte der Tod zwar das Ende, jedoch nicht das Ziel ihres Lebens darstellen. Dieser Unterschied wird noch dadurch unterstrichen, dass das Ziel unter Umständen verfehlt werden kann, während jeder endliche Ablauf sein Ende unausweichlich findet, eben dort, wo er aufhört. Diese Bedeutungsabweichung lässt sich nur erläutern, wenn man beachtet, dass zum Ziel gehört, dass etwas darauf hingeordnet ist, es angezielt wird, also auch ein Zielendes dazu angenommen wird. Demnach hätte die Bahn eines Steines, der zufällig einen Abhang hinunterkollert, zwar ein Ende, aber kein Ziel, da wir unterstellen, dass ihn niemand mit Absicht dorthin gelenkt hat. Der Unterschied wird jedoch verwischt, weil wir einen wiederholten Ablauf, der stets den gleichen Gang nimmt, als so ausgerichtet deuten; wir sagen, er verlaufe regelmäßig oder normalerweise so, und übersehen meist, dass dadurch eine Regel, eine Norm, also eine angezielte Richtung angedeutet wird; denn auch der Begriff „Norm" oder „Regel" hängt mit Ziel zusammen, wie gleich erläutert werden soll.

Zunächst ist noch anzumerken, dass man die Ausrichtung auf ein Ziel auch „Finalität" nennt, und das, was ein Ziel oder einen Zweck be rücksichtigt, „final" (von lateinisch „finis": „Ziel, Ende, Grenze"). Vom entsprechenden griechischen Wort „telos": „Ziel" stammt der Ausdruck „Teleologie", mit dem man die Lehre von der Finalität bezeichnet, und „teleologisch" heißt eine Auffassung, die die Zielbestimmtheit der Natur vertritt. Innerhalb des Bedeutungsbereichs „Ziel" gilt es noch die Begriffspaare „Teilziel – Gesamtziel" und „Zwischenziel – Endziel" zu berücksichtigen. Das erste wird gebraucht bei einem komplexen Gebilde, das als Ganzes oder nur zum Teil angezielt und dann erreicht oder verwirklicht sein kann; das zweite, wichtigere, macht darauf aufmerksam, dass etwas als Ziel angestrebt werden kann, was selbst wieder auf ein ihm eigenes Ziel ausgerichtet sein kann, etwa indem es Mittel zu einem Zweck ist; ein derartiges Zwischenziel kann als Stufe auf dem Weg zum Endziel angezielt werden; wenn es jedoch nicht als Zwischenziel im Blick ist, dann kann es auch nicht als Ganzes angestrebt werden, weil dazu die Berücksichtigung seiner eigenen Finalität erforderlich wäre.

## b) „Sollen", „Sinn", „Norm"

Wenn ein Ziel, im weiteren Sinn verstanden, verfehlt werden kann, dann kann eine derartige Hinordnung auf einen Zweck oder ein „Sollen" genannt werden (etwa: der Pfeil hätte das Ziel treffen sollen, ging aber daneben); hingegen entspräche eine unfehlbar zutreffende Ausrichtung auf ein Ziel ebenso einem „Müssen" wie eine unumgehbare Festlegung auf ein Ziel hin. Wenn wir bei einer Beziehung auf ein Ziel im genauen Sinn drei Elemente unterscheiden können: Das Zielende, das durch dessen Ziele Ausgerichtete und das Ziel selbst, so kann im Rahmen dieses Verhältnisses nur dann von „Sollen" im strengen Sinn die Rede sein, wenn das Ausgerichtete selbst frei und fehlbar ist. In einem abgeleiteten Sinn kann auch von einem Geschehen, das durch einen derartig Ausgerichteten in die Wege geleitet wurde, ein Sollen ausgesagt werden, da es aufgrund von dessen Fehlbarkeit selbst das ihm wieder vorgegebene Ziel verfehlen kann wie es das Beispiel des verfehlenden Pfeils zeigt. Ebenso ist es möglich, dass das Zielende selbst in anderer Rücksicht ausgerichtet oder aber Ziel ist, nämlich als Glied in anderen Finalitätsbeziehungen.

Diese Ausrichtung, das Sollen, gibt auch den Sinn des so fehlbaren Ausgerichteten an. Daher fragen wir ungefähr nach demselben, ob wir formulieren: „Weißt du, was das soll?" oder: „Weißt du, was das für einen Sinn hat?"

Das Wort „Sinn" bezeichnet bisweilen auch die Fähigkeit eines Subjekts, etwas zu erfassen. So reden wir vom „Gesichts-, Geruchssinn" in der Sinneserkenntnis, aber auch vom „Sinn für Musik" oder davon, jemand habe etwas im Sinn. Diese Verwendung steht hier nicht zur Frage. In anderer Bedeutung bezeichnet „Sinn" jene Qualität, die etwas verstehbar macht. Wir verstehen es, wenn wir wissen, dass es einen Sinn hat und was für einen Sinn es hat. Dieser Sinn liegt aber darin, dass das Sinnvolle auf etwas hingeordnet ist, dass es einen Zweck oder ein Ziel hat. Das gilt auch für den Sinn oder die Bedeutung der Sprachzeichen, die eine Funktion, einen Zweck haben und als semantische Zeichen auf etwas – ihr Ziel – verweisen. Der Sinn eines Mittels, etwa eines Werkzeugs, liegt in seiner Dienlichkeit für seinen Zweck, auf den es hingeordnet ist; der Sinn von etwas, das sein Ziel in sich selbst trägt, besteht darin, dass es darauf aus ist. Nicht der Zweck oder das Ziel selbst ist also der Sinn, sondern das Daraufhin-ausgerichtet-Sein. Was kein Ziel oder keinen Zweck hätte, worauf es hingeordnet wäre, hätte auch keinen Sinn. Dieser Erläuterung entspricht auch die Etymologie des Wortes Sinn, das auf einer indogermanischen Wurzel „sent-" beruht, deren ursprüngliche Bedeutung wohl „eine Richtung nehmen" war (Duden Etymologie, 1963, 645).

Bedeutsam ist hier, dass der Sinn eines Zwischenziels von seinem Endziel abhängt. Eine Brücke etwa stellt für den, der sie bauen lässt, ein Zwischenziel dar; das Endziel kann es dann sein, dass der Verkehrsfluss über sie geleitet werden kann. Sie ist dann sinnvoll, nämlich zweckmäßig konstruiert, wenn sie so tragfähig ist, dass sie dieser Belastung gewachsen ist. Wenn diese Brücke aber in einem Film errichtet wird zu dem Endziel, dass sie bei der Darüberfahrt des ersten Lastwagens zusammenbricht, wäre die gleiche Tragfähigkeit gerade zweckwidrig, die Brücke also sinnlos. Wer daher das Endziel völlig ignoriert, der könnte auch über Sinn oder Unsinn eines Zwischenziels keinerlei Auskunft geben, da er nicht weiß, was es „letzten Endes" soll.

In dem durch das Ziel bestimmte Sollen liegt aber auch der Grund für jede Norm oder Geltung. Die Norm, Richtschnur oder Regel gibt nämlich an, wie etwas sein oder geschehen soll oder was erreicht werden soll (Arbeitsnorm); manchmal nennt man auch das, was dem Sollen entspricht, das „Genormte", selbst „Norm", weil es als Vorbild dienen kann und so wieder ausdrückt, was sein soll. Ohne Kenntnis des Zieles ist also etwas auch nicht als Norm zu begreifen. Auch Geltung, Gültigkeit besagen einerseits, dass das Geltende selbst ist, wie es sein soll, dass es nicht nur besteht, sondern zu Recht besteht, andererseits legen sie ein Sollen auf, beanspruchen nämlich, anerkannt zu werden als „gesollt" oder als „richtig" (was auf „ausge-richtet" auf das vorgegebene Ziel verweist). „Gültig" heißt ursprünglich das, was (zurück) zu zahlen war, was man schuldig war, und das heißt in der Kaufmannssprache „Soll". „Geld" leitet sich davon her, aber auch „gelten", was noch deutlich wird, wenn wir etwa sagen: „Jetzt gilt's, Mut zu zeigen", oder auch im Wort „ver-gelten" (heimzahlen). Ein Gesetz gilt, eine Norm ist in Geltung, wenn sie ein Sollen auferlegt, zur Anerkennung verpflichtet. Eine Aussage, ein Schluß hat Geltung, wenn man ihn anzuerkennen hat. So eignen sich auch die beiden unterschiedlichen Fragen (52), nämlich die – der Frage nach der Genesis, dem Zustandekommen, entgegengesetzte – Frage nach der Geltung und die der „quaestio facti", der Frage nach dem Tatbestand, gegenübergestellte „quaestio iuris" (ob etwas zu Recht besteht, also sein soll), um die besondere Fragerücksicht der Erkenntniskritik zu kennzeichnen, abhängig von der jetzt gestellten Frage nach dem Ziel, dem Wozu, der Erkenntnislehre.

## c) Wonach fragt „Wozu"?

Es könnte jetzt ausgemacht erscheinen, dass die Frage in der Form „Wozu a?" nach dem Ziel oder Zweck von a fragt. Dass dies nicht ohne weitere Erläuterung angenommen werden kann, ergibt sich daraus, dass wir oft die Frage: „Wozu tust du das?" durch die uns bedeutungsgleich erscheinende ersetzen können: „Warum tust du das?" oder umständlicher wieder: „Was ist der Sinn deines Tuns?" Mit „Warum?" fragen wir nach den Gründen. Dennoch geht diese Frage „Aus welchem Grund?" nicht etwa in eine andere Richtung als die nach dem Wozu, obwohl sie nach dem Woher zu fragen scheint und die andere nach dem Wohin. Zu den Gründen oder Ursachen zählt Aristoteles nämlich auch das Ziel, weil es uns veranlasst, etwas zu tun, oder unser Tun leitet, das sich nach ihm ausrichtet. Deshalb sprechen wir auch von den Beweggründen oder Motiven, die bei unserem bewussten Verhalten nicht allein in den Bedürfnissen und Trieben gesehen werden können, die von der Psychologie zur „Motivation" gezählt werden, sondern auch in den Zielen liegen, die uns vorschweben oder die wir erkennen, und je nach dem Ziel, das wir zu erreichen, zu erwerben oder herzustellen hoffen, werden wir auch unser Verhalten einrichten.

Alles Planen verfolgt nämlich ein Ziel.

68  Zudem ist noch zu unterscheiden zwischen unserem Ziel und dem unserer Unternehmung. In der lateinischen philosophischen Terminologie hat man unterschieden zwischen einem „finis operis" und einem „finis operantis", dem Ziel des Werks und dessen, der es unternimmt. Ein Uhrmacher kann etwa auf die Frage, wozu er Uhren produziere, antworten: „Damit ich etwas daran verdiene!" (Ziel des Werks) oder: „Damit sie die Zeit anzeigen!" (Ziel des Tätigen); bei dem „Werk" muss es sich dabei nicht um ein Produkt handeln, sondern es kann auch die Tätigkeit selbst darunter verstanden werden (Ziel des Kochens abgehoben vom Ziel des Kochs etwa).

Somit kann auch die Frage „Wozu?" sich entweder nach dem Ziel einer Ausführung selbst oder nach dem Ziel dessen, der sie unternimmt, erkundigen. So müsste man sie zur Verdeutlichung aufteilen, etwa in die Frage: „Zu welchem Ziel soll das Unternehmen gelangen?" und die andere „Aus welchem Beweggrund, in welcher Absicht wird sie angegangen?", oder kürzer: „Warum unternimmt man das?" So fragen wir nun auch bezüglich der Erkenntnistheorie zunächst, wozu sie führen soll, was das ihr innewohnende Ziel ist, und dann, warum wir sie betreiben.

*Literatur:*

Kraft 1968,102–129.
Riedel 1982.
Spaemann 1981.

56

## 2. Das Ziel der Erkenntnistheorie

Die Frage ist also vorerst nicht, was uns veranlasst, uns mit Erkenntnistheorie zu befassen, was unser Ziel mit ihr ist, sondern ob sie selbst ein Ziel hat und worin dies zu sehen sei. Falls wir sie nicht als ein abgeschlossen vorliegendes Produkt ansehen, sondern als einen Prozess betrachten – und das ist selbst dann möglich, wenn wir Wissenschaft vorherrschend als Resultat ansehen (41), weil sie auch dann in stetiger unvollendbarer Fortentwicklung begriffen werden kann –, dann ergibt sich aus ihrem Systemcharakter, da der einen willkürlichen Verlauf ihrer Entfaltung ausschließt, dass sie auch eine Ausgestaltungsrichtung und damit ein Ziel haben muss. Hinzu kommt, dass die Philosophie, anders als die Einzelwissenschaften, gar nicht in dem gleichen Ausmaß nur als Erkenntnisergebnis gefasst werden kann. Wie die Überlegungen zum Ziel der Erkenntnistheorie zeigen, darf in ihr nämlich nicht ohne weiteres das übernommen werden, was andere Fachwissenschaftler, hier Philosophen, selbst wenn deren Kompetenz und Verlässlichkeit außer Zweifel stehen, erarbeitet haben, was sonst in den Wissenschaften unvermeidlich und rechtens geschieht. Philosophie kommt nur insoweit zustande, als jeder selbst philosophiert. Somit muss sie noch weit deutlicher als Prozess und weniger als Ergebnis verstanden werden als eine sonstige Wissenschaft, wie es auch die knappe Bestimmung von C.F. von Weizsäcker besagt: „Philosophie kann definiert werden als Weiterfragen" (Weizsäcker, 1972, 37).

Damit ist auch schon eine Zielvorstellung aufgegeben, die als asymptotisch zu erreichender Zustand in anderen Wissenschaften angestrebt werden kann, nämlich die Vollständigkeit. Im weiteren Sinn ist damit die Eigenschaft eines Systems verstanden, dass alle wahren Aussagen seines Bereichs in ihm enthalten oder aus ihm ableitbar sind. Von formaler Vollständigkeit oder Vollständigkeit im engeren Sinn kann man nur bei axiomatischen Systemen reden; darin sind die Axiome die angenommenen Aussagen, die in diesem System nicht abgeleitet sind, unterschieden von allen anderen, die sich nach ausdrücklich formulierten Regeln daraus ergeben. Wenn jeder Satz in diesem System entweder beweisbar oder widerlegbar, d.h. entscheidbar ist (6), dann heißt das System formal vollständig. Obwohl nicht einmal die Vollständigkeit im weiteren Sinn von der Erkenntnistheorie angezielt werden kann, weil ihr Gegenstandsbereich nicht abgrenzbar ist, muss sie dennoch – wie alle übrigen Wissenschaften – Widerspruchsfreiheit und Folgerichtigkeit ihrer Aussagen zu gewährleisten suchen.

Wie alle Wissenschaften hat auch die Erkenntnistheorie das Ziel, ihren Erkenntnisbereich übersichtlich darzustellen; das soll deutlich, gründlich und umfassend geschehen. In diesen Unterzielen liegen bereits

Unterschiede zwischen ihr und anderen Wissenschaften vor. Was die Deutlichkeit oder Genauigkeit angeht, ist etwa der Satz des Aristoteles zu beachten: „Es kennzeichnet den Gebildeten, auf jedem Gebiet nur den Grad von Genauigkeit zu fordern, den die Natur der Sache zuläßt" (Aristoteles, NE 1, 1094b 23–25); oder die ähnliche Überlegung Wittgensteins: „„Unexakt', das ist eigentlich ein Tadel, und ,exakt' ein Lob. Und das heißt doch: das Unexakte erreicht sein Ziel nicht so vollkommen wie das Exakte. Da kommt es also auf das an, was wir ,das Ziel', nennen. Ist es unexakt, wenn ich den Abstand der Sonne von uns nicht auf 1 m genau angebe; und dem Tischler die Breite des Tisches nicht auf 0,001 mm? Ein Ideal der Genauigkeit ist nicht vorgesehen; wir wissen nicht, was wir uns darunter vorstellen sollen" (Wittgenstein, PhU 1, Nr. 88). Sodann muss jede Wissenschaft ihre Aussagen möglichst gründlich rechtfertigen; hier hat die Erkenntnistheorie weiter zu gehen als jede andere Wissenschaft, indem sie auch ihr eigenes Rechtfertigungsverfahren selbst rechtfertigen und in allem versuchen muss, bis auf die „letzten Gründe" zurückzugehen, wie wir als Forderung, die sich aus ihrem spezifischen Ziel ergibt, aufweisen werden. Drittens hat jede Wissenschaft einen möglichst umfassenden Überblick über ihren Erkenntnisbereich zu geben; hier wird die Erkenntnistheorie, wie gesagt, wegen der Unabschließbarkeit ihres Gebietes hinter anderen Wissenschaften zurückbleiben müssen.

72 Wo liegt nun aber das der Erkenntnistheorie eigene – sie auch so von anderen Wissenschaften abgrenzende – Ziel? Um diese Frage zu klären, muss man bedenken, dass die Wissenschaften selbst als Mittel aufgefasst werden können zu ihrem Ziel, nämlich der Überschaubarkeit ihres Gegenstandsbereichs. Aber auch dieses Ziel erscheint nicht als Endziel, sondern als Zwischenziel, da zu fragen ist: „Wozu muss ein Gegenstandsbereich überschaubar sein?" Die allgemeine Antwort, nämlich für alle Wissenschaften gültig, könnte lauten: „Weil der Mensch in der Vielfalt seiner Erkenntnisse ertrinkt, wenn er sie sich nicht überschaubar ordnet! Aber das ruft zwei weitere Fragen hervor: „Warum darf der Mensch nicht in seinen Wahrnehmungen, Eindrücken, Überlegungen ertrinken?" und: „Warum erkennt er überhaupt so vielerlei?"

73 Auf diese zweite Frage ist zu antworten: Dass der Mensch überhaupt erkennt, steht nicht in seinem Belieben. Er kann zwar über den Zugriff auf seine organischen Funktionen auch sein Bewusstsein beeinflussen, sich etwa betäuben oder sogar töten; aber er kann nicht aus eigenem anfangen, bewusst zu sein, vielmehr findet er sich immer – erwachend, zu sich kommend – als Bewusstsein vor; wenn er aber bei Bewusstsein ist, erkennt er auch, hat Wahrnehmung oder Gefühle, Gedanken oder Phantasien. Es steht auch nicht in seiner Verfügung, dass diese ihm

unwillkürlich gegebenen Eindrücke in einer Fülle auftreten, die er nicht im einzelnen überblicken könnte, wenn er mit seiner Erkenntnis nicht sogleich auch ordnend eingriffe, indem er sie etwa spontan als bekannt oder als zu einer – sprachlich vorgegebenen – Art gehörig erfasste; er erkennt ein Haus sogleich als Haus, muss nicht erst im Überlegen oder gar Beschließen die verschiedenen Eindrücke wie Farbe und Gestalt zu einem Bild „Haus" zusammenfügen und das dann noch vergleichen mit dem, was er in seinem Gedächtnis als Haus gespeichert hätte. Nein, sein – freilich sprachlich geprägtes – Erkennen begreif des Wahrgenommene sogleich als Haus. Man spricht nach Heidegger daher von der „Als-Struktur" unseres Erkennens (Heidegger, 1979, S 32), die unser Wahrnehmen ohne unser willentliches Zutun vorsortiert.

74

Welcher dieser Erkenntnisse wir aber unsere Aufmerksamkeit besonders zuwenden, was wir zum Gegenstand unserer Frage oder gar einer Wissenschaft machen, das liegt auch an unserer Entscheidung. Während wir also bei den unwillkürlich gegebenen Seiten unseres Erkennens nur etwa im naturwissenschaftlichen oder psychologischen Sinn nach dem „Warum", nämlich nach den naturgesetzlichen Erklärungsregeln für diese Eigenart des Erkennens fragen können (Frage der „Genesis"), sind wir nun gefragt, aus welchen Motiven wir dieser oder jener Sache unsere Aufmerksamkeit vor allem zuwenden, insbesondere auch, warum wir diese oder jene Wissenschaft betreiben. Die Antwort auf diese Frage aber hängt von dem Ziel ab, das wir dabei im Auge haben; die „Warum-Frage" lässt sich als „Wozu-Frage" stellen (Frage der Geltung, der Rechtfertigung). Dass auch die einzelne Wissenschaft und noch mehr einzelne Forschungsvorhaben in einer Wissenschaft einer solchen Rechtfertigung bedarf, ist erst durch Ideen in den Blick gekommen, wie sie etwa J. Habermas in „Technik und Wissenschaft als ‚Ideologie'" (Habermas, 1969) formuliert hat, noch mehr durch wachsendes Misstrauen der Wissenschaft allgemein gegenüber und nicht zuletzt deswegen, weil der immer größere finanzielle Aufwand eine Rechtfertigung der Ausgaben fordert; daraus hat sich dann hierzulande eine auch politisch bedeutsame Diskussion über Wissenschaftsplanung und Wissenschaftssteuerung entwickelt (vgl. etwa Strasser 1976).

75

Unabhängig von dieser aktuellen Problemstellung gehört jedoch die Frage, wie Wissenschaften zu rechtfertigen sind, zu den bleibenden Aufgaben der Wissenschaftstheorie. Bereits Aristoteles hat sich damit befasst und nicht nur unterschieden (15) zwischen freien, um ihrer selbst willen betriebenen Wissenschaften, und denen, die man als Mittel gebraucht, um das sonst fürs Leben Notwendige oder Nützliche zu besorgen; parallel dazu teilen sich für ihn die Wissenschaften auch in poietische, praktische und theoretische (Aristoteles, Met. 6,1; 1025b 19ff. und 11,7; 1064aff.). Das entspricht nicht der heutigen Unterscheidung von Theorie und Praxis. Was wir nämlich Praxis nennen, ist für Aristoteles zumeist „poiesis"; man könnte dafür „Schaffen" sagen oder „Produzieren, Herstellen, Hervorbringen, Bewerkstelligen"; dazu gehören Technik wie Architektur, aber auch Heilkunde oder Feldherrenkunst, weil nicht nur Geräte und Gebäude, sondern auch Gesundheit oder militärisches Vorgehen hergestellt oder zustandegebracht werden. „Praxis" ist für Aristoteles hingegen jenes menschliche Handeln oder Sich-Verhalten, das vor allem im Entscheiden oder Entschiedensein des Menschen besteht, wie es Gegenstand der Ethik ist. Er erläutert den Unterschied kurz so „Beim Schaffen gibt es ein davon getrenntes Ziel, beim Handeln dagegen nicht, weil hier das rechte Handeln selbst Ziel ist" (Aristoteles, NE VI, 1140b 6f.). Die ausgerichteten Wissenschaften sind also abhängig von ihrem Zweck, dem Herzustellenden, und Mittel dazu, von ihm her zu beurteilen. Die theoretischen hingegen, wie etwa das philosophische Fragen nach den letzten Gründen, können um ihrer selbst willen betrieben werden. Allerdings steht ihr Ziel nicht neben dem der „Praxis", sondern muss sich mit ihm verbinden, denn das rechte Handeln ist nicht unmittelbar praktisch und noch weniger – weil erst in Verbindung mit der „Praxis" – poietisch. Aristoteles erläutert das in der Nikomachischen Ethik so: „Der Ursprung des Handelns ist der freie Entschluss ... Das Denken an sich setzt nichts in Bewegung, sondern erst das zielstrebige und handelnde. Dieses nämlich leitet auch das herstellende, denn jeder Schaffende schafft eines Zieles wegen, und das Gemachte ist nicht einfachhin Ziel, sondern es ist wegen etwas und Mittel zu etwas. Anders die Handlung; denn das rechte Handeln ist Ziel und das Anzielen richtet sich darauf. Deshalb ist der freie Entschluss anzielende Vernunft oder vernünftiges Anzielen, und der so bestimmte Ursprung ist der Mensch" (Aristoteles, NE VI, 1139 a 31–b 5). Dieser Gedankengang, auf die Frage „Wozu eine Wissenschaft?" angewandt, ergibt: Wenn es sich um eine auf Herstellung zielende Wissenschaft handelt, die dazu dient, etwa einen gesellschaftlichen Zustand, eine Unternehmung oder ein technisches Produkt oder ähnliches zustande zu bringen, dann ist sie als Mittel zu rechtfertigen, falls ihr Zweck, das mit ihrer Hilfe zu Schaffende, dem dient, was in sich selbst und nicht nur wieder als Mittel Ziel des Menschen ist, nämlich sein richtiger freier Entschluss und das dazu erforderliche, damit als Teilziel verbundene freier Erkennen. Dieses theoretische – im aristotelischen Sinn – und praktische Erkennen ist auch als Wissenschaft also nicht bloß Zwischenziel, sondern Teil des menschlichen Gesamtziels: der gute freie Entschluss.

Damit ist aber auch unsere zweite Frage zur Rechtfertigung von Wissenschaft beiläufig mitbeantwortet, nämlich: „Warum darf der Mensch nicht in seinen Erkenntniseindrücken untergehen, ertrinken, warum muß er vielmehr suchen, sie zu ordnen und die Übersicht darüber zu gewinnen?" Antwort: Weil er sonst sich nicht frei entscheiden könnte, sondern dem Strom der hereinbrechenden Wahrnehmungen, Empfindungen, Vorstellungen ausgeliefert wäre. Es gibt also nicht nur eine Berechtigung, sondern eine Pflicht zur Wissenschaft, insoweit sie ein unerlässliches Mittel darstellt, dem Menschen diese Übersicht zu gewährleisten.

Insbesondere die Erkenntnistheorie ist unmittelbar auf das Ziel des Menschen bezogen, denn sie hat als philosophische Disziplin die Erkenntnis unter der Rücksicht zu untersuchen, inwiefern sie für den Menschen als Menschen bedeutsam ist; das heißt aber in dem jetzt erörterten Zusammenhang: insofern sie zum Ziel des Menschen gehört oder es auch hindert. Unterstellt man in Weiterführung der Gedanken des Aristoteles, dieses Ziel sei die Freiheit des Menschen oder konkret formuliert: der Mensch als freier, dann hat die Erkenntnistheorie als Ziel, zu fragen: „Was hat die Erkenntnis mit der Freiheit des Menschen zu tun, und wie muss sie gestaltet werden, damit der Mensch frei sein kann?" Eine der Eigenarten, die Erkenntnis besitzen muss, so sie Freiheit garantieren soll, besteht darin, dass sie den Menschen nicht völlig von dem abhängig sein lassen darf, was andere erkannt haben, sonst wäre er diesen darin ausgeliefert, also nicht frei. Er muss daher in seiner Erkenntnis ein Mindestmaß an Eigenständigkeit besitzen, darf nicht alles glauben, sollte sich an die Aufforderung halten, die Kant als den „Wahlspruch der Aufklärung" bezeichnet: „Habe Mut, dich deines eigenen Verstandes zu bedienen!" (Kant, Aufklärung, A 481). Wie eine solche eigenständige Erkenntnis möglich ist, das zu zeigen, gehört also zur vornehmlichen Aufgabe der Erkenntnistheorie, gemäß ihrem Ziel, Freiheit zu ermöglichen. Wollten wir damit die Frage: „Wozu Erkenntnistheorie? Was ist das ihr eigene Ziel?" als beantwortet ansehen, so setzten wir uns dem Angriff aus, dass wir eben in der Festsetzung dieses Ziels gegen das Ziel verstoßen haben, da nur ein Gedanke des Aristoteles weiterentwickelt, eine Forderung Kants übernommen, kurz Freiheit als Ziel unterstellt (und zu glauben vorgelegt), aber gerade nicht für eine eigenständige Erkenntnis nachgewiesen wurde. Daher ist nun – obwohl das sonst vordringliche Aufgabe der Ethik wäre – auch noch kurz zu zeigen, wieso Freiheit als das Ziel des Menschen behauptet werden kann.

*Literatur:*

Keller 1968 b.
Prauss 1980.

### 3. *Das Ziel des Menschen*

78 Das Ziel des Menschen ist eines, das er unbedingt verfolgen soll. Wäre es nur bedingt, also abhängig von einem anderen Zweck vorgegeben, dann müsste weitergefragt werden, ob denn dieser Zweck anzuzielen ist, und weshalb – solange, bis man zu dem unbedingten Ziel gelangt, da alle Zwischenziele ihren Sinn nur von dem Endziel erhalten, auf das sie hingeordnet sind (63). Ein solches unbedingtes Ziel aber kann dem Menschen nicht durch eine äußere Vorschrift aufgetragen werden, von wem immer sie stammte, denn sie wäre zu befragen, weshalb man sie denn befolgen solle. Falls die Antwort auf diese Frage mit einer Bedingung anfängt oder anfangen könnte, etwa der Form: Wenn du dem nicht folgst, wirst du unglücklich, bist du ein verächtlicher Mensch, geht die ganze Welt zugrunde, handeln die andern dir gegenüber genauso schlecht – und was an derartigen Folgen mehr aufgezählt werden könnte – dann eben handelt es sich nicht um das unbedingte Ziel, sondern das zuletzt angezielte wäre die angedrohte (oder im umgekehrten positiven Fall "Wenn du folgst, dann –" die verheißene) Folge, das Ziel, das selbst wieder auf seinen verpflichtenden Charakter hin befragt werden müsste.

79 Daher scheinen die Folgerungen Kants einleuchtend, ein solches Ziel müsse erstens kategorisch (d. h. unbedingt) vorgegeben sein, und es müsse zweitens autonom (d.h. nicht aufgrund einer fremden Vorschrift = "heteronom") durch eine in unserem Willen selbst liegende innere Ausrichtung gesetzt sein. Als Ziel kann es nicht beliebig sein – sonst wäre es nicht wirklich Ziel, Gesolltes (außerdem könnten wir es schon deshalb nicht wählen, weil wir nicht wüssten, was wir wählen sollten). Aber es darf auch nicht unausweichliches Ende sein, dem ein Müssen entspricht und kein Sollen. Ein derartiges Ziel eben ist in unserer Freiheit gegeben. Sie ist zunächst unserem Belieben entzogen. Zu allem anderen kann ich dadurch Stellung nehmen, dass ich es bejahe oder ablehne; zur Freiheit selbst aber nicht, denn indem ich zu ihr Stellung nehme, befinde ich mich schon in ihr, wenn ich sie etwa bewusst (und das heißt auch frei) ablehne, nehme ich sie eben im Akt meiner Ablehnung noch an.

Deshalb meint Kant, dass die Freiheit die Autonomie des Willens sei, die uns die gesuchte Richtung gibt (Kant, Grundlegung, B 98), und

Sartre sagt, wir seien „zur Freiheit verdammt", denn zu ihr hätten wir keine Wahl, „Nichtwählen heißt nämlich wählen, nicht zu wählen" (Sartre, 1962, 610). Andererseits steht „frei sein" im Gegensatz zu „müssen", denn wenn wir von der Freiheit Gebrauch machen, haben wir zwar ihr gegenüber keine Wahl, aber sonst allem gegenüber.

Eben das aber scheint die Freiheit als Ziel auszuschließen, denn wenn wir alles Beliebige tun (oder nicht tun) könnten, dann wäre unsere Handlungsmöglichkeit gerade ziellos. Doch dieses Argument geht fehl, weil wir alles mögliche tun können, aber nicht alles gleichermaßen frei. Freiheit, die man beschreiben könnte als Nichtfremdbestimmtsein verbunden mit der Fähigkeit zur Selbstbestimmung, ist nämlich nicht entweder ganz oder gar nicht gegeben, sondern kann vielfältig abgestuft verwirklicht sein, je nach dem Maß der Abwesenheit von Fremdbestimmung und der Intensität und dem Umfang von Selbstbestimmung; Fremdbestimmung darf dabei nicht verwechselt werden mit dem Beeinflusstsein von außen, denn ohne derartige Einflüsse käme Freiheit für uns überhaupt nicht zustande; Freiheit schließt nur aus, dass diese Einflüsse uns in irgendeiner Frage beherrschen, uns keine Wahl in irgendeiner Angelegenheit mehr lassen. Der Mensch kann also mehr oder weniger frei sein und ist es – nach unserer Erfahrung, also nicht prinzipiell – jeweils nur bis zu einem gewissen, ständig variierenden Grad. Was etwa die Intensität angeht, scheint er sich für eine bloß vorübergehende Sache kaum so stark einsetzen zu können, als wenn sie ihm dauerhaft oder gar unvergänglich erscheint; und für eine Sache nicht so sehr wie für eine Person. Falls also die Freiheit das Ziel des Menschen ist, ergibt sich daraus etwa die Forderung, er müsse vor allem für andere Menschen einsetzen, weil er nur in ihnen einer Person begegnet, und zwar insbesondere insofern er sie als unvergänglich zu erfassen vermag.

Aus der Tatsache, dass sich die Freiheit jedoch immer abgestuft verwirklicht findet, ergibt sich ein weiterer Einwand gegen die Freiheit als Ziel. Warum sollte ich mich nämlich dann nicht mit einem beliebig geringen Grad von Freiheit zufrieden geben, eben mit dem, der sich gerade beiläufig in meinem Verhalten ergibt, so dass die Freiheit dann eher als zufälliges Merkmal menschlichen Verhaltens, jedoch nicht als dessen Ziel gelten könnte? Die – vielleicht überraschende – Antwort lautet: Weil Freiheit nur gewährleistet ist, wenn sie als grenzenlos angezielt wird.

Dieser erstaunliche Satz lässt sich begründen aus einem Dilemma, das sich aus dem Verhältnis von Freiheit und Vernunft zu ergeben scheint. Ein (negatives) Dilemma ist ein Schluss, der in seinem ersten Vordersatz eine Alternative (zwei und nur zwei Möglichkeiten) aufstellt, dann für jede der Möglichkeiten in der zweiten Prämisse die gleiche negative Folgerung zieht, womit diese bewiesen ist. In unserem Fall könnte es lauten: Freiheit ist entweder mit der Vernunft oder ohne die Vernunft zu verwirklichen; aber sowohl mit Vernunft wie ohne sie kann sie nicht verwirklicht werden, also ist Freiheit nicht verwirklichbar. Die erste Prämisse scheint einsichtig, aber der zweite Vordersatz dieses Schlusses bedarf der Begründung; die könnte so aussehen: Falls ich mich frei entscheiden soll zwischen verschiedenen Möglichkeiten, fragt es sich, welche Wahlmöglichkeit besser als die anderen ist; ist eine besser als die anderen, dann muss ich sie – falls ich mit Vernunft handele – vorziehen; also schließt die Vernunft die Freiheit aus, da sie mich zum Besseren nötigt. Sind aber alle gleichgültig, so käme auch keine Wahl zustande, da ich dann beliebig und sozusagen blind etwas herausgreifen muss. Ein blindes Herausgreifen aber ist kein Auswählen. Eben dieses blinde Herausgreifen aber bliebe auch übrig, wenn ich ohne Vernunft wählen sollte; also ist auch ohne Vernunft Freiheit nicht zu verwirklichen. Damit scheint die zweite Prämisse unseres Schlusses bewiesen, und seine Folgerung, es gebe keine verwirklichbare Freiheit, unvermeidlich.

Dass diese Konsequenz jedoch unhaltbar ist, lässt sich auf anderem Weg zeigen, und zwar aus dem nachgezeichneten Versuch eines Dialogs zwischen einem, der die Freiheit des Menschen verteidigt, und einem, der sie leugnet, also einen Determinismus vertritt, nach dem alles, was geschieht, auch die menschlichen Entscheidungen, in allen Einzelheiten durch unabänderliche Naturgesetze bestimmt ist, sich also zwangsläufig abspielt. Nennen wir die Opponenten F und D. F sagt: „Es gibt Freiheit", D: „Es gibt keine Freiheit", F: „Einer von uns, da wir uns widersprechen, behauptet etwas Falsches." D: „Ja!" F: „Nach deiner Meinung tut er das unfreiwillig und zwangsläufig!" D: „Ja." F: „Auch wenn er es nicht nur nach außen behauptet, sondern einzusehen meint, hat er diese Überzeugung von etwas Falschem zwangsläufig. Er kann nichts dafür. Es hängt nicht von seiner Entscheidung ab, er muß das Falsche für wahr halten?" D: „Unter den von dir geschilderten Umständen allerdings!" F: „Und wenn die deterministischen Gesetze bestimmt hätten, dass du das Falsche behauptest und als wahr zu erkennen glaubst, gälte das auch für dich?" D: „Zwangsläufig!" F: „Da aber einer von uns etwas Falsches behauptet – und unterstellen wir einmal, dass er nicht lügt –, da er auch für wahr hält, was er sagt, setzt sich auch die Wahrheit nicht notwendig durch, sondern es kann ebenso zwangsläufig aus einer Überlegung oder Diskussion das Falsche als Ergebnis herauskommen – und wir haben, nach deiner Auffassung, von uns aus keine Möglichkeit, das zu korrigieren und zu steuern?" D: „Ja, es sei denn, wir seien dazu programmiert." F: „Weil aber einer von uns deiner Auffassung nach auf etwas

Falsches hin programmiert ist, wäre auch das möglich, dass wir, statt das Falsche auf das Wahre hin in der Diskussion zu verbessern, das Wahre diskutierend gerade zum Falschen verbiegen. Dann aber ist unsere Diskussion so sinnvoll wie ein Wortwechsel zwischen Papageien oder ein Redewettkampf zwischen zwei Schallplatten. Außerdem könnte das, was wir sagen, uns gar nicht zugerechnet werden, sondern es wäre durch die Kausalkette bestimmt, in die wir völlig eingefesselt wären. Wir wären in diesem Sinn unzurechnungsfähig. Mit Unzurechnungsfähigen zu diskutieren, ist aber offensichtlich widersinnig. Wer sich überhaupt anderen gegenüber vertritt, setzt also Freiheit voraus!" Soweit diese Diskussion, die zu zeigen scheint, dass sich der Determinismus nicht vertreten lässt – und überdies, dass Wahrheit und unsere Fähigkeit, uns darüber Rechenschaft zu geben, mit der Freiheit unlösbar zusammenhängen. Folglich muss es Freiheit geben.

So stehen wir vor einem neuen Dilemma. Das erste hatte ja als Konsequenz, Freiheit könne es nicht geben, weil sie weder ohne Vernunft statthaben könne, da dies bestenfalls ein blindes Heraustappen ermöglichte, mit Vernunft jedoch ebenfalls nicht, weil die uns nötigte, das Bessere vorzuziehen. Jetzt steht die andere Folgerung dem entgegen, Freiheit müsse es geben. Dieser Widerspruch ist so zu lösen: Das erste Argument enthält eine unbewiesene Voraussetzung, die uns nicht auffällt, weil sie uns selbstverständlich erscheint und sowohl von der klassischen Philosophie wie von der Alltagsüberzeugung geteilt wird. (Merke: Gerade das Selbstverständliche ist gefährlich, weil wir „selbstverständliche" und der allgemeinen Meinung entsprechende Irrtümer am ehesten übersehen!) Diese Voraussetzung heißt: Es gibt – wenn nicht alles gleichgültig ist – das Bessere; dies ist dann vernünftigerweise zu wählen. Diese Behauptung aber, es gäbe unter dem uns begegnenden Wählbaren etwas schlechthin Besseres, muss bestritten werden. Etwas Besseres gibt es nämlich erst, wenn wir die Dinge schon unter einer bestimmten eingeschränkten Rücksicht ansehen. Wenn ich etwa frage: „Was ist meiner Gesundheit dienlich?", dann kann ich die Dinge und Tätigkeiten klassifizieren in schädliche, für die Gesundheit gleichgültige und nützliche, und unter denen läßt sich dann das Bessere und Beste feststellen, das ich – unter dieser Rücksicht! – vernünftigerweise allein wählen kann. Wenn aber die Fragerücksicht hieße: „Was fördert meine Karriere?" oder „Was dient meiner Familie?" oder „Wozu habe ich am meisten Lust?" usw., dann kämen jeweils vermutlich ganz andere „Bestenlisten" zustande. Und wenn ich mich auf gar keine derartige einschränkende Rücksicht eingelassen hätte, dann gäbe könnte auch nicht angegeben werden, was das Bessere wäre; das gäbe es dann nicht. Lege ich mich jedoch auf keine derartige Rücksicht von vornherein fest, so bin ich auf unbeschränkte Freiheit aus. Dann aber verliert auch – da so kein vorgegebenes einfachhin Besseres vorliegt – das Argument seine Kraft, Freiheit sei mit Vernunft nicht vereinbar; dann erst kann es also Freiheit geben.

84 Damit ist der als erstaunlich eingeführte Satz bewiesen, dass Freiheit nur gewährleistet ist, wenn sie als grenzenlose Freiheit angezielt wird. So sehr also tatsächlich die Freiheit stets nur graduell verwirklicht wird, als Ziel muss sie umfassend angestrebt werden, oder sie kann überhaupt nicht statthaben. Umgangssprachlich ausgedrückt: Du kannst nicht nur ein bisschen Freiheit wollen, sondern du musst sie ganz wollen, sonst bleibt dir gar nichts.

Damit ist nun aber auch die Freiheit als Ziel des Menschen bestimmt, das sein Handeln zu regeln vermag, etwa mit der Forderung: „Handle so, dass du in deiner Handlung jeweils die größtmögliche Freiheit auf Dauer anzielst!" Dass dadurch keineswegs die gängige Moral aus den Angeln gehoben wird, sondern weithin neu begründet wird, wurde durch den Hinweis, dass wir – wenn wir möglichst unbeschränkt frei sein wollen – unsere Freiheit für den anderen Menschen als Person einsetzen müssen, schon angedeutet (80). Das auszuführen ist jedoch nicht mehr Aufgabe der Erkenntnistheorie, sondern gehört zur Ethik, der philosophischen Disziplin vom rechten Entscheiden und Gesinntsein, zu deren erkenntnistheoretischer Begründung diese Überlegungen vom Ziel des Menschen beitragen.

*Literatur:*

Keller 1981.
Müller 1980.
Splet 1967, 68.

*4. Warum betreiben wir Erkenntnistheorie?*

85 Die Frage: „Wozu Erkenntnistheorie?" kann nicht nur das Ziel dieser Wissenschaft erkunden wollen, sondern auch unsere Motive, weshalb wir sie betreiben, was unmissverständlicher mit „Warum Erkenntnistheorie?" auszudrücken wäre (67) Diese Frage müsste nun jeder durch Selbstprüfung beantworten, indem er angibt, was ihn dazu brachte, sich mit diesem Thema zu befassen; ob es Neugierde war, Bildungshunger, Interesse an einer bestimmten Frage, beruflicher Nutzen, den er sich davon erwartet, oder was sonst.Man kann aber eine Reihe von

Motiven aufführen, die uns veranlassen könnten, uns der Anstrengung zu unterziehen, die Erkenntnistheorie von uns fordert; so kann man entweder eigene Beweggründe leichter entdecken, oder sich von den vorgestellten einen oder mehrere zu eigen machen. Ohne Anspruch auf Vollständigkeit seien acht Gründe dafür genannt, sich dieser Wissenschaft zu widmen.

a) Erkenntnislehre entspricht einer unserem Erkennen innewohnenden Tendenz. Der erste Satz der „Metaphysik" des Aristoteles „Alle Menschen streben von Natur aus danach, zu wissen (oder: zu verstehen)" lässt sich durch den Anfang des ersten Satzes von Kants „Kritik der reinen Vernunft" (Kant, KrV, A VII) weiterführen: „Die menschliche Vernunft hat das besondere Schicksal in einer Gattung ihrer Erkenntnisse: daß sie durch Fragen belästigt wird, die sie nicht abweisen kann; denn sie sind ihr durch die Natur der Vernunft selbst aufgegeben" (Kant meint die nach ihm unbeantwortbaren metaphysischen Fragen.) Das gilt auch für die erkenntnistheoretischen Fragen; denn der Mensch möchte wissen, wie verlässlich seine Erkenntnis ist, und eine – leider oft unzureichend begründete – Meinung darüber haben wohl die meisten. Als Strebung (Erkenntnis als Fähigkeit besagt auch die Tendenz, zu erkennen) geht die Erkenntnis nach ihrer eigenen Vollendung, d.h. sie tendiert auch auf Wissenschaft hin, die unter dem Aspekt der Systematik, Rechtfertigbarkeit, Intersubjektivität und Deutlichkeit das Erkennen vervollkommnet. Erkenntnistheorie entspricht also einem mit der Vernunft gegebenen Interesse. Wenn diese Naturtendenz nicht durch Hindernisse, etwa Sorgen ums „nackte" oder ums bequeme Leben oder Scheu vor der Mühe der Wissenschaft blockiert wird, bewegt sie uns dazu, uns eine Erkenntnistheorie aufzubauen.

Wenn auch diese Art von Erkenntnis um ihrer selbst willen angestrebt werden kann und weil sie einen Teil des Ziels des Menschen ausmacht, so kann sie doch auch gesucht werden, weil sie sich als zweckmäßig für andere Ziele erweist. Aus dieser Zweckmäßigkeit ergeben sich einige weitere Beweggründe zur Erkenntnislehre.

b) In jeder Diskussion besteht die Möglichkeit – selbst wenn es bisweilen unfair oder dem Ziel der Diskussion zuwider ist, die auszunutzen –, die Position der Gegner auf ihre erkenntnistheoretische Begründung zu befragen. So hat einer, der sich in diesen Fragen auskennt, bereits vorgängig zu seiner Kompetenz in der diskutierten Materie, einen Diskussionsvorsprung seinem Widerpart gegenüber.

c) Im überindividuellen Bereich bestätigt sich nicht nur der Satz „Wissen ist Macht" dadurch, dass etwa heutige Technik und politische Gestaltung der Gesellschaft und daher das Überleben der Menschheit ohne Wissenschaft nicht möglich wäre, vielmehr erweist es sich, dass auch das nicht „poietische Wissen", etwa weltanschauliche Theorien oder gesellschaftliche Ideen, auf die Dauer gesehen geschichtsmächtiger sind als irgendwelche materiellen Machtmittel (wobei offen bleibt, ob die Wahrheit der jeweiligen Ideen dazu förderlich ist und ob der geschichtliche Einfluss dieser geistigen Strömung für die Menschheit vorteilhaft ist oder nicht). Wer also in der Erkenntnistheorie derartige Gebilde zu untersuchen lernt, ist für den Umgang mit solchen Machtmitteln besser gerüstet.

d) Um in der wachsenden Flut von Informationen, Meinungen, Theorien standhalten zu können, bedarf es der Fähigkeit zur Kritik, die das Annehmbare vom Falschen zu unterscheiden gelernt hat. Eben dazu will Erkenntniskritik anleiten. Gerade bei dem kaum zu überschätzenden und immer noch wachsenden Einfluss der Wissenschaft auf unser Leben und die Gestaltung unserer Welt gewinnt die erkenntnistheoretische Wissenschaftstheorie, die sich mit dem Ziel, den Grundlagen und den Grenzen der Wissenschaft befasst, zunehmend an Bedeutung.

e) Auch bei Grenzfragen zwischen Philosophie und Wissenschaft sind erkenntnistheoretische Überlegungen unerlässlich. So krankt etwa die von Ergebnissen der Hirnforschung angeregte Diskussion über Geist und Materie weithin an naiver Unkenntnis erkenntnistheoretischer Problematik. Renommierte Naturwissenschaftler argumentieren da bisweilen, als ob sie nie mit erkenntniskritischen Gedanken von David Hume (232) oder Kant in Berührung gekommen seien, ohne auch nur zu erwägen, ob sie nicht von erheblichem Gewicht für diese Frage seien oder ob man die simple Vorstellung kritiklos übernehmen könne, das Bewusstsein sei in unserm Kopf oder in unserem Gehirn. Weit eher ist der Kopf in unserem Bewusstsein, jedenfalls wenn wir ihn erkennen oder darüber reden. So wäre die Feststellung Wittgensteins zumindest zu erörtern, der anmerkt: „Eine der philosophisch gefährlichsten Ideen ist, merkwürdigerweise, dass wir mit dem Kopf oder im Kopf denken" (L. Wittgenstein, 1970 a, Nr. 605).

f) Eine Wissenschaft, die sich mit etwas befasst, dem wir hohen Wert beimessen, erweckt unser Interesse. Nun scheint es kaum eine menschliche Eigenschaft zu geben, die wir höher schätzen als die Erkenntnisfähigkeit. Vor die Wahl gestellt, ob sie lieber bösartig oder – was ethisch weniger schlimm wäre – kriminell sein möchten oder aber schwachsinnig, wählten jedenfalls die meisten vermutlich lieber den Mangel an Charakter und Güte als den Mangel an Erkenntnisfähigkeit. Diesen Mangel fürchten wir so sehr, dass wir ihn kaum je eingestehen, weshalb Descartes bemerken kann: „Der gesunde Verstand ist die bestverteilte Sache der Welt; denn jedermann glaubt, so wohl damit versehen zu sein, daß selbst einer, der in allen anderen Dingen nur sehr schwer zu befriedigen ist, für gewöhnlich nicht mehr davon wünscht, als er besitzt" (Descartes, Discours,1,1).

g) Angesichts dieser Hochschätzung der Erkenntnis erstaunt es um so mehr, dass viele davon einen so unzureichenden Gebrauch machen. Den hat Arno Schmidt (1914-1979) in einer ironischen Brandrede gegeißelt: „Die menschliche Gattung ist von der Natur mit allem versehen, was zum Wahrnehmen, Beobachten, Vergleichen und Unterscheiden der Dinge nötig ist. Sie hat zu diesen Verrichtungen nicht nur das Gegenwärtige unmittelbar vor sich liegen und kann, um weise zu werden, nicht nur ihre eigenen Erfahrungen nützen; auch die Erfahrungen aller vorhergehenden Zeiten und die Bemerkungen einer Anzahl von scharfsinnigen Menschen, die, wenigstens sehr oft, richtig gesehen haben, liegen zu ihrem Gebrauch offen ... Und dennoch! Dessen allen ungeachtet, drehen sich die Menschen seit etlichen tausend Jahren immer in dem nämlichen Zirkel von Torheiten, Irrtümern und Mißbräuchen herum, werden weder durch fremde noch eigene Erfahrung klüger, kurz, werden wenn's hoch in einem Individuum kommt, witziger, scharfsinniger, gelehrter, aber nie weiser. Die Menschen nämlich raisonieren gewöhnlich nicht nach den Gesetzen der Vernunft. Im Gegenteil: ihre angeborene und allgemeine Art zu vernünfteln ist diese: von einzelnen Fällen aufs Allgemeine zu schließen, aus flüchtig oder nur von einer Seite wahrgenommenen Begebenheiten irrige Folgerungen herzuleiten, und alle Augenblicke Worte mit Begriffen und Begriffe mit Sachen zu verwechseln. Die allermeisten – das ist nach den billigsten Überschlag 999 unter 1000 – urteilen in den meisten und wichtigsten Vorfallenheiten ihres Lebens nach den ersten sinnlichen Eindrücken, Vorurteilen, Leidenschaften, Grillen, Phantasien, Launen, zufälliger Verknüpfung der Worte und Vorstellungen in ihrem Gehirne, anscheinenden Ähnlichkeiten und geheimen Eingebungen der Parteilichkeit für sich selbst, um deretwillen sie alle Augenblicke ihren eigenen Esel für ein Pferd, und eines anderen Mannes Pferd für einen Esel ansehen. Unter den besagten 999 sind wenigstens 900, die zu all diesem nicht einmal ihre eigenen Organe brauchen, sondern aus unbegreiflicher Trägheit lieber durch fremde Augen falsch sehen, mit fremden Ohren übel hören, durch fremden Unverstand sich zu Narren machen lassen, als dies wenigstens lieber auf eigene Faust tun wollen. Gar nicht von einem beträchtlichen Teil dieser 900 zu reden, die sich angewöhnt haben, von tausend wichtigen Dingen in einem wichtigen Tone zu sprechen, ohne überhaupt zu wissen, was sie sagen, und ohne sich einen Augenblick zu bekümmern, ob sie Sinn oder Unsinn sagen ... Nicht nur sind gewöhnlicherweise Begier und Abscheu, Furcht und Hoffnung – von Sinnlichkeit und Einbildung in Bewegung gesetzt – die Triebräder aller der täglichen Handlungen, die nicht das Werk einer bloß instinktmäßigen Gewohnheit sind: sondern in dem meisten und angelegensten Fällen – gerade da, wo es um Glück oder Unglück des ganzen Lebens, Wohlstand oder Elend ganzer Völker; und am allermeisten, wo es um das Beste des ganzen menschlichen Geschlechts zu tun ist – sind es fremde Leidenschaften oder Vorurteile, ist es der Druck oder Stoß weniger einzelner Hände, die geläufige Zunge eines einzigen Schwätzers, das wilde Feuer eines einzigen Schwärmers, der sich an die Spitze stellt – was Tausende und Hunderttausende in Bewegung setzt, wovon sie weder die Richtigkeit noch die Folgen sehen" (Schmidt, 1967, 260f). Auch Descartes meint: „Es genügt nicht, gute Geisteskraft zu besitzen, man muss sie auch gut anwenden" (Descartes, Discours,1,1). Was es jedoch heißt, von der Erkenntnis richtigen oder falschen Gebrauch zu machen, lehrt wieder die Erkenntnistheorie.

h) Das entscheidende Motiv aber, sich mit Erkenntnis zu beschäftigen, und das womöglich wissenschaftlich und philosophisch, liegt darin, dass wir uns Rechenschaft geben sollten über unser Leben. Nun stellt aber Erkenntnis nicht nur selbst einen wichtigen Teil dieses Lebens dar, sondern auch das Rechenschaftgeben hängt selbst noch mindestens zweifach von der Erkenntnis ab. Wenn nämlich erstens Erkenntnis stets unzuverlässig oder trügerisch wäre, bliebe auch der Versuch, sich Rechenschaft zu geben, immer trügerisch, da er unser Verhalten gleichsam vor das Tribunal der Erkenntnis stellen will, das dann ein untaugliches Gericht darstellte; zweitens aber wird ein wichtiges Element der Rechenschaftsablegung in der Frage bestehen, ob wir unser Verhalten selbst auf Erkenntnis gegründet haben. Für P. Lorenzen (1915–1994) versteht sich deshalb Philosophieren als der Wille, sein Leben aufs „Spiel des Denkens" zu setzen, und er erläutert: „Alles Sollen klingt bei uns zu sehr nach heteronomer Moral. Formulierungen ohne Sollen geraten dagegen leicht in die zu enge Alternative des Angenehmen oder Nützlichen. Wenn ein Mensch einmal aus der Selbstverständlichkeit seines Verhaltens herausgefallen ist, muß er sich seinen Weg, ob er will oder nicht, selber suchen. Der Philosoph ist derjenige, der sich entschlossen hat, nur den Weg einzuschlagen, der sich durch Denken rechtfertigen läßt … Trotzdem lässt sich das Philosophieren nicht lehren, weil es nicht zu erzwingen ist, daß der Lernende das Gelernte auf sein eigenes Leben anwendet – ja, daß er überhaupt bemerkt, daß es um sein eigenes Leben geht" (Lorenzen, 1974, 58f).

Philosophieren heißt, so ist dieser Gedanken mit aristotelischem Einschlag leicht abzuwandeln, sein Leben auf die sich frei entscheidende

Vernunft oder die vernunfthafte Freiheit zu setzen. Dann aber erscheint es als eine vordringliche Aufgabe für unsere Erkenntnisbemühen, reflexiv diese entscheidungsverantwortende Vernunft zu untersuchen, also sich mit Erkenntnistheorie zu befassen.

*Literatur:*

Barley 1980.
Lübbe 1982.
Scheler 1926, 233–258.

## V. Wie ist Erkenntnistheorie zu betreiben?

### 1. Methoden sind zielabhängig; Deduktion und Reduktion

„Methode" (von griechisch „methodos") heißt ursprünglich „Weg, etwas zu erreichen", dann, übertragen „sachgemäßes Verfahren". Um den Weg zu bestimmen, muss ich zuvor das Ziel kennen; oder um die Sachgemäßheit festzulegen, muss bekannt sein, um welche Sache es geht. Deshalb die Methode erst zu erörtern, nachdem zuvor das Ziel bedacht wurde; das ist also der „methodische", nämlich sachgemäße Platz der Methodenuntersuchung.

Da die Erkenntnistheorie Wissenschaft ist, teilt sie das allgemeine Ziel und folglich auch die allgemeinen Methoden mit den übrigen Wissenschaften (69–71). Um etwa ihren Gegenstandsbereich abzudecken, darf sie keine Erkenntnisweise von vorneherein von ihrer Untersuchung ausschließen, sich z.B. nicht auf Wissenschaftstheorie einschränken lassen, auch wenn es nicht gelingen kann, alle unterschiedlichen Erkenntnisprobleme, wozu etwa auch die des religiösen Erlebens oder der ästhetischen Wertung gehörten, in einer – immer beschränkten – Darstellung der Erkenntnistheorie unterzubringen. In dieser Darstellung hat sie klar zu sein, muss sich also um definierte oder sonst hinreichend deutlich verständliche Begriffe bemühen (29–32); aber auch systematischer Aufbau, Widerspruchsfreiheit und Folgerichtigkeit sind von diesem Ziel her gefordert.

Sie muss, um rechtfertigbar zu sein, ihre Aussagen als zulässig erweisen. Wenn sie sich unmittelbar auf etwas Wahrgenommenes oder Eingesehenes beziehen, stellt die entsprechende Wahrnehmung oder Einsicht die alleinige Rechtfertigung dar. Wenn eine Aussage nicht auf diese Weise unmittelbar als wahr ausgewiesen werden kann, bleibt als einzige Alternative, ihre Richtigkeit mittelbar zu erschließen, indem man von – immer mehr als einer einfachen – zulässigen Aussage ausgeht und mit Hilfe einer Schlußregel daraus die zu rechtfertigende Aussage ableitet. Die dabei vorausgesetzten Aussagen heißen „Vordersätze" oder „Prämissen", das Verfahren, manchmal auch der gefolgerte Satz, werden „Schluss" genannt. Die Schlussverfahren lassen sich in zwei Grundklassen einteilen, nämlich die Deduktion und die Reduktion. Nur die Deduktion stellt dabei eine logische Folgerung dar. Sie könnte für die Aussagen „p" und „q" so formuliert werden: „Wenn p, dann q" (erste Prämisse); „nun aber p" (zweite Prämisse); „also q" (deduzierte Aussage oder Konklusion).

96 Bei der Reduktion nimmt man die gleiche konditionale Aussage „Wenn p, dann q", und folgert dann: „Nun aber q; also p". Das ist aussagenlogisch unzulässig, obwohl wir in der alltäglichen Erkenntnis oft so vorgehen. Wir schließen zum Beispiel aus der Beobachtung, dass die Straße nass ist, darauf, dass es regnet, nach dem Modell: „Wenn es regnet, ist die Straße nass; nun ist aber die Straße nass; also regnet es!" Dass der Schluß logisch unzulässig ist, lässt sich bereits daraus erkennen, dass die Straße auch aus anderen Ursachen, etwa durch einen Sprengwagen, nass sein könnte.

97 Ein häufiger Fall reduktiven Schließens liegt auch in der (unvollständigen) Induktion, dem Schluss von einigen Einzelnen zum Allgemeinen. Er könnte etwa so aussehen: „Wenn alle x B sind, dann auch diese x; nun sind aber diese x B: also alle" oder: „Wenn alle Schwäne weiß sind, dann sind es auch die beobachteten; nun sind aber die beobachteten Schwäne weiß: also alle!" Die Frage, wie diese logisch unzulässige Gewinnung von All- oder Gesetzesaussagen durch Induktion aus der – immer nur von einer beschränkten Zahl möglichen – Beobachtung von Einzelfällen gerechtfertigt werden kann, ohne die Erfahrungswissenschaft nicht möglich ist, bezeichnet man als „Induktionsproblem". Selbst wenn die Erkenntnistheorie als philosophische Disziplin sich der induktiven Methode nicht selbst bedienen müsste und dürfte, so gehört es doch zu ihrer Aufgabe, zu klären, mit welchem Recht wir dieses Verfahren in Alltag und Wissenschaft anwenden.

*Literatur:*

Bochenski 1980.
Menne 1980.
Wuchterl 1977.

Neben jenen allgemein wissenschaftlichen Methoden, deren sich die Erkenntnistheorie bedient, weil sie Wissenschaft ist, ergeben sich zusätzliche Methodenvorschriften aus dem ihr eigenen Ziel, das nach Materialobjekt (Erkenntnis) und Formalobjekt (Bedeutung für den Menschen als Menschen) bestimmt ist. Da sie sich, ihrem Gegenstandsbereich entsprechend, auch mit sich selbst befassen muss, ergibt sich – wie auch aus ihrem Ziel, die Selbstverantwortung des Menschen zu ermöglichen – die schon öfter erwähnte Forderung, Erkenntnistheorie habe zum Unterschied von anderen Wissenschaften ihre eigenen Grundlagen selbst zu rechtfertigen; sie kann sie also nicht von anderen Disziplinen übernehmen. Die Vorschrift, sie habe keinen Bestandteil als wahr zuzulassen, der nicht durch eigene Erkenntnis gerechtfertigt ist, richtet sich zudem nicht nur an die Erkenntnistheorie allgemein, sondern an jeden einzelnen, der sie betreibt. Auch das unterscheidet sie von anderen Wissenschaften. Dort übernimmt unvermeidlich ein Wissenschaftler die Ergebnisse der Forschung anderer. Wer alles selbst überprüfen wollte (auch wenn er Überprüfbarkeit für die Wissenschaft zu Recht fordern kann), der schiede aus dem gegenwärtigen Wissenschaftsbetrieb aus und nähme eine solipsistische Erkenntnishaltung ein, die zumindest für die Erfahrungswissenschaften, die sich seit Beginn der Neuzeit entwickelt haben, untauglich ist, da diese – und das in stets wachsendem Maß – eine Gemeinschaftsleistung darstellen. (Unter „Solipsismus" versteht man die Lehre, dass das erkennende Ich allein wirksam sei und alles andere nur als dessen Vorstellung existiere; hier geht es nicht um diese Theorie, sondern um eine verhaltensleitende Einstellung.) Gegen diese legitime Praxis der Erfahrungswissenschaften, Ergebnisse anderer zu übernehmen, gilt innerhalb der Erkenntnistheorie die Forderung, nichts zu glauben, sondern nur das Selbsterkannte anzunehmen, „denn die Philosophie leidet in sich keine bloße Überredung", wie Kant sagt (Kant, Logik, A 103), kein Übernehmen einer Information, die man nicht selbst gesichert hätte.

Daraus ergibt sich eine methodische Einschränkung des Gebrauchs der Philosophiegeschichte. Dazu noch einmal Kant: „Der philosophieren lernen will, darf dagegen alle Systeme der Philosophie nur als Geschichte des Gebrauchs der Vernunft ansehen und als Objekte der Übung seines philosophischen Talents. Der wahre Philosoph muss also als Selbstdenker einen freien und selbststeigenen, keinen sklavisch nachahmenden Gebrauch von seiner Vernunft machen" (Kant, Logik, A 27). Was an inhaltlichen Erkenntnissen wie an Vorgehensweisen im Verlauf der Philosophiegeschichte von oft vorbildlichen Denkern erarbeitet wurde, sollte zwar ebenso bedacht werden wie Resultate der übrigen Wissenschaften. Daraus ergeben sich Fragen für die Philosophie wie auch Ansätze für deren Beantwortung und Hinweise zur Weiterführung; es lassen sich auch Fehlversuche erkennen, die man nicht noch einmal wiederholen muss. Aber keinesfalls dürften Erkenntnisse anderer – und seien sie noch so kompetent und glaubwürdig – als Basis oder als Bestandteil der eigenen Philosophie rein aufgrund fremder Autorität übernommen werden. Wer also verkündet: „Bereits seit Platon weiß man doch …" oder: „Historisch-materialistische Kritik hat längst dargetan …" oder: „Da es nach heutiger Logik untersagt ist …", der stellt damit vielleicht seine Kenntnis der Logik oder sein philosophiegeschichtliches Wissen unter Beweis, aber leider verrät er auch, falls ihm dergleichen als Argument gilt, dass er in diesem Punkt ein schlechter Erkenntnistheoretiker, ein unzulänglicher Philosoph ist.

100 Weil in diesem Sinn Erkenntnistheorie mit jedem neu beginnt, der sie betreibt, da er nicht auf Erkenntnissen anderer weiterbauen darf, lässt sich in ihr – und ähnliches gilt für die Philosophie insgesamt – auch nie ein Fortschritt erzielen, wie er im Anwachsen des Wissens und in seiner systematischen Absicherung bei anderen Wissenschaften die Regel ist und an Geschwindigkeit überdies noch ständig zunimmt. Doch gibt es auch in der Philosophie immer wieder – eben mit jedem wirklichen Philosophen – neue Entwürfe, neue Fragen und Lösungsvorschläge, auch neuartige Einsichten; es gibt in ihr sogar immer wieder verbreitete Meinungswellen, philosophische Moden, die zwar als Symptome dartun, dass hier Philosophie zum äußeren Schein degeneriert, die aber doch den „philosophischen Markt" bestimmen können, und dann bald das „Ende der Metaphysik", bald ihre „Wiedergeburt" verkünden, und da die „Wende zur Sprache", dort die „Überholtheit von Erkenntnistheorie" feststellen. Dass es derartige Moden, ja dass es ganze Epochen bestimmende Geistesströmungen gibt, sei unbestritten. Sie zu beobachten ist nützlich, nach ihren Gründen zu fragen ist eine wichtige philosophische Aufgabe; sich hingegen ihnen deshalb anzuhängen, weil sie „in" sind, mag für einen „Karriere-Philosophen" (eine Art „hölzernes Eisen") förderlich sein, aus der Philosophie jedoch steigt man eben dadurch aus, dass man sich einem Trend der Geistesgeschichte ausliefert. Hier kann die Kenntnis der Philosophiegeschichte die wichtige Hilfe bieten, etwas als durchaus zeitbedingt oder gar als Modeströmung zu entdecken.

101 Es gibt indes genügend Optimisten, besonders wenn sie noch dem Fortschrittsoptimismus des 19. Jahrhunderts gläubig anhängen, die dieses Schwanken des philosophischen Zeitgeistes durch die Geschichte für ein Fortschreiten halten. Gegen sie scheint Karl Jaspers

(1883–1969), deutscher Existenzphilosoph, recht zu behalten, der schreibt: „Das philosophische Denken hat auch nicht, wie die Wissenschaften, den Charakter eines Fortschrittsprozesses. Wir sind gewiß weiter als Hippokrates, der griechische Arzt. Wir dürfen kaum sagen, daß wir weiter seien als Platon. Nur im Material wissenschaftlicher Erkenntnisse, die er benutzt, sind wir weiter. Im Philosophieren selbst sind wir vielleicht noch kaum wieder bei ihm angelangt" (Jaspers, 1953, 9 f.).

Es müsste nämlich, damit etwas als Fortschritt qualifiziert werden kann, das Ziel bekannt sein. Ein Fortschreiten vom Ziel weg stellte ja einen Rückschritt dar. Eben über das Ziel der Philosophie, da es, wie angedeutet, nur im Zusammenhang mit dem Ziel des Menschen angegeben werden kann (77), besteht unter den Philosophen selbst keine Übereinkunft. In diesem Unwissen könnte aber ein Fortschritt, selbst wenn er erfolgte, nicht ausgemacht werden.

Auch darüber, ob und wie Lehren anderer Philosophen in der Philosophie zu verwenden sind und ob sie überhaupt etwas voraussetzen darf, gibt es in ihrer Geschichte und Gegenwart unterschiedlichste Auffassungen. Davon sollen nur einige zum Modell dafür herangezogen werden, wie sich derartige Meinungen und Methodenvorschläge philosophisch fruchtbar auswerten lassen..

*Literatur:*

Kahn 1964.
Luyten 1974.

### 3. Die antike Skepsis und die Urteilsenthaltung

„Skepsis" heißt ursprünglich das „Herumspähen", dann auch das geistige Suchen, Betrachten, Prüfen. Heute versteht man darunter eine Haltung des Misstrauens und der Ungläubigkeit, die als philosophische Auffassung „Skeptizismus" genannt wird, der wahre oder gewisse Erkenntnis nicht für möglich hält. In der griechischen Tradition gab es zwei Hauptrichtungen der Skepsis, nämlich die der Akademie und die pyrrhonische. „Akademie" war der Name einer von Platon um 385 v.Chr. gegründeten Philosophenschule, genannt nach dem Bezirk, wo ihr Grundstück lag; sie gilt als ein Vorläufer der Universitäten und gibt bis heute den Namen für Bildungseinrichtungen verschiedenster Art. Etwa mit dem Philosophen Arkesilaos (315–241 v.Chr.), als die so genannte „Ältere Akademie" von der mittleren abgelöst worden war, setzten sich in ihr skeptische Tendenzen durch, die bis in die „Neuere Akademie" hineinreichten, zu der sich auch Cicero (106-43 v.Chr.) rechnete. Noch Augustinus schreibt gegen diesen Skeptizismus eine Schrift „Contra Academicos" (57). Nach dieser Art Skepsis mag es zwar wahre Erkenntnis geben, aber wir können ihrer nie gewiss sein, da auch falsche Erkenntnis glaubhaft wirken, also ebenso wahr scheinen kann. Augustinus wendet dagegen ein, man könne so wenig feststellen, etwas scheine wahr, wenn man die Wahrheit nicht kenne, wie man sagen könne, ein Sohn ähnele seinem Vater, wenn einem der Vater gänzlich unbekannt sei. Außerdem geraten sie, wenn sie nicht widersprüchlich behaupten wollen, es sei gewiss, dass nichts gewiss (sondern eben nur wahrscheinlich) sei, in einen „regressus in infinitum", wenn sie sich auf den einzigen dann noch offenen Ausweg begeben und sagen: „Es ist nur wahrscheinlich, dass alles nur wahrscheinlich und nicht gewiss ist!" Dann nämlich wiederholt sich die Frage, ob sie dieser neuen Wahrscheinlichkeit gewiss seien – und das ließe sich fortsetzen bis ins Unendliche. Vor allem aber verschleiern sie, dass ihre Aussage ganz wertlos wird, wenn man ihre Voraussetzung einbezieht, das Falsche könne ebenso wahr scheinen wie das Wahre, denn dann könnte ihre Aussage, die wahr scheint, ebensogut falsch sein – und dann wäre sie völlig und wörtlich „nichts sagend". Wer nämlich sagt: „p oder auch nicht p", der teilt nichts mit, so wenig jemand einen Wetterbericht gibt, der verkündet: „Morgen wird es schön, oder auch nicht!"

Dieser Schwierigkeit versuchte die zweite Richtung der antiken Skepsis zu entgehen, die auf den Philosophen Pyrrhon von Elis (360-270 v.Chr.), Begleiter Alexanders des Großen, zurückgeht. Sie fordert, und zwar um einer mit der Meeresstille verglichenen Gemütsruhe willen, dass einem alle Auffassungen, auch die eigene, gleichgültig seien; nicht einmal als wahrscheinlich dürften sie behauptet werden. Vielmehr müsse man sich des Urteils darüber gänzlich enthalten, „epoche" nennen sie diese Urteilsenthaltung mit dem Ziel der „Ataraxie", der geistigen Ungestörtheit. Diese entspricht übrigens einem verbreiteten Ideal der griechischen Philosophie, besonders in ihren späten, hellenistischen Ausprägungen. Bereits den Kynikern hatte die „Apathie", das Freisein von störenden Gemütsbewegungen, als hohes ethisches Gut gegolten; ähnlich strebte besonders die ältere Stoa eine gleichmütige Gelassenheit allen äußeren Ereignissen gegenüber an, und auch Epikur (341-270 v.Chr.) verlangte, sich von Begierde und Furcht als Quellen der Beunruhigung des Geistes zu befreien. Weil nun auch die Wissbegierde oder die Furcht vor dem Irrtum, jedenfalls wenn sie mit Eifer auf die Wahrheit gerichtet sind, zur Beunruhigung führen können, wären sie zu meiden – und eben das versucht die pyrrhonische

Skepsis mit ihrer Urteilsenthaltung, ja mit einer Lebenseinstellung, der alles gleichgültig ist, sogar noch diese Gleichgültigkeit selbst. Eine derartige Skepsis lässt sich allerdings nicht vertreten, denn wer sie vertritt, dem ist sie nicht gleichgültig. Was aber, wenn sie sich in der Tat jeder Behauptung enthielte? Wenn sie also nicht nur nicht verkündet: „Es gibt keine Wahrheit", sondern nicht einmal: „Es ist mir einerlei, ob es Wahrheit gibt", wenn sie es also völlig vermeidet, zu behaupten oder zu fragen (denn behaupten heißt „als wahr behaupten", und wer fragt, will eine wahre Antwort), dann scheint sie unwiderlegbar. Nur ist dieses geistige Aussteigertum unverantwortlich; es kann sich nicht verantworten, denn verantworten heißt „Rede stehen" – und es ist asozial, da es auch zu anderen nicht reden kann. Außerdem schließen sowohl Verantwortlichkeit wie Sozialität aus, dass einem alles einerlei und gleichgültig ist. Diese Art Skepsis bestünde in nichts anderem als in dem Versuch, als Mensch wie ein Tier zu leben. Selbst wenn wir der Meinung wären (die sich wohl schon sprachlich vergreift und schwer begründbar sein dürfte), dass das Tier glücklich ist, nur weil es wohl nie ein Unglück erleben kann wie der Mensch, so kann ein solcher Versuch nicht gelingen, solange und soweit wir eben noch Mensch sind. Dennoch gibt es immer wieder Ansätze zu diesem Versuch in der Form „zurück zur (animalischen) Natur" oder zur völligen Gleichgültigkeit allen Werten, auch dem der Wahrheit, gegenüber, manchmal sogar mit hochtrabend philosophischen Namen.

Für die Frage, wie Auffassungen anderer Philosophen zu berücksichtigen sind, ist es nun von Belang, dass beide Arten der antiken Skepsis für ihre Meinung, wahre oder gewisse Erkenntnis sei nicht zu erreichen oder zu erstreben, unter anderem auf die Uneinigkeit unter den Philosophen verweisen. In der pyrrhonischen Skepsis, wie sie etwa Sextus Empiricus (um 150 n.Chr.) referiert, wird zum Beispiel neben den später im Kritischen Rationalismus wieder anzutreffenden Gründen gegen die „Dogmatiker", die entweder etwas unbegründet voraussetzen oder zirkulär begründen oder in einen unendlichen Regress geraten (44), als erstes Argument der jüngeren Skeptiker das „aus dem Widerstreit" genannt, das „besagt, daß wir über den vorgelegten Gegenstand einen unentscheidbaren Zwiespalt sowohl im Leben als auch unter den Philosophen vorfinden, dessentwegen wir unfähig sind, etwas zu wählen oder abzulehnen, und daher in die Zurückhaltung münden" (Sextus Empiricus, 1968, 130). Und als Vertreter der Akademischen Skepsis verweist Cicero auf „die so großen Uneinigkeiten der ausgezeichnetsten Männer" und „den Irrtum so vieler Philosophen, die über die guten und gegenteiligen Dinge so sehr zerstritten sind, daß, da eine nicht wahr sein kann, notwendig so viele so edle Lehren hinfällig sind" (Sextus Empiricus, 1968, 28). Obwohl man hier die Lehren anderer Philosophen nicht übernimmt, macht man die eigene Auffassung doch davon abhängig. Man kann sich also von fremden Meinungen nicht nur dadurch bestimmen lassen, dass man sie als wahr voraussetzt, sondern auch dadurch, dass man davon ausgeht, sie seien falsch, und deswegen die entgegengesetzte Ansicht als wahr übernimmt oder – wie im vorliegenden Fall – überhaupt die Suche nach Wahrheit für unzulässig hält.

*Literatur:*

Sextus Empiricus 1968.
Wild 1980.

*4. Philosophie des Mittelalters und die „Sic-et-non-Methode"*

105   Manchen gilt die mittelalterliche Philosophie als autoritätshörig. Die mag es erstaunen, dass Thomas von Aquin, führender Denker der Hochscholastik, es für das schwächste aller Argumente ansieht, sich auf eine menschliche Autorität zu berufen (Thomas, S. Th. 1, q. 1 a. 8 ad 2m); er zitiert dafür Boethius (um 480–524), den „letzten Römer und ersten Scholastiker". Mit dieser Zitierung aber verstößt er nicht gegen sein eigenes Prinzip, weil sie in den Rahmen der scholastischen „Sic-et-non-Methode" stellt, wie sie von Peter Abaelard (1079–1142) entwickelt worden war. Sie ist „dialektisch" im ursprünglichen Sinn, nach dem die „techne dialektike" die Kunst bezeichnete, in Rede und Gegenrede ein Problem zu entwickeln und aus These und Antithese eine Synthese zu erarbeiten, wie es schon die Platonischen Dialoge vorführen. Inzwischen ist „Dialektik" ein so vieldeutiger Begriff geworden, fast bei jedem Philosophen, der ihn benutzt, anders verstanden, so dass er als wissenschaftlicher Ausdruck unzweckmäßig und daher besser zu vermeiden ist (Risse u.a., 1972, 164–226; Diemer, 1976).

106   In der Hochscholastik wurde diese Methode so gehandhabt, dass man zunächst ein Problem, die „quaestio", etwa „über die Wahrheit", in mehrere Einzelfragen, die „articuli", unterteilte, also etwa fragte: „Ob die Wahrheit im urteilenden Verstand liege". Dann wurden mit der Einleitung: „videtur quod non" („es scheint, dass nicht ...") zunächst Gegenargumente gesammelt, in unserem Fall „der Philosoph", so heißt Aristoteles einfachhin, angeführt mit seiner Lehre, die Sinne seien in Bezug auf ihre eigenen Sinnesobjekte immer wahr, und die Isaac Isra-

eli (845–940) zugeschriebene Wahrheitsdefinition zitiert: „Veritas est adaequatio rei et intellectus", „Wahrheit ist Angleichung von Sache und Verstand". Darauf werden, meist als Meinungen anderer Philosophen, mit der Formel „sed contra est quod dicitur" („dagegen steht die Aussage") Gründe wider die Gegenargumente ins Feld geführt; dann erst wird in einer eigenen Stellungnahme mit „respondeo" („darauf erwidere ich") eine Lösung der Frage vorgetragen, an die sich noch Entgegnungen zu den eingangs vorgelegten Argumenten „pro" und „contra" anschließen; wobei in dem hier gewählten Beispiel aus der „Summa theologica" (1, q. 16 a. 2) Aristoteles für wie gegen die Auffassung herangezogen wird, Wahrheit bestehe nur im urteilenden Verstand.

Wiewohl hier also unbefangen auf die Meinungen anderer zurückgegriffen wird, so dienen sie doch nur zur Entfaltung der Frage, nicht zum entscheidenden Beweis für die Antwort. Die Haltung solchen Autoritäten gegenüber gründet in einer Aufgeschlossenheit für fremde Lehre, wie sie in der neuzeitlichen Philosophie selten geworden ist. Sie findet sich zusammengefasst in der These Thomas von Aquins, wir müssten „schlechthin sagen, daß alle Wahrheit von Gott sei" (Thomas, De Ver., q. 1 a. 1c; S.Th. 1–11, q. 109 a. 1 ad 1), der dafür Ambrosius (339–397) zitiert (Sed contra, 1): „Alles Wahre, von wem immer es behauptet wird, stammt vom Heiligen Geist." Dieses „von wem immer" lässt uneingeschränkt jedermann zum geistigen Dialog zu, stellt niemanden so schlechterdings als Gegner hin, dass man von ihm nichts annehmen könnte. Das entspricht der christlichen Tradition, wie sie sich schon beim ersten christlichen Philosophen Justin, der um 165 als Märtyrer starb, in seiner Lehre von den „logoi spermatikoi" findet; diese „Samenkörner des göttlichen Logos", der in seiner Fülle in Christus Mensch geworden ist, wachsen nach ihm überall, besonders in den Propheten, aber auch bei den großen griechischen Dichtern und Philosophen, und man muss sie von überall sammeln. Eine gewisse ahistorische Einstellung ist hier dennoch zu beachten, denn man sieht dabei nur auf das, was gesagt wurde und was man als wahr bestätigen könnte, wer es lehrte und in welcher historischen Situation, das ist demgegenüber zweitrangig, wie es noch der Ausspruch in „Don Quijote" von Cervantes (1547–1616) verrät: „amicus Plato, sed magis amica veritas", „Plato ist mir Freund, doch eine größere Freundin die Wahrheit", der sich dafür auf Sokrates berufen könnte, da dieser, wie es im Platonischen Dialog „Phaidon" heißt, vor seinem Sterben seinen Schülern sagte: „Wenn ihr mir folgen wollt, kümmert euch wenig um den Sokrates, viel mehr um die Wahrheit, und wenn ich euch etwas Richtiges zu sagen scheine, so stimmt mir bei; wenn aber nicht, dann widerstrebt mir auf jede Weise" (Platon, Phaidon, 91 c).

*Literatur:*

Grabmann 1957/61.
Oeing-Hanhoff 1980, 1369ff.

## 5. Descartes' methodischer allgemeiner Zweifel; »experimentelle Philosophie«

108 Wie man an Descartes sieht, misstraut man im philosophischen Umbruch der beginnenden Neuzeit allen Autoritäten; er fordert dagegen methodisch den umfassenden Zweifel (56). Allerdings übersieht er, dass ich zwar für alles mögliche vornehmen kann, es zu bezweifeln, dass ich mir vielleicht sogar einen Zweifel denken kann, dass ich aber damit immer noch nicht wirklich zweifele. Es gibt nicht nur Grenzen unserer physischen Fähigkeiten; die sieht jeder leicht ein und versucht nicht ernsthaft, etwa das Gewicht von einer Tonne zu stemmen. Es gibt auch Grenzen der psychischen Fähigkeiten; die werden oft übersehen – und so läuft mancher mit einem »geistigen Bruch« herum, den er sich beim vergeblichen Versuch geholt hat, eine psychische, aber seine Kräfte völlig übersteigende Leistung zu vollbringen. Und zum universalen Zweifel etwa sind wir in der Regel nicht fähig. Ich kann nicht zweifeln, dass ich existiere, Licht wahrnehme, lese usw. Wittgenstein hat diese Unfähigkeit zum Zweifel auch an Sachverhalten, von denen man denken kann, sie verhielten sich ganz anders, als wir meinen, treffend erläutert – „denken können" –: „Aber kann ich nicht denken, die Menschen um mich her seien Automaten, haben kein Bewußtsein ... Wenn ich mir's jetzt – allein in meinem Zimmer – vorstelle, sehe ich die Leute mit starrem Blick (etwa wie in Trance) ihren Verrichtungen nachgehen – die Idee ist vielleicht ein wenig unheimlich. Aber nun versuch einmal im gewöhnlichen Verkehr, z.B. auf der Straße, an dieser Idee festzuhalten! Sag dir etwa: ‚Die Kinder dort sind bloße Automaten; alle ihre Lebendigkeit ist bloß automatisch.' Und diese Worte werden dir entweder gänzlich nichtssagend werden; oder du wirst in dir etwa eine Art unheimliches Gefühl erzeugen" (Wittgenstein, PhU I, Nr. 420). Oder ähnlich: „Versuch einmal – in einem wirklichen Fall – die Angst, die Schmerzen des andern zu bezweifeln" (PhU I, Nr. 303). Und auf den Einwand: „Aber schließt du eben nicht nur vor dem Zweifel die Augen, wenn du sicher bist?" antwortet er: „Sie sind mir geschlossen" (Wittgenstein, PhU II, XI).

109 Diese Art zu philosophieren, die Wittgenstein hier vorschlägt, könnte man experimentell nennen, und zwar gerade nicht, weil man dabei

Gedankenexperimente anstellt, sondern weil man immer wieder vom Denken weg aufgefordert wird, etwas als Haltung oder Einstellung oder Annahme zu versuchen. Und solche Versuche können gelingen, es kann sich aber auch zeigen, dass sie undurchführbar sind, wie im Fall es universellen Zweifels. Gewiss ist mit der Feststellung, ich könne an etwas nicht zweifeln, noch nicht dargetan, dass die unbezweifelte Aussage wahr sein müsse, denn sie betrifft unsere psychische Fähigkeit zu zweifeln und nicht unmittelbar den „zweifelsfreien" Sachverhalt. Aber vielen Philosophen wäre es heilsam, wenn sie auf ihren Gedankenpfaden der Wittgensteinsforderung begegnen und folgen würden: „denk nicht, sondern schau!" (PhU I, Nr. 66). Denn es gilt nicht nur: „Man kann denken, was nicht der Fall ist" (PhU 1, Nr. 95), sondern sogar: Man kann denken, was man dennoch nicht annehmen kann. Man müsste es nur einmal ehrlich versuchen, um das festzustellen.

*Literatur:*

Descartes, Meditationes.

## 6. Die „Idole"; Widerspiegelung und Ideologie

Ein etwas älterer Zeitgenosse von Descartes war Francis Bacon von Verulam (1561–1626), nicht zu verwechseln mit dem scholastischen Naturphilosophen Roger Bacon (1220–1294), der ebenfalls – „typisch englisch" möchte man sagen – empiristisch ausgerichtet war und Experimente hochschätzte. Francis Bacon versuchte, weit mehr aus einer „Antihaltung" gegen die philosophische Überlieferung heraus als Descartes, der Wissenschaft, vor allem als Naturerkenntnis verstanden, einen ganz neuen Grund zu legen, damit sie, gemäß seinem berühmten Satz, „Wissen ist Macht", für das soziale Wohl, ein gottgewolltes Paradies, eingesetzt werden könnte. Als Haupthindernis dafür sieht er eben die philosophische Tradition, die ihren Einfluss nur der Herrschaft von Vorurteilen verdanke, die er in vier Klassen von „Idolen", also Götzen- oder Trugbildern, zusammenfasst, nämlich die „des Stammes", „der Höhle", „des Marktes" und „des Theaters" (Bacon, 1963, 1, 163ff./ Nr. XXXVIIIff.). Man könnte sie in einer moderneren Terminologie als biologische, psychologische, soziologische und geistesgeschichtliche Vorurteile interpretieren. Die zuletzt genannten, die „Idole des Theaters", umfassen nach Bacon die überlieferten Lehrgebäude, da in ihnen die Philosophen mit verdrehten Beweisen erdichtete Welten inszenieren. Die „Idole des Marktes" sind jene, die durch die

Art zustande kommen, wie die Menschen miteinander verkehren, durch ihre Sprache und Übereinkünfte. Die Bezeichnung „Idole der Höhle" erinnert an das „Höhlengleichnis" im 7. Buch von Platons „Staat"; da sitzen Gefangene in einer Höhle mit dem Gesicht bewegungsunfähig gegen die Rückwand gerichtet; hinter ihnen werden Gegenstände und Statuen an einem Feuer vorübergetragen, so dass deren Schatten an die Wand geworfen werden, auf die die Gefangenen starren; sie sehen von sich und den Bildern nur die Schatten; die Wirklichkeit – oder auch nur deren getreue Abbilder – vermögen sie nicht zu erkennen. Nach Platon zeigt dieses Gleichnis die Menschen, die an ihre Sinneserkenntnisse gebunden bleiben. Bei Bacon ist die Höhle das Bild für die individuelle begrenzte Sicht, mit der jeder einzelne an die Dinge herangeht, seine privaten Scheuklappen sozusagen. Aber schließlich hat auch die Menschheit insgesamt ihre gemeinsamen Vorurteile, die „des Stammes", die in ihrer Natur begründet liegen; denn der menschliche Verstand ist nach Meinung Bacons „wie ein unebener Spiegel", der die Dinge verzerrt, da er sie nach seiner, ihnen unangemessenen Weise wiedergibt.

Dieses Bild tauchte nach fast dreihundert Jahren bei Friedrich Engels (1820–1895) wieder auf, der die marxistische Widerspiegelungstheorie der Erkenntnis ausarbeitete, die später freilich selbst Marxisten kritisieren: „Daß die naive WiderspiegelungsKonzeption, die den dialektischen Materialismus ein halbes Jahrhundert lang, auf das infantile Stadium einer vorkritischen Philosophie" reduzierte, den theoretischen und praktischen Erfordernissen unserer Zeit nicht gerecht wird, spricht sich allmählich auch in orthodoxen Kreisen herum" (Schmidt, 1969, 14; der angeführte Halbsatz im Zitat stammt von R. Garaudy). Lenin faßte diese „Konzeption" so zusammen: „Die Erkenntnis ist die Widerspiegelung der Natur durch den Menschen ... Hier gibt es wirklich, objektiv drei Glieder: 1. die Natur; 2. die menschliche Erkenntnis = das Gehirn des Menschen (als höchstes Produkt derselben Natur) und 3. die Form der Widerspiegelung der Natur in der menschlichen Erkenntnis, und diese Form sind auch die Begriffe, die Gesetze, die Kategorien etc." (Lenin, 1949, 101). Nach der für diese Erkenntnisauffassung grundlegenden Überzeugung von Karl Marx: „Nicht das Bewußtsein bestimmt das Leben, sondern das Leben bestimmt das Bewußtsein" (Marx, 1962, 27) ist aber „die richtige Widerspiegelung der Natur", wie Engels anmerkt, „äußerst schwer, Produkt einer langen Erfahrungsgeschichte" (Engels, 1962a, 582, zu XI). Sie wird nämlich durch das „falsche Bewußtsein" verhindert, wie es eine Klasse nach dieser Meinung unvermeidlich entwickelt, die sich auf eine historisch überholte ökonomische Basis stützt. Sie erzeugt „pure Ideologie, Ableitung der Wirklichkeit nicht aus sich selbst, sondern aus der Vorstellung". Ist einer ein solcher „Ideolog", so „verfertigt er in der Tat ein verzerrtes, weil von seinem wirklichen Boden losgerissen, wie im Hohlspiegel auf den Kopf gestelltes Konterfei der konservativen oder revolutionären Strömungen der Zeit" (Engels, 1962b, 89f.).

Der Begriff „Ideologie" wurde Ende des 18. Jahrhunderts von A.-L.-C. Destutt de Tracy geprägt, der darunter die Lehre von den durch Sinneswahrnehmung gewonnenen Ideen verstand. Von deren Anhängern fühlte sich Napoleon in seiner Politik gestört, daher nannte er sie abschätzig „Ideologen" in der Bedeutung „wirklichkeitsfremde Schwärmer ohne Sinn für Realpolitik". Von diesem Begriff, der auch den heutigen umgangssprachlichen Gebrauch noch bestimmt, gingen Marx und Engels aus; aber dass in der weiteren Entwicklung des Marxismus „Ideologie" auch positiv verstanden werden kann, wenn sie nämlich als Überbau über die richtige gesellschaftliche Ordnung von Produktivkräften und Produktionsverhältnissen entsteht, das ist bei Marx schon angelegt: „Jede neue Klasse nämlich, die sich an die Stelle einer vor ihr herrschenden setzt, ist genötigt, schon um ihre Zwecke durchzuführen, ihr Interesse als das gemeinschaftliche Interesse aller Mitglieder der Gesellschaft darzustellen, d.h. ideell ausgedrückt: ihren Gedanken die Form der Allgemeinheit zu geben, sie als die einzig vernünftigen, allgemein gültigen darzustellen" (Marx, 1962, 47). Für die Arbeiterklasse geschehe das durch die Ideologie des „Marxismus-Leninismus". Allerdings wird von dieser „sozialistischen Ideologie" eingeräumt: sie könne „nicht spontan aus der Arbeiterklasse entstehen, sondern wurde von Marx, Engels und Lenin als Ergebnis einer jahrzehntelangen wissenschaftlichen Arbeit geschaffen. Sie muß deshalb auch in die Volksmassen getragen werden, denn nur dann wird sie zur materiellen Gewalt" (Klaus/Buhr, 1974, 547).

Zudem wurde in der Wissenssoziologie, die sich mit den soziologisch erfassbaren Bedingungen des Wissens und Erkennens befasst, ein wertneutraler Ideologiebegriff vorgestellt und diskutiert, der so weit geht, dass er jede öffentlich vorgetragene Überzeugung einschließt, da alles Denken „standortgebunden" sei. Angesichts der unbestimmten Bedeutung dieses Begriffs bleibt daher, wenn man ihn wissenschaftlich verwenden will, die Aufgabe, ihn einengend zu definieren; man könnte etwa vorschlagen: „Ideologie" = eine Auffassung, die das soziale Handeln bestimmen soll und die nicht wegen ihres Wahrheitsgehalts vertreten wird, sondern weil sie nützlich scheint, partikuläre Interessen durchzusetzen, die daher entweder verschleiert oder als allgemeindienlich ausgegeben werden." Die Hauptaufgabe der Ideologiekritik bestünde dann darin, diese Interessen aufzudecken und ihren Anspruch auf Allgemeinverbindlichkeit zu überprüfen.

114 Wer wie der orthodoxe Marxismus auch seine eigene Auffassung als Ideologie wertet, weil sie etwa einen Klassenstandpunkt vertritt, oder weil allgemein „das Bewusstsein" gänzlich durch seine materielle, ökonomische Basis bestimmt gesehen wird, der vereitelt freilich eine verlässliche Ideologiekritik. Das lässt sich gut anhand des von Engels gebrauchten Bildes erläutern, worin das Bewusstsein einem – möglicherweise verzerrten – Spiegel verglichen wird, entsprechend dem „Idol des Stammes" bei Bacon. In diesem Ansatz bliebe es nämlich unmöglich, auszumachen, welcher „Bewusstseinsspiegel" verzerrt ist, da auch das eigene Bewusstsein unter dem Verdacht stehen müsste, in einer (falschen) Ideologie verbogen zu sein. Dem verzerrten Bewusstsein erschiene aber gerade jenes richtig, das selbst gleichermaßen verzerrt wäre, wohingegen das „richtige Bewusstsein" als verbogen verurteilt würde. Alle Berufung auf andere Kriterien, etwa auf die „Praxis", böten keinen Ausweg, da auch die Kriterien dann gerade verzerrt bewertet würden, wenn das „kritische Bewusstsein" selbst verbogen wäre. Das Bewusstsein ist aber auch nicht imstande, sich selbst zu beurteilen, da es dabei – nach diesem Ansatz – als „ungeprüftes, ja unprüfbares Prüfinstrument" im gleichen Teufelskreis, weil verzerrt, seine eigene Verzerrung als unverzerrt beurteilte.

*Literatur:*

Apel 1971.
Lenk 1972.

*7. Kant, Vorurteile, transzendentale Methode*

115 Gegen den Versuch, die Kritik des eigenen Urteilsvermögens etwa dadurch zu umgehen, dass man sich auf das verlässt, was andere, etwa „die Allgemeinheit", vortragen, hat sich bereits Kant mit Nachdruck gewandt. Er verweist die Argumente, die sich auf das berufen, was andere meinen, als nur vorgebliche Beweisgründe zu den Vorurteilen, und zwar zu den besonderen „Vorurteilen des Ansehens"; diese stützen sich entweder auf das besondere Ansehen einer Person in einer Frage, das zwar „in Dingen, die auf Erfahrung und Zeugnissen beruhen", berechtigt „zum Grunde unseres Fürwahrhaltens" genommen werden kann, nicht aber, wo unsere eigene Einsicht gefragt ist; oder sie berufen sich auf das Urteil der Menge und setzen voraus, „daß das, was alle sagen, wohl wahr sein müsse"; oder sie orientieren sich danach, was in einem bestimmten Zeitalter hochgeschätzt ist, etwa indem

84

sie eine Erkenntnis danach werten, ob sie besonders alt oder andern-falls besonders neuartig ist. Als weitere Quellen der Vorurteile nennt Kant noch Nachahmung, Gewohnheit und Neigung; als weitere Gat-tung die „Vorurteile aus Eigenliebe"; diese „sind den Vorurteilen des Ansehens entgegengesetzt, da sie sich in einer gewissen Vorliebe für das äußern, was ein Produkt des eigenen Verstandes ist, z.B. des eige-nen Lehrgebäudes".

Diese Überlegungen über die Vorurteile schließt Kant mit der Frage: „Ob es gut und ratsam sei, Vorurteile stehen zu lassen oder sie wohl gar zu begünstigen? – Es ist zum Erstaunen, daß in unserem Zeitalter dergleichen Fragen, besonders die wegen Begünstigung der Vorurteile, noch können aufgegeben werden. Jemandes Vorurteile begünstigen heißt ebensoviel als jemanden in guter Absicht betrügen … Auch sucht man das Stehenlassen der Vorurteile damit zu entschuldigen, daß aus ihrer Ausrottung Nachteile entstehen würden. Aber man lasse diese Nachteile nur immer zu; – in der Folge werden sie desto mehr Gutes bringen" (Kant, Logik, A 116–126).

Vorurteile vermeide man, meint Kant, wenn man seine Urteile über-lege. Zwar gebe es unmittelbar gewisse Sätze, die ohne Untersuchung angenommen werden könnten; jedoch dürfen wir über nichts urteilen, ohne zuvor zu überlegen, „d.h. ohne ein Erkenntnis mit der Erkennt-niskraft, woraus es entspringen soll (der Sinnlichkeit oder dem Ver-stande), zu vergleichen. Nehmen wir nun ohne diese Überlegung, die auch da nötig ist, wo keine Untersuchung stattfindet, Urteile an: so entstehen daraus Vorurteile, oder Prinzipien zu urteilen aus subjekti-ven Ursachen, die fälschlich für objektive Gründe gehalten werden" (Kant, Logik, A 117). Kant will anstelle des dogmatischen Philoso-phierens versuchen, ein anderes – „die Methode des kritischen Philo-sophierens, in Gang zu bringen, die darin besteht, das Verfahren der Vernunft selbst zu untersuchen, das gesamte menschliche Erkenntnis-vermögen zu zergliedern und zu prüfen: wie weit die Grenzen dessel-ben wohl gehen mögen" (Kant, Logik, A 39). Die Fragestellung aber, die sich auf Erkenntnisfähigkeit wendet und untersucht, welche Be-dingungen für ihren Vollzug gegeben sein müssen, heißt nach Kant transzendental. Dieser Sprachgebrauch weicht von der klassischen Terminologie ab, die mit „transzendental" Eigenschaften bezeichnet, die allen Seienden zukommen und somit die Kategorien, in die man sie einzuteilen pflegte, überschreiten oder „transzendieren", wohingegen das, was alle Erfahrung übersteigt, „transzendent" genannt wurde. In Weiterführung dieser Kant'schen Anregung kann man heute unter transzendentaler Methode ein Verfahren verstehen, das offenlegt, was in einer menschlichen Tätigkeit, also etwa im Vollzug des Erkennens, als ihre Bedingung mitgesetzt ist. Der oben vorgestellte Aufweis, dass

117

für eine Diskussion Freiheit unterstellt wird (82), bildet ein Beispiel für derartiges Vorgehen.

An diese Methode erinnert auch die von P. Lorenzen im Anschluss an H. Dingler vorgelegte „operative Logik", die er zur „dialogischen Logik" weiterentwickelt hat, in der etwa der Beweis einfacher Aussagen einer Kalkültheorie durch Handlungen mit den Atomen des Kalküls vorgeführt wird oder im Dialogspiel und seinen formalen Gewinnstrategien die Allgemeinzulässigkeit von Kalkülregeln aufgezeigt wird. Auch die konstruktive Wissenschaftstheorie, vor allem von der „Erlanger Schule", um Lorenzen vertreten, begründet ihre Thesen auf eine vom menschlichen Tun ausgehende Weise dadurch, dass „geeignete Handlungen, die ‚Konstruktionen', und seien es zuweilen auch nur Worterklärungen, den Aussagen, um deren Prüfung es geht, ‚zugrunde liegen'" (Lorenz, 1970, I, XIII).

Von dieser Theorie ist der „radikale Konstruktivismus" zu unterscheiden, nach dem all unser Wissen über die Welt durch unser Gehirn aus Sinneswahrnehmungen konstruiert und daher eine objektive Erkenntnis unmöglich ist, sondern höchstens Intersubjektivität erreicht werden kann. Danach ist der Mensch auf die Daten seiner Sinnesorgane beschränkt, und jede Erkenntnis ist eine Konstruktion aus diesen Daten (Glasersfeld, 1996).

118

In der transzendentalen Methode selbst kann der Aufweis immer so aussehen: „Indem du diese Handlung H setzt, bestätigst du zugleich auch diese These p, selbst wenn du sie etwa inhaltlich leugnest!" Als Beispiel kann der Satz dienen: „Ich bin Analphabet"; der lässt sich widerspruchslos sagen, und von einem des Schreibens Unkundigen auch wahrheitsgemäß. Wenn jemand diesen gleichen Satz jedoch schreibt, dann widerlegt er ihn durch seinen Vollzug: in diesem Handeln bestätigt er die entgegengesetzte Aussage: „Ich kann schreiben". Deshalb lässt sich auch der Skeptizismus nicht vertreten, weil im Behaupten, es gebe keine Wahrheit, die gegenteilige Aussage angenommen wird, da „behaupten" immer „als wahr behaupten" sagt.

*Literatur:*

Hoeres 1969.
Karsten 1978

*8. Gegenwärtige Philosophie über Voraussetzung und Kritik*

119

Angesichts der Verurteilung der Vorurteile durch Kant fällt es auf, wenn heute verbreitet eine Auffassung anzutreffen ist, die Kant für seine Zeit bereits als überholte Frage angesehen hat, nämlich eben die, dass man Vorurteile hinzunehmen habe; ja es wird – auch gegen Kant – eingewandt: „Dies grundlegende Vorurteil der Aufklärung ist das Vorurteil gegen die Vorurteile überhaupt und damit die Entmachtung der Überlieferung" (Gadamer, 1972, 255). Diese billigende Einstellung Vorurteilen gegenüber findet sich bei einigen Hauptströmungen der Gegenwartsphilosophie, die sonst sehr entgegengesetzte Auffassungen vertreten. Zum Beleg seien vier herausgegriffen und ganz kurz skizziert, nämlich die hermeneutische Philosophie, die normalsprachliche Richtung der sprachanalytischen Philosophie, der „Kritische Rationalismus" und die „Kritische Theorie" der Frankfurter Schule.

### a) Hermeneutische Philosophie und hermeneutischer Zirkel

Dass die hermeneutische Philosophie Vorurteilen nicht ablehnend gegenübersteht, zeigt das eben angeführte Zitat von H.-G. Gadamer (1900–2002) einem ihrer wichtigsten Vertreter. Während Hermeneutik ursprünglich Anweisungen „von oben", von Göttern oder Königen übersetzte, wurde sie dann vor allem als theologische Hilfswissenschaft entwickelt, die Regeln für das Verstehen biblischer Texte untersuchte; von da aus erhielt sie die Aufgabe, die Methoden des Auslegens zu erarbeiten, mit denen man an menschliche Erzeugnisse herangeht, also etwa an Texte (literarische, juristische, theologische) oder an Kunstwerke; schließlich hat sie F. Schleiermacher (1768–1834) zunächst zur allgemeinen Lehre des Verstehens und der zwischenmenschlichen Verständigung, besonders mittels der Sprache, erweitert, die den historisch orientierten Geisteswissenschaften als Grundlage diente. Einen weiteren Beitrag zu ihrer Ausgestaltung lieferte W. Dilthey (1833–1911) mit der Unterscheidung von naturwissenschaftlich orientierter „erklärender" und geisteswissenschaftlich „verstehender" Psychologie, deren verstehende Methode auf alle Sinngebilde und Sinnzusammenhänge auszudehnen sei. Zur hermeneutischen Philosophie übernommen und neuartig und umfassend weitergeführt wird sie dann von Heidegger und in seiner Nachfolge von Gadamer. Das „Dasein", in dem der Mensch nach dem Sinn von Sein frage, damit er sich selbst und sein „In-der-Welt-Sein" versteht, stellt danach das allumfassende hermeneutische Problem und die Grundaufgabe der Philosophie dar. Alles Verstehen stellt aber das zu Verstehende in einen Bedeutungszusammenhang, einen Horizont, erkennt ihm da seinen Platz zu, indem es „Etwas als Etwas" erkennt (Heidegger, 1979, § 32),

An einem technischen Beispiel erläutert: Nur der kann etwas als Bolometer erkennen, der zuvor weiß, dass „Bolometer" ein Gerät zur Messung der Energie von Licht- oder Infrarot-Strahlung bezeichnet; auch muss er ungefähr wissen, wie das funktioniert, damit er an der Anordnung der Messvorrichtung deren Zweck und daran das Gerät erkennen kann. Dazu muss aber auch bekannt sein, dass ein Lichtstrahl messbare Energie enthält usw. Dies alles gehört zum „Vorverständnis", ohne das ein Verstehen nicht möglich wird. Zwischen dem Vorverständnis und dem Verstehen besteht eine Wechselwirkung, da sich mein Verständnis erweitert oder präzisiert wird mit jedem auf ihm als Vorverständnis beruhenden Verstehen. Umgekehrt kann ich, je ausgearbeiteter dieses Vorverständnis ist, auch umso besser verstehen. Diese Wechselbeziehung nennt man „hermeneutischen Zirkel", obwohl als Bild besser „hermeneutische Spirale" passen würde, da im Fortgang des Verstehens nicht an denselben Punkt zurückgekehrt, sondern eine höhere Verständnisstufe erreicht wird.

Die philosophisch und erkenntnistheoretisch interessante Frage, die sich an diese Überlegung anschließt, heißt: Wie ist ein Anfang des Verstehens überhaupt möglich, wenn ihm ein Vorverständnis vorausliegen muss? Ist etwa ein angeborener Verständnishorizont anzunehmen, ähnlich der Platonischen „anamnesis", nach der die menschliche Seele etwas deshalb (wieder-)erkennt, weil sie sich an ihre Ideenschau erinnert, die sie „a priori" oder nach dem Platonischen mythischen Bild aus ihrem Sein „vor der Geburt" mitbekommen hat? Für den erwachsenen Menschen umfasst das Vorverständnis alles, was er weiß, gelernt hat, vor allem die Sprache; für eine Zeit aber wird ihr Vorständnis durch ihre Geschichte geprägt, wie umgekehrt das, was für sie wirksame Geschichte bedeutet, aus ihrem Verständnis erkennbar ist.

*Literatur:*

Apel 1971.
Coreth 1969.
Gadamer 1972.

b) Normalsprachliche Philosophie, Unhintergehbarkeit der Sprache, „Lebensform"

Eine wichtige philosophische Strömung der jüngeren Zeit ist die so genannte „Analytische Philosophie", die im englischen Sprachbereich meist „linguistic philosophy" genannt wird. Obwohl die Beschäftigung mit der Sprache einen beachtlichen Platz in ihr einnimmt, darf sie dennoch nicht mit Sprachphilosophie gleichgesetzt werden, weil sie sich auch mit beliebigen anderen Problemen der Philosophie befassen kann. Sie bezeichnet nämlich keine eigene philosophische Disziplin, sondern benennt eine besondere philosophische Methode, die darin besteht, jeweils auf die verwendete Sprache zu achten, diese also zu analysieren und in ihrer Bedeutung abzugrenzen. sie fragt also nicht so sehr, was ein Gegenstand sei, sondern vielmehr, was ein Ausdruck bedeutet.

In der sprachanalytischen Philosophie (englisch: „philosophy of language") unterscheidet man eine ältere, formalsprachliche, und eine jüngere, normalsprachliche Richtung. Die formalsprachliche wollte philosophische Probleme als Scheinfragen aufweisen, indem sie für sprachliche Exaktheit, möglichst durch Formalisierung der Sprache, sorgte (10). Die heute vorherrschende Philosophie mit ihrem Versuch, alle philosophischen Aussagen auf normalsprachliche zu gründen, vor allem auch die Wörter auf jene Bedeutung zurückzuführen, die ihnen in der normalen Sprache zukommt. Weil diese aber eine vielfältige Verwendung, viele Arten von „Sprachspielen" zulässt, ist diese Tendenz auch metaphysischen Problemen gegenüber toleranter.

Für beide Ausrichtungen der analytischen Philosophie kommt Wittgenstein eine maßgebliche Rolle zu, dem jüngeren Wittgenstein mit seinem „Tractatus logico-philosophicus" für die formalsprachliche und dem späten Wittgenstein, wie ihn etwa die „Philosophischen Untersuchungen" zeigen, für die normalsprachlich orientierte Philosophie. Von ihm meint K.-O. Apel (*1922) im Vergleich mit Gadamers Hermeneutik bleibe „die spezifisch hermeneutische Problematik außerhalb der Reichweite Wittgensteins: die Frage nämlich, wie es möglich ist, unter der Voraussetzung eines eingeübten Sprachspiels ein fremdes Sprachspiel und eine fremde Lebensform zu verstehen" (Apel, 1973, 1, 331). Während „Sprachspiel" gebraucht wird, „unzählige verschiedene Arten der Verwendung alles dessen, was wir ‚Zeichen', ‚Worte', ‚Sätze' nennen" (Wittgenstein, PhU 1, Nr. 23) zu bezeichnen, bedeutet „Lebensform" das Gesamt einer Sprache und der mit ihr gegebenen Einstellungsmöglichkeiten zur Welt und zu allem. Sie betrifft nicht zunächst den Inhalt, sondern die „Form" einer Weltsicht. Dass Menschen sich streiten, wenn sie verschiedene Inhalte vertreten, setzt dennoch voraus, dass sie in dieser „Form" übereinstimmen. Dazu bemerkt Wittgenstein: „So sagst du also, daß die Übereinstimmung der Menschen entscheide, was richtig und was falsch ist?' – Richtig und falsch ist, was Menschen sagen; und in der Sprache stimmen die Menschen überein. Dies ist keine Übereinstimmung der Meinungen, sondern der Lebensform" (PhU 1, Nr. 241). Stimmten sie nicht in der Lebensform

125 überein, könnten sie nämlich nicht einmal feststellen, dass sie in ihren Meinungen nicht übereinstimmen. Sie wüssten nicht, wovon der andere redet, ja was er überhaupt tut, wenn er etwa Laute von sich gibt.

Die Lebensform wird nun übernommen etwa wie er etwa Laute von sich gibt. kann sich unabhängig davon etwa eine private Sprache entwickeln. Und niemand "Das Hinzunehmende, Gegebene – Könnte man sagen – seien Lebensformen" (Wittgenstein, PhU II, XI). Das könnte nun heißen, dass ich Menschen von einer anderen Lebensform, mit einem anderen „Horizont" als dem meinen nicht verstehen kann. Aber Wittgenstein spricht nicht von der Lebensform, die hinzunehmen sei, sondern von Lebensformen. Ich bin also nicht auf eine Lebensform festgelegt, sondern ich kann mich um eine Erweiterung und Änderung bemühen, so wie ich eine andere Sprache nicht nur lernen, sondern mich in sie einleben, in ihr denken kann. Allerdings kann ich nie völlig aus jeder Lebensform heraus, etwa in „reiner Objektivität" leben, so wenig ich aus aller Sprache aussteigen, sie in einem „sprachlosen" Denksystem hintergehen kann. Ich habe notgedrungen ein Weltbild, habe es mir nicht etwa deshalb von einer neutralen Basis aus gewählt, „weil ich von seiner Richtigkeit überzeugt bin. Sondern es ist der überkommene Hintergrund, auf welchem ich zwischen wahr und falsch unterscheide" (Wittgenstein, 1970 b, Nr. 94). „Alle Prüfung, alles Bekräften und Entkräften einer Annahme geschieht schon innerhalb eines Systems. Und zwar ist dies System nicht ein mehr oder weniger willkürlicher Anfangspunkt aller unserer Argumente, sondern es gehört zum Wesen dessen, was wir ein Argument nennen. Das System ist nicht so sehr der Ausgangspunkt als das Lebenselement der Argumente" (Wittgenstein, 1970 b, Nr. 105).

126 Der Unterschied zur hermeneutischen Auffassung Gadamers liegt in einer verschiedenen Gewichtung. Gadamer weist vor allem darauf hin, dass dieses „System", das „Weltbild", die „Lebensform" oder der „Verstehenshorizont" überkommen ist, Tradition darstellt, die sich in ihrer „Wirkungsgeschichte" erschließt. Für Wittgenstein steht dagegen die aktuelle Gegebenheit dieses Hintergrunds, der sich besonders in der normalen Sprache zeigt, im Vordergrund, da von ihm her auch die Tradition verstanden und angenommen oder abgelehnt wird. Man könnte die Methode des späten Wittgenstein „sokratisch" nennen. Sokrates hat nämlich in seinen Dialogen weniger auf Behauptungen seiner Gesprächspartner mit Gegenbehauptungen geantwortet, als vielmehr mit „Sokratischer Ironie" zurückgefragt, um sie zum Entdecken der Schwächen ihrer eigenen Position zu führen. Ähnlich sagt Wittgenstein: „Ich mache also den anderen nur darauf aufmerksam, was er eigentlich tut, und enthalte mich einer jeden Behauptung" (Wittgenstein, 1967, 186); das entspricht der schon beschriebenen

90

„experimentellen Philosophie" (109), aber auch der transzendentalen Fragestellung (116), die nach den Bedingungen eines Handelns, hier vor allem von Sprachspielen, fragt und dabei philosophische Probleme „durch eine Einsicht in das Arbeiten unserer Sprache" löst (Wittgenstein, PhU I, Nr. 109), etwa indem sie verschiedene Sprachspiele einander gegenüberstellt; damit werden „grammatische Vorurteile zerstört, und es wird uns dadurch ermöglicht, die Verwendung eines Wortes zu sehen wie sie wirklich ist, statt dem Wort die Verwendung anzudichten" (Wittgenstein, PhGr, 212). Auch hermeneutische Züge umfaßt das Vorgehen Wittgensteins, etwa eine Art hermeneutischen Zirkel, wenn er feststellt, „daß ich bei meinen Erklärungen, Sprache betreffend, schon die volle Sprache (nicht etwa eine vorbereitende, vorläufige) anwenden muß" (PhU 1, Nr. 120), oder die „Horizontverschmelzung", wie sie Gadamer für das Verstehen eines anderen fordert, „eines Andersdenkenden", könnte man sagen, wenn er anmerkt, daß wir seien im Vergleich verschiedener Sprachen „blind dafür, daß wir selbst starke Vorurteile für wie gegen gewisse Ausdrucksformen haben; daß eben auch diese besondere Übereinanderlagerung mehrerer Sprachen für uns ein bestimmtes Bild ergibt" (Wittgenstein, 1970a, Nr. 323).

*Literatur:*

Hoche 1985.
Holenstein 1980.
Lorenz 1970.
Savigny 1969.

### c) »Kritischer Rationalismus« und Kritik

Gegen die hermeneutische Philosophie polemisiert der eifrigste Vertreter des Kritischen Rationalismus (44) in Deutschland, H. Albert, obwohl er, was die Vorurteile anlangt, sie zunächst wie Gadamer insoweit billigt, als er der „klassischen Lehre" vorwirft, dass in ihrer Beurteilung der menschlichen Erkenntnissituation „die mögliche positive Bedeutung vorhandener Voraussetzungen für den Erkenntnisprozeß radikal unterschätzt wird". Gegen ihren Ansatz müsse man versuchen, „die sogenannten Vorurteile für den Erkenntnisfortschritt nutzbar zu machen. Das bedeutet, daß man sie nicht pauschal zu eliminieren sucht – ein Unterfangen, das schon insofern utopisch ist, als man tiefsitzende Vorurteile oft nicht einmal kennt –, auch nicht, daß man versucht, Begründungen für sie herbeizuschaffen – sie werden sich immer finden lassen –, sondern daß man sie, soweit jeweils möglich, prüfbar macht und sich bemüht, sie an Hand ihrer Konsequenzen zu überprüfen" (Albert, 1980, 42f.). Mit dem Vorschlag, keine Begründung für Vorurteile zu suchen, sondern sie prüfbar zu machen und dies auf alle Aussagen und Theorien mit wissenschaftlichem Anspruch auszudehnen, folgt Albert Karl R. Popper, der auf diese Weise zwei ihn in der Wissenschaftstheorie vor allem beschäftigende Probleme löst, das der Induktion und das der Abgrenzung von wissenschaftlichen Aussagen gegenüber solchen, die wissenschaftlich unzulässig sind.

128 Gegen den Neopositivismus etwa des Wiener Kreises (10), der nur Sätzen einen Sinn zuerkennen will, von denen angegeben werden kann, wie sie zu verifizieren, also nach welcher Methode sie als wahr erweisbar sind, und der von derartig ausgewiesenen Basissätzen verallgemeinernd, also durch Induktion, Naturgesetze herleiten will, erklärt Popper: „Nach unserer Auffassung aber gibt es keine Induktion. Der Schluß von der durch ‚Erfahrung‘ (was immer wir auch mit diesem Worte meinen) verifizierten besonderen Aussage auf die Theorie ist logisch unzulässig. Theorien sind somit niemals empirisch verifizierbar" (Popper, 1976, 14). Vielmehr sei die Methode der Wissenschaft „die Methode der kühnen Vermutungen und der sinnreichen und ernsthaften Versuche, sie zu widerlegen" (Popper, 1974, 95). Demnach wäre auch „als Abgrenzungskriterium nicht die Verifizierbarkeit, sondern die Falsifizierbarkeit eines Systems vorzuschlagen" (Popper, 1976, 15), um es als Wissenschaft auszuzeichnen, denn allgemeine Aussagen lassen sich zwar nicht von wahren Einzelaussagen her ableiten, aber durch sie, wenn sie ihnen widersprechen, als falsch erweisen. Nur darf man die Widerlegung nicht durch eigens zu diesem Zweck eingeführte Hilfshypothesen oder Definitionsänderungen vereiteln.

129 H. Albert übertreibt diesen Ansatz zu einem „konsequenten Fallibilismus" (Annahme der Irrtumsmöglichkeit) „in bezug auf jedwede mögliche Instanz", sei es Vernunft, Erfahrung, Gewissen, Intuition, oder eine Person; dafür beruft er sich – paradoxerweise – auf „die Einsicht, daß alle Gewißheit in der Erkenntnis selbstfabriziert, radikal subjektiv und damit für die Erfassung der Wirklichkeit ohne Bedeutung ist", weshalb es für die Erkenntnis auch keinen „archimedischen Punkt gibt, es sei denn, man habe ihn selbst produziert. Und dann ist er wertlos" (Albert, 1980, 34–36). Wieso damit nicht auch seine eigene Einsicht bedeutungslos wird, erklärt er nicht.

Auf einen sicheren Punkt bezog sich bereits Descartes: „Und ich will so lange weiter vordringen, bis ich irgend etwas Gewisses, oder, wenn nichts anderes, so doch wenigstens das für gewiß erkenne, daß es nichts Gewisses gibt. Nichts als einen festen und unbeweglichen Punkt verlangte Archimedes, um die ganze Erde von ihrer Stelle zu bewegen, und so darf auch ich Großes hoffen, wenn ich nur das geringste finde, das sicher und unerschütterlich ist" (Descartes, Meditationes, II,1). (Archimedes, wohl bedeutendster Naturforscher der Antike, wurde 212 v.Chr., als die Römer Syrakus eroberten, von einem Soldaten erschlagen, dem er – wohl beim Konstruieren irritiert – gesagt habe: "Störe meine Kreise nicht!")

Gegen seine Absicht verhindert Alberts "Fallibilismus" jedoch die Kritik, die er gerade rückhaltlos ermöglichen soll. Das kann gezeigt werden, falls zuvor geklärt wird, was unter "Kritik" zu verstehen ist. Wenn Kant feststellt: "Unser Zeitalter ist das eigentliche Zeitalter der Kritik, der sich alles unterwerfen muß" (Kant, KrV, A XI, Fußnote; Logik, A 39), so trifft er damit insofern auch unsere Zeit, als in ihr jedermann, der auf sich hält, "kritisch" sein will. Wer diesem Trend folgend seine eigene Position "kritisch" nennt (z.B. "Kritische Theorie", "Kritischer Rationalismus", auch "kritische Generation"), verschafft sich damit den Vorteil, dass der Gegner, wenn er sie angreift, "unkritisch" erscheint; so kann das Prädikat "kritisch", das jemand sich zuerkennt, dazu dienen, Kritik zu vereiteln, da es den Gegner disqualifiziert, was immer seine Meinung sei, schon weil er sich gegen die mit dem Etikett "kritisch" tabuisierte Auffassung wendet. Wegen dieses wertenden Gebrauchs ist das Wort "kritisch" aber auch dahin verkommen, dass es kaum mehr ausdrückt, als dass man zu einer Person oder Gruppe oder deren Überzeugung "bravo!" sagen möchte, zu der als "unkritisch" eingestuften hingegen "pfui" (ebenso verwendet man übrigens gelegentlich das Prädikat "wissenschaftlich").

Gegen diesen undifferenzierten und damit unkritischen Gebrauch des Begriffs "kritisch" ist für seine Verwendung in der Erkenntnistheorie eine exaktere Bedeutung festzusetzen. Das Wort "kritisch" wurde im 17. Jahrhundert aus dem Französischen entlehnt und entstammt über das lateinische "criticus" dem Griechischen. Bereits das Verb, das ihm dort entspricht, nämlich "krinein", wird in vielfältigem Sinn gebraucht. Nach seiner Grundbedeutung meint es soviel wie "scheiden, trennen". Da man im Erkennen das eine vom andern unter einer bestimmten Rücksicht trennt, etwa Zukömmliches vom Abträglichen oder Berechtigtes vom Unzulässigen, bedeutet es dann auch etwa eine Streitigkeit "ent-scheiden" und überhaupt "ur-teilen", schließlich auch schon "unterscheiden, untersuchen, sichten", im Rechtsfall dann "vor Gericht ziehen", aber – von aussondern her – auch "billigen, vorziehen, auswählen". Ähnlich vieldeutig wird auch das eingedeutschte Eigenschaftswort "kritisch" gebraucht, selbst wenn man von jener unbestimmten Verwendung absieht, die meist vorliegt, falls man sich floskelhafter Wendungen bedient wie „kritisches Bewusstsein", „kritischer Katholizismus", und die nur „urteilsfähig" meint, während „unkritisch" und vor allem „kritiklos" jemanden als „geistig blind" verdammt, also einen „feineren" Ausdruck für „Blödian" darstellt. Steht es in engerer Bedeutung als Attribut einer Person, so besagt es, diese sei geeignet, alles, was ihr begegnet, scharf zu prüfen, ohne sich leicht zufriedenstellen zu lassen. Weil eine solche Prüfung oft die negativen Seiten einer Sache hervorhebt, wird eine Beurteilung, ein Bericht oder dgl. meist „kritisch" genannt, wenn dabei besonders die Nachteile des Besprochenen herausgestellt werden; und mag „Kritik" bisweilen noch einfach die wissenschaftliche oder künstlerische Beurteilung heißen, so bedeutet „kritisieren" durchweg „die Mängel rügen". Auch die Beschreibung einer Situation als „kritisch" stellt sie nicht bloß als entscheidend dar, sondern legt nahe, die Entscheidung könne negativ ausfallen.

132  Auf dem Hintergrund dieser und noch engerer Bedeutungen des Wortes „kritisch" (z.B. wenn man von einer „kritischen", d.h. die verschiedenen Quellen abwägenden Textausgabe redet) sollte man auf die ursprüngliche Wortbedeutung zurückgehen und zunächst das menschliche Erkennen „kritisch" nennen, wenn und insoweit es seinen jeweiligen Gegenstand – und in der Reflexion auch sich selbst – beurteilt und dabei zugleich zutreffende von falschen oder Scheinurteilen unterscheidet. Im abgeleiteten Sinn können dann auch eine Einstellung und darüber hinaus ein Mensch, der sie besitzt, „kritisch" genannt werden, wenn sie darauf ausgerichtet sind, die Erkenntnis so urteilend und unterscheidend einzusetzen. Also kann weder jemand als „kritisch" gelten, der unbesehen allem zustimmt, noch der Nörgler, der unterschiedslos an allem etwas auszusetzen hat, Eine Lehre oder Theorie ist dann „kritisch", wenn und insoweit sie zum Unterscheiden anleitet, also nicht schon, wenn sie selbst kritisch geprüft ist, wie umgekehrt eine Auffassung, die nach der vorgeschlagenen Bestimmung nicht „kritisch" zu nennen wäre, dennoch wohl begründet und gerechtfertigt sein kann. „Kritik" aber sollte das „Verfahren des richtigen Unterscheidens" bezeichnen. So stellte etwa die in scholastischen Disputationen geübte Kunst, auf Einwände des Gegners nicht mit simpler Zustimmung oder Ablehnung, sondern mit einem „distinguo" („ich unterscheide!") zu antworten, eine vorzügliche Schulung zur Kritik dar.

133  Um Kritik treiben zu können, benötigt man dann außer der eigenen Vernunft dreierlei: Das zu Kritisierende, zu Prüfende muss im Blick sein; sodann brauche ich eine Norm oder einen Maßstab, anhand dessen feststellbar ist, ob der geprüfte Gegenstand annehmbar ist oder nicht: das Kriterium; schließlich muss ich das Kriterium und das Prüf-

objekt vergleichen, um dessen Zulässigkeit oder Unzulässigkeit feststellen zu können: die Prüfung selbst. Fehlt eines dieser drei Momente, dann kann keine Kritik stattfinden, so wenig man messen kann ohne Maß und Messbares und den Vergleich beider.

Nimmt man in Fortführung dieses Beispiels an, der Maßstab sei unmerklichen Veränderungen ausgesetzt, so dass nicht sicher wäre, welche Größe er angibt, oder beim Vergleichen bekäme ich ihn oder das zu Messende nicht gewiss in den Blick, so dass ich ständig Täuschungen ausgesetzt wäre, vielleicht auch weil auf das Vergleichen selbst kein Verlass wäre, dann käme auch kein Messvorgang, sondern ein unsinniges Hantieren zustande. Ebenso würde aber auch alle Kritik vereitelt, wenn der „Fallibilismus" recht hätte, da ich mir weder des Kritisierbaren, noch des Kriteriums, noch der Prüfung je gewiss sein könnte, etwa auch nicht, dass sich die Theorie und ihr Prüfstein widersprechen, und wenn ich den Widerspruch ungewiss ansetzte, wüsste ich nicht sicher, was daraus folgte – und auch der Ausweg, ich wisse es zwar nicht sicher, aber doch mit Wahrscheinlichkeit, ist dem „Fallibilismus" nicht gangbar, weil mir zumindest die Wahrscheinlichkeit gewiss sein müsste, wenn ich nicht in einen unendlichen Regress geraten soll, der sie gänzlich aufhebt. Es handelt sich hier also um einen verschleierten Skeptizismus, der ebenso unvertretbar ist wie jede umfassende Skepsis (102f.).

*Literatur:*

Krenth 1978.
Weger 1981 a
Mittelstraß 1989.

### d) „Kritische Theorie" und das Falsche als negative Norm

Diese Bestimmungen der Kritik gelten auf spezifische Weise auch für die Gesellschaftskritik. Demnach benötigt man für die Beurteilung der jeweiligen Gesellschaft ein Kriterium, an dem man feststellen kann, ob sie zulässig oder zu verändern ist. Man müsste etwa wissen, wie eine „wahre" Gesellschaft auszusehen habe, um im Vergleich damit auszumachen, was an der vorliegenden Gesellschaft falsch ist, wie B. Spinoza (1632–1677) ganz allgemein angibt: „Est enim verum index sui et falsi" („Das Wahre ist Kennzeichen seiner selbst und des Falschen") (Spinoza, Opera, IV, 320); denn ohne zu wissen, was wahr ist, kann man auch nichts Falsches, kein Abweichen von der Wahrheit, keinen Irrtum entdecken.

135 Während nun der orthodoxe Marxismus angibt, er wisse, wie die wahre Gesellschaft aussieht, nämlich die klassenlose, kommunistische, hat die wohl wichtigste sozialphilosophische Richtung des Neomarxismus, den man von den verschiedenen, meist politisch etablierten „Orthodoxien" des Nachfolgemarxismus (z.B. Leninismus, Trotzkismus, Stalinismus, Titoismus, Maoismus) unterscheidet (vgl. Weiss, 1970), die „Frankfurter Schule", keine detaillierte Vorstellung von ihr anzubieten. Im Kontrast zu der zitierten Aussage Spinozas lehrt Th. W. Adorno (1903–1969), zusammen mit M. Horkheimer (1895–1973) Begründer und mit ihm führender Kopf dieser „Kritischen Theorie", zu der auch für einige Zeit der jüngere J. Habermas (*1929) zählte und die sich allmählich vom Neomarxismus zu einer kulturkritischen Geschichtsphilosophie fortentwickelte: „Im emphatischen Begriff der Wahrheit ist die richtige Einrichtung der Gesellschaft mitgedacht, sowenig sie auch als Zukunftsbild auszupinseln ist. Die reductio ad hominem, die alle kritische Aufklärung inspiriert, hat zur Substanz jenen Menschen, der erst herzustellen wäre in einer ihrer selbst mächtigen Gesellschaft. In der gegenwärtigen jedoch ist ihr einziger Index das gesellschaftlich Unwahre" (Adorno u.a., 1969, 145).

136 Erkenntnistheoretisch interessant an dieser Aussage ist nicht nur der gesellschaftliche Bezug des „nachdrücklichen Begriffs der Wahrheit", worauf noch hinzuweisen ist, sondern die Frage, ob das mangelnde Bild der Gesellschaft, oder verallgemeinert die fehlende Klarheit dessen, was richtig ist, dennoch nicht verhindert, dass es „mitgedacht" und am „Unwahren" entdeckt werden kann.
Ein Beispiel könnte erläutern, inwiefern das möglich ist: Wenn eine Frau ein Kleid kaufen möchte, hält sie öfter ein ihr angebotenes vor dem Spiegel vor sich und stellt dann fest: „Das ist nicht das Wahre!" Auf die Frage der Verkäuferin, wie denn das aussehen solle, was sie wünsche, kann die Frau das nicht angeben, bisweilen kaum, in welcher Richtung man suchen müsste. Sie hat keine Vorstellung, sondern bestenfalls eine vage Idee, die ihr erst deutlicher wird, wenn sie ein Exemplar betrachtet und es als „nicht das Wahre" beurteilen kann; die Norm, nach der sie sich bei ihrem Urteil orientiert, gewinnt erst allmählich Konturen an den Beispielen, die ihr missfallen. So wird das „Unwahre" Index des Wahren, aber nur deshalb, weil dieses insofern „mitgedacht" ist, dass es als unbestimmtes und reflexiv noch nicht eingeholtes Ziel unserem Interesse vorschwebt, wie beim Fragen schon festgestellt wurde (4).

137 Auch unter einer anderen Rücksicht verdient die Überlegung, das „Unwahre" könne deutlicher erkannt werden als das „Wahre", weiteres Nachdenken. J. de Vries (1898–1989) macht z.B. darauf aufmerksam, dass eine Kette neuzeitlicher Philosophen, die bei F. Maine de Biran

96

(1766–1824) beginnt und über Dilthey und Max Scheler (1874–1928) zu Nicolai Hartmann (1882–1950) führt, im Erfahren von Widerstand die Erkenntnis sehen, in der wir auf das Wirkliche als das von uns Unabhängige stoßen (de Vries, 1980a, 76–78). Dass wir vom „Gegen-stand" oder „Ob-jekt" (dem „Entgegen-Geworfenen") unserer Erkenntnis sprechen, weist auf den gleichen Sachverhalt; demnach sind wir in unserem wahrnehmenden und einsehenden Erkennen nicht nur tätig in einem spontanen Ausgriff, sondern zugleich widerfährt uns etwas, wir werden von etwas betroffen. Dies aber wird verschärfend erfahren, wenn wir auf etwas stoßen, was nicht nur dem Erkennen als „Gegen-stand" erscheint, sondern was darüber hinaus noch in anderer Beziehung die Qualität des „Widrigen" zeigt, also nicht nur das „Unwahre", sondern auch das Ungute unter einer sonstigen Rücksicht, kurz jede Art von Übel. Das merkt Adorno beiläufig an, da er vom Übel spricht, „das so wenig eines philosophischen Beweises bedarf, dass es das Übel sei, wie, dass es existiert". Dies schreibt er in einer kurzen Auseinandersetzung mit dem Positivismus, der von der Wiener Schule ausgeht, und der Seinsphilosophie Heideggers, denen beiden Adorno „Heteronomie" vorwirft, da bei ihnen „die Autonomie der Vernunft entschwindet; das an ihr, was sich nicht erschöpft im Nachdenken eines Vorgegebenen, dem sie sich anmisst" (Adorno, 1977, 464). In die von ihm – weil sie das Bestehende hinnimmt – angegriffene positivistische Richtung hat er dann in zu grober Vereinfachung auch den Kritischen Rationalismus einbezogen, was um 1969 zum so genannten »Positivismusstreit« führte (Adorno u.a., 1969).

Er ist sich jedoch in einem mit dem da attackierten H. Albert ebenso einig wie mit der hermeneutischen Philosophie, nämlich in der Meinung, ein vorurteilsfreier Zugang ließe sich – gerade auch in der Erkenntnistheorie – nicht finden. Er wendet etwa gegen E. Husserl (1859–1938) und seinen phänomenologischen Ansatz ein, es seien „die vorgeblich originären Begriffe zumal die der Erkenntnistheorie, als welche sie bei Husserl auftreten, allesamt und notwendig in sich vermittelt oder – nach hergebrachter wissenschaftlicher Redeweise – ‚voraussetzungsvoll'" (Adorno, 1971, 14). Obwohl er bei seinem Argument mit der ungeklärten Gleichsetzung von „unmittelbar" und „unvermittelt" operiert, findet er für seine These den Beifall von J. Habermas, zumindest in der Feststellung, Erkenntnistheorie könne nicht „das Erbe der Ursprungsphilosophie" mit dem Anspruch auf Selbst- und Letztbegründung antreten, denn sonst sei – und damit verstricke sie sich in einen Zirkel – „für sie die Strategie des voraussetzungslosen Anfangens unabdingbar" (Habermas, 1973, 16).

139   Horkheimer 1977.

e) Husserls Phänomenologie und die Methode des Einklammerns als „nicht ansetzen, dass"

Vorgängig zu dieser verbreiteten Bereitschaft, Vorurteile hinzunehmen, die meist mit der Absicht verbunden ist, sie nachträglich einer Kritik zu unterziehen, aber durchweg auch mit der resignierten Meinung, sie nirgendwo gänzlich überwinden oder außer Kraft setzen zu können, versuchte E. Husserl eine vorurteilsfrei rein am Gegenstand ausgerichtete Philosophie aufzuziehen; er nannte sie „reine Phänomenologie und phänomenologische Philosophie" (Husserl, Ideen). Der Ausdruck „Phänomenologie", wurde seit dem 18. Jahrhundert in der Philosophie öfter (z.B. von Kant, Hegel und dem Lehrer Husserls, Franz Brentano [1838–1917]) in jeweils verschiedener Bedeutung gebraucht; Husserl verleiht ihm einen neuen Sinn und geht dabei von einem eigenen Verständnis von „Phänomen" aus. Es bezeichnet für ihn weder den dem Wirklichen gegenübergestellten Schein noch die vom „Ding an sich" oder „Ding selbst" abgehobene Erscheinung; auch nicht die puren Sinnesgegebenheiten, „sense-data" des modernen englischen Empirismus, sind damit gemeint, auf die sich nach dem „Phänomenalismus" alle Wirklichkeitserkenntnis zurückführen lässt, da dieser alles, was nicht selbst unmittelbar sinnenhaft erfasst ist, nur als logisches Konstrukt aus solchen Sinnesdaten annimmt; schließlich ist auch nicht die naturwissenschaftliche Bedeutung des Wortes angezielt, wonach „Phänomen" einen der Sinneserfahrung unterliegenden Vorgang benennt, oder die alltagssprachliche, wo es einen seltenen, beeindruckenden Fall bezeichnet. Vielmehr betrachtet Husserl Phänomene weder als Tatsachen noch als „real" in dem Sinn, dass sie zur wirklichen Welt gehören, weil er in einem ersten Methodenschritt von ihrer Existenz und allem Zufälligen an ihnen absieht – er nennt ihn „eidetische Reduktion", weil er dadurch zum „eidos", zum Wesen eines Gegebenen gelangen will – und in der zweiten, „transzendentalen Reduktion" auch die Bewusstseinsunabhängigkeit seines Gegenstandes außer Betracht lassen will.

140   Ohne dass hier diese Methodenvorschläge übernommen werden oder gar Phänomenologie im Sinne Husserls getrieben werden soll, wird doch Anleihe bei einem Grundzug seines Verfahrens gemacht, nämlich der „Ausschaltung", „Einklammerung" oder – wie er in Anlehnung an den Sprachgebrauch der antiken Skepsis (102f) auch sagt –

der „epoché". Um dieses Verfahren vorzuführen, beschreibt Husserl zunächst „die Welt der natürlichen Einstellung", die sich in Raum und Zeit endlos ausbreitet. In ihr befinden sich Dinge, Lebewesen, Menschen, die ich verstehe, Ereignisse, die ich wahrnehme, außer dem Wahrgenommenen auch das, was mit „anschaulich gegenwärtig" ist, etwa die Umgebung hinter meinem Rücken; dies „Vorhandene" ist „teils durchsetzt, teils umgeben von einem dunkel bewußten Horizont unbestimmter Wirklichkeit", in den ich „Strahlen des aufhellenden Blickes der Aufmerksamkeit hineinsenden" kann, die sich aber räumlich wie zeitlich in einen unendlichen Horizont verliert. Sie ist nicht bloß „Sachenwelt", sondern ebenso „Wertewelt, Güterwelt, praktische Welt", insofern ich die Dinge als schön, angenehm, zu diesem oder jenem geeignet, etwa als „Trinkglas", als „Klavier", auch als „Vorgesetzte" oder „Feinde" erkenne. Diese Welt ist immer für mich da, solange ich „natürlich dahinlebe", während z.B. die Welt der Arithmetik für mich nur da ist, wenn ich „arithmetisch eingestellt" bin. Dabei bleibt die natürliche Welt vorhanden, aber sie bildet nicht den Hintergrund oder Horizont, in den sich eine arithmetische Welt einordnet; vielmehr bleibt sie für diese arithmetische Einstellung außer Betracht (Husserl, Ideen 1, §§ 27f).

Diese Möglichkeit, etwas „außer Betracht" zu lassen, benutzt Husserl und baut sie aus. Obwohl er dabei wie die Skeptiker von einer „epoché", einer „gewissen Urteilsenthaltung" spricht, und auch Bezug auf den „Versuch eines universellen Zweifels" bei Descartes nimmt, unterscheidet sich sein Vorschlag doch von deren Vorgehen und Absicht. Weder setzt er an, die natürliche Welt sei nicht (kein „Ansetzen, dass nicht!"), auch nicht im Sinn einer Arbeitshypothese, noch gibt er überhaupt etwas von seiner natürlichen Überzeugung preis; sondern er „klammert sie ein" oder setzt sie „außer Aktion", d.h., er macht von keinem Satz, der sich auf solche Überzeugung oder das die „natürliche Welt" betreffende Wissen stützt, also auch von keiner wissenschaftlichen These so Gebrauch, dass er dessen Geltung anerkennt und benutzt (Husserl, Ideen 1, §§ 31f). Diesen Vorschlag, den man dahingehend zusammenfassen könnte: „Setze überhaupt nichts als wahr voraus", möchte ich insofern übernehmen, als zuzusehen ist, ob er – wenn auch wohl nicht für die gesamte Erkenntnis – wenigstens in einem bestimmten Prozess des Erkennens durchführbar ist, und was dabei übrig bleibt. Wenn nämlich überhaupt etwas bleibt, dann läge hier der voraussetzungslose oder vorurteilsfreie archimedische Punkt des Erkennens, nach dem in der Geschichte der philosophischen Beschäftigung mit dem menschlichen Erkennen immer wieder gesucht wurde, und in dessen Aufweis, Annahme oder Verwerfung eine zentrale These der Erkenntnistheorie liegt.

142    Allerdings besteht in dieser Methode des „Nicht-Ansetzens-dass" zwar der Weg zu einem möglichen voraussetzungslosen Erkenntnisvollzug, jedoch keineswegs die einzige Verfahrensweise der Erkenntnistheorie; ein derartiger „Methodenmonismus" verstieße gegen die Anweisung, die Methode sei jeweils von dem Ziel zu bestimmen, das man mit ihr verfolgt (94), denn Voraussetzungslosigkeit stellt keineswegs das einzige Ziel der Erkenntnistheorie dar, sondern soll und muss nur für einen sehr eingeschränkten Bereich innerhalb der Erkenntnistheorie angestrebt werden.

*Literatur:*

Landgrebe 1978.
Ströker 1989.

# B. Erkenntnistheoretische Antworten

## I. Der Begriff „Wahrheit"

### 1. Wahrheitstheorien

Wenn nun systematisch einige grundlegende Auskünfte der Erkenntnistheorie über die Bedeutung der Erkenntnis für den Menschen als Menschen, also über ihre Tragweite und ihre Gewichtigkeit, zu entwickeln sind, dann wird sich zunächst an diese Darlegung und darüber hinaus auch an die menschliche Erkenntnis insgesamt die Frage richten, ob sie beanspruchen können, wahr zu sein oder die Wahrheit vorzutragen. Daher ist zunächst zu klären, was unter „wahr" und „Wahrheit" verstanden werden soll.

Dass darüber unter den Philosophen keinesfalls Einhelligkeit herrscht, beweisen die unterschiedlichen Wahrheitstheorien, die auch gegenwärtig noch vorgelegt und diskutiert werden. Sie können hier nur ganz knapp skizziert werden, und zwar nur die wichtigsten Gruppen, zu denen sich die im einzelnen noch weiter differierenden Theorien zusammenfassen lassen.

### a) Die Adäquationstheorie

Die einflussreichste Auffassung von Wahrheit, die von Aristoteles bis in die Gegenwart wirksam ist, nennt man Adäquations- oder Korrespondenztheorie. Ihre klassische Formulierung, die angeblich auf I. Israeli (106) zurückgeht, wird von Thomas von Aquin so vorgestellt und erläutert: „Die Wahrheit besteht in der Angleichung (adaequatio) von Verstand (intellectus) und Sache (res) ... Wenn daher die Sachen Maß und Richtschnur des Verstandes sind, besteht Wahrheit darin, dass sich der Verstand der Sache angleicht, wie das bei uns der Fall ist; aufgrund dessen nämlich, dass die Sache ist oder nicht ist, wird unsere Meinung oder unsere Aussage wahr oder falsch. Wenn aber der Verstand Richtschnur und Maß der Dinge ist, besteht die Wahrheit darin, dass die Dinge sich dem Verstand angleichen; so sagt man, der Künstler verfertige ein wahres (Kunst-)Werk, wenn es der Kunstauffassung entspricht" (Thomas, S.Th. I, q. 21 a. 2).

Diese Theorie besitzt den Vorzug, dass sich mit ihr die doppelte Bedeutung von „wahr" erläutern lässt, die diesem Wort auch in der heutigen Sprache noch zukommt. Wenn wir etwa von einem „wahren

„Freund" oder von „wahrer Demokratie" sprechen, besagt das, dass dieser Mensch der Idee entspricht, die wir uns von einem Freund machen, oder dass die Gesellschaft mit der Vorstellung übereinstimmt, die wir von Demokratie haben. Weil hier die „Sache" wahr genannt wird, insofern sie unserer Erkenntnis entspricht, nennt man diese Wahrheit „Sachwahrheit", bisweilen auch „ontische Wahrheit" (von griechisch „on", Seiendes). Diese Sachwahrheit hatte in ihren Ursprüngen, etwa bei Platon, eine theologische Dimension, weil eine Sache insoweit als wahr zu gelten hatte, als sie ihrer göttlichen Idee (christlich: ihrem Schöpfungsziel im Geiste Gottes) entsprach. Für Hegel ist diese Sachwahrheit das Wichtigere. So schreibt er in seiner „Logik", nachdem er die Idee als „das Wahre an und für sich, die absolute Einheit des Begriffs und der Objektivität" vorgestellt hat: „Unter Wahrheit versteht man zunächst, dass ich wisse, wie etwas ist. Dies ist jedoch die Wahrheit nur in Beziehung auf das Bewußtseyn, oder die formelle Wahrheit, die bloße Richtigkeit. Dahingegen besteht die Wahrheit im tieferen Sinn darin, dass die Objektivität mit dem Begriff identisch ist. Dieser tiefere Sinn der Wahrheit ist es, um den es sich handelt, wenn z.B. von einem wahren Staat oder von einem wahren Kunstwerk die Rede ist. Diese Gegenstände sind wahr, wenn sie das sind, was sie seyn sollen, d.h. wenn ihre Realität ihrem Begriff entspricht. So aufgefaßt ist das Unwahre dasselbe, was sonst auch das Schlechte genannt wird" (Hegel, 1929, 423f.).

In einer Weiterführung schreibt Heidegger ähnlich: „Nicht die Aussage ist der primäre „Ort' der Wahrheit, sondern umgekehrt, die Aussage als Aneignungsmodus der Entdecktheit und als Weise des In-der-Welt-Seins gründet im Entdecken bzw. der Erschlossenheit des Daseins. Die ursprünglichste „Wahrheit' ist der „Ort' der Aussage und die ontologische Bedingung der Möglichkeit dafür, dass Aussagen wahr oder falsch (entdeckend oder verdeckend) sein können" (Heidegger, 1979, ' 44b). Die Überlegung, dass alles so beschaffen ist, dass es unserer Erkenntnis zugänglich ist, fasste die mittelalterliche Philosophie in den Satz „omne ens est verum", „alles Seiende ist wahr". Erkenntnistheoretisch ist daran bedenkenswert, dass etwa die Wahrheit der Aussage „Das Gras ist grün" auch davon mitbedingt ist, ob die Wirklichkeit, von der da die Rede ist, eine Aufgliederung in „Gras" und „grün" und deren Zusammenordnung erlaubt, ob es also derartige „Sach-verhalte" gibt, wie sie von den meisten Aussagen wiedergegeben werden. Auch dass wir die unser Suchen und Fragen leitende Idee, obwohl sie uns oft nicht klar bewusst ist, als Maßstab nehmen, an dem wir etwas als „das Wahre" ablesen (136), verdient in der Erkenntnistheorie Beachtung.

Dennoch steht in ihr nicht diese Bedeutung von „wahr" zur Erörterung, die man bisweilen mit „echt" (wahres Gold), bisweilen mit „wirklich" (eine wahre Begebenheit) oder mit „unverstellt" (sein wahres Gesicht) umschreibt; ja man nennt auch z.B. den einen „wahren Rembrandt", der zwar gerade nicht Rembrandt ist, aber als Maler ihm gleichrangig geschätzt wird. (Hier wäre „Rembrandt" gleichsam die Idee, der einer entspricht.) Die Erkenntnistheorie konzentriert sich vielmehr auf die andere Bedeutung von „wahr", in der klassischen Adäquationstheorie als „Angleichung des Verstandes an die Sache" beschrieben. Hier liegt nun die Schwäche dieser Theorie. Denn in dieser Formel wird nicht deutlich, was hier unter Verstand oder „intellectus", was als „Sache" zu verstehen ist, und wie die Angleichung gedacht wird. Gleicht sich etwa der Verstand, wenn er einen Zusammenhang einsieht, dem erkannten Sachverhalt an? Und gibt es, falls er das nicht täte, eine falsche Einsicht? Weil diese Fragen in der klassischen Formulierung der Adäquations- oder Korrespondenztheorie zumindest in der Schwebe gelassen werden, wenn nicht sogar eine unzutreffende Antwort darauf nahegelegt wird, scheint sie ungenügend.

b) Sprachanalytisch orientierte Wahrheitstheorien

Diese Theorien sind insofern präziser als die klassische Adäquationstheorie, als sie Wahrheit als Eigenschaft von sprachlichen Gebilden verstehen. Die einflussreichste unter ihnen ist wohl die semantische Theorie der Wahrheit, wie sie von dem polnischen Logiker A. Tarski (1902–1983) vorgelegt wurde. In ihr wird davon ausgegangen, dass ein Satz nur im Ganzen der Sprache zu bestimmen ist, zu der er gehört; statt: „Der Satz ‚p' ist wahr" müsste daher genauer gesagt werden: „‚p' ist wahr in S", wobei S die jeweilige Sprache bezeichnet, aus der der Satz stammt. Bei der Einführung des Wahrheitsbegriffs für formalisierte Sprachen ergibt sich das Problem, dass bei einem „geschlossenen" Sprachsystem Antinomien auftreten können (25), wenn es semantische Begriffe (also solche, die eine Beziehung zwischen sprachlichem Gebilde und dem durch es Ausgesagten bezeichnen) auf seine eigenen Sätze anwendet (Beispiel: „Alle Sätze im Deutschen, die mit A beginnen, sind falsch"). Tarski schlägt deshalb vor, die semantischen Prädikate wie „wahr" oder „falsch" einer jeweiligen Metasprache vorzubehalten, die sie Aussagen einer von ihr zu unterscheidenden Objektsprache zuschreibt. Wenn dann in dieser Metasprache „p" den Namen des zu beurteilenden Satzes der Objektsprache angibt, könnte man kurz schreiben: „‚p' ist wahr, wenn p", d.h. ‚p' ist wahr, wenn der durch ‚p' ausgedrückte Sachverhalt besteht, oder umgangssprachlich erläutert: Die Aussage „es regnet" ist wahr, wenn es regnet.

Genau besehen handelt es sich hier nicht um eine Wahrheitstheorie, die etwa mit der Adäquationstheorie in Widerspruch treten könnte, sondern um die Definition des Ausdrucks „wahr in S" für eine formalisierte Sprache dadurch, dass man angibt, der Satz der Metasprache „‚es regnet' ist wahr" sei gehaltgleich mit dem Satz der Objektsprache „‚es regnet'".

148 Von da her erstaunt der Einwand nicht, dann sei das Prädikat „wahr" überhaupt überflüssig, den man zur „Redundanztheorie" der Wahrheit erhoben hat. „Redundanz" ist ein Begriff aus der Informationstheorie und bezeichnet dort das überflüssigerweise Übermittelte bei einer Nachrichtenweitergabe (Beispiel: „Es war der 25. Dezember, der erste Weihnachtsfeiertag"). Diese Auffassung wurde von den englischen Philosophen F. P. Ramsey (1903–1930) und A. J. Ayer (1910–1989) vorgetragen, die deswegen auch das Wahrheitsproblem als ein Scheinproblem, entstanden aus Sprachverwirrung, ansahen, da einer, der sagt: „p ist wahr", damit nur p bejahe, und wer sagt: „p ist falsch", nur „nicht-p" behaupte.

149 Eben das hat P.F. Strawson (*1919) veranlasst, seine „performative" Wahrheitstheorie zu entwerfen („performativ" nannte J.L. Austin (1911–1960) Äußerungen, insofern sie schon allein dadurch, dass man sie macht, etwas bewirken). Danach stellt – das geht gegen die semantische Wahrheitstheorie – die Behauptung, der Satz p sei wahr, keine über den Satz p hinausgehende Behauptung dar, aber – und das widerspricht der „Redundanztheorie" – diese Behauptung ist deshalb nicht überflüssig, weil sie eine weitere Sprach-Tätigkeit darstellt, nämlich das Ausdrücken einer Zustimmung zu einer Äußerung. Demnach redet man durch das Prädikat „wahr" nicht über Sätze, sondern man vollzieht eine Bestätigung. Gegen diese Konzeption wendet Stegmüller ein, obwohl „wahr" bisweilen diese Zustimmungsfunktion in der Umgangssprache haben könne, werde es doch in anderen Fällen auch deskriptiv von Sätzen ausgesagt. Dies trete deutlich zutage, wenn jemand einsieht, dass er einer Aussage fälschlich zugestimmt hat, weil sie sich im nachhinein als falsch erwiesen hat. Denn dann ist zwar die Behauptung, die Aussage p sei damals wahr gewesen, unzutreffend, aber es trifft dennoch zu, dass er ihr damals zugestimmt hat; andererseits bedeutet „die Aussage p hat sich als nicht wahr erwiesen" nicht bloß „dass er ihr (aus welchen Gründen auch immer) nicht mehr zustimmt" (Stegmüller, 1968, 231).

150 Obwohl die sprachanalytisch orientierten Wahrheitserörterungen einiges genauer erläutern als die klassische Korrespondenztheorie, der sie übrigens nur zum Teil widersprechen, haben sie auch Nachteile. Wenn sie auch nicht alle den umgangssprachlichen Begriff von „wahr" nicht vernachlässigen, um den es etwa Tarski nicht geht, so kümmern sie

sich doch kaum um die Frage, worin das Kriterium von Wahrheit besteht, woran sich also ablesen lasse, ob eine Aussage wahr ist. Deshalb kann auch der Eindruck entstehen, der sich auch bei anderen gegenwärtig diskutierten Wahrheitstheorien einstellt, dass nämlich die Wahrheit nur eine „innersprachliche Grunddifferenz" überbrückt, wobei „Welt" nur eine andere „inhalts- bzw. sachdurchsetzte, bestimmte(re) Sprachdimension" ist (Puntel, 1978, 209).

## c) Kohärenztheorie

Dies wird bei der so genannten Kohärenztheorie der Wahrheit am deutlichsten, nach der in ihrer einfachsten Form die Wahrheit einer Aussage darin besteht, dass sie sich widerspruchslos mit den übrigen Aussagen eines Systems zusammenfügen lässt. Sie findet sich um die Jahrhundertwende in England in einer idealistischen Philosophie und dann in der entgegengesetzten philosophischen Position des Wiener Kreises (10); auch das Verfahren des „Kritischen Rationalismus" H. Alberts, Sätze nur daraufhin zu überprüfen, ob sie mit anderen vereinbar sind und sie gegebenenfalls am Widerspruch zu einer Theorie scheitern zu lassen, erinnert an diese Konzeption der Wahrheit, ohne dass diese da ausdrücklich aufgegriffen würde. Aber es entspricht ganz der Auffassung O. Neuraths (1882–1945) – dem übrigens innerhalb des Wiener Kreises M. Schlick (1882–1936) entschieden widersprach –, wonach eine Aussage dann als richtig gilt, wenn sie sich eingliedern lässt; wenn sie sich mit dem Gesamt des Aussagesystems nicht in Einklang bringen ließe, sei hingegen sie oder – „wozu man sich schwer entschließt" – dieses ganze System abzulehnen.

Zwei Einwände gegen diese Meinung hat B. Russell (1872–1970) so zusammengefasst. „Die Kohärenztheorie der Wahrheit versagt also, weil es keinen Beweis gibt, dass es nur ein einziges kohärentes System geben kann" (und wenn es mehrere gibt, kann man nicht entscheiden, welches „wahr" ist). „Der zweite Einwand wäre so zu formulieren: Diese Definition von Wahrheit setzt die Bedeutung von ‚Kohärenz' als bekannt voraus. Während doch in Wirklichkeit ‚Kohärenz' die Wahrheit der Gesetze der Logik voraussetzt. Zwei Sätze sind kohärent, wenn beide zugleich wahr sein können, und sie sind inkohärent, wenn wenigstens einer von ihnen falsch sein muss. Wenn wir nun feststellen wollen, ob zwei Sätze gleichzeitig wahr sein können, müssen wir solche Wahrheiten wie den Satz vom Widerspruch kennen" (Russell, 1977, 66).

d) Pragmatische Wahrheitstheorie und Konsenstheorie

153 Auch gegen die pragmatische Wahrheitstheorie, nach der – kurz gesagt – wahr ist, was nützt, wendet sich Russell. So argumentiert er gegen W. James (1842–1910), der etwa den Glauben an Gott deswegen für wahr erklärt, weil er „befriedigt"; oder sich daraus „nützliche Konsequenzen für das Leben ergeben", so: „Diese Doktrin bereitet mir große gedankliche Schwierigkeiten. Sie nimmt an, dass ein Glaube ‚wahr' sei, wenn er gute Auswirkungen hat. Soll diese Definition nützlich sein – und andernfalls würde sie ja der Prüfung der Pragmatisten nicht standhalten –, dann müssen wir wissen a) was ist gut? und b) welches sind die Wirkungen dieses oder jenes Glaubens? Und zwar müssen wir das wissen, bevor wir erkennen können, dass irgend etwas ‚wahr' ist" (Russell, 1977, 60).

154 Ähnliche Fragen lassen sich auch an die Konsenstheorie stellen, nach der „wahr" jene Aussage ist, die von allen vernünftigen Gesprächspartnern anerkannt wird, worüber alle übereinstimmen oder einen Konsens herstellen. Wer entscheidet nämlich, was als „vernünftig" zu gelten hat, oder wer stellt fest, ob ein Konsens besteht – und ob diese Feststellung dann „wahr" ist? Etwas hochtrabend hat man (K.-O. Apel und ähnlich J. Habermas) eine weiterentwickelte Konsenstheorie auch „transzendentalpragmatisch" genannt. „Pragmatisch", weil Pragmatik in der Semiotik (Theorie der Zeichen) die Beziehungen zwischen Zeichen und Zeichenbenutzern untersucht, während Syntaktik die Relationen der Zeichen innerhalb des Zeichensystems und Semantik die zwischen Zeichen und Bezeichnetem behandelt; bei der Transzendentalpragmatik geht es nämlich um den „Diskurs", in dem sich die Sprachbenutzer über etwas verständigen. „Transzendental" nennt sich diese Auffassung, weil sie die Bedingungen erarbeiten will, unter denen ein berechtigter Konsens allein zustande kommen kann, nämlich die „ideale Kommunikationsgemeinschaft" bei Apel oder der „herrschaftsfreie Diskurs" bei Habermas, wo niemand seine Interessen von vornherein denen der Diskussionspartner überordnet und das Interesse an der argumentativen Rechtfertigung einer Aussage allem vorgeordnet wird.

„Wahr" heißt dann nicht nur das, worauf man sich so einigen würde, sondern Wahrheit ist vorgängig in einem solchen Diskurs schon als Ziel unterstellt, ohne das er nicht stattfinden könnte. Für diese Überlegungen finden sich Entsprechungen in der „Erlanger Schule", als deren „Programmschrift" die „Logische Propädeutik" von W. Kamlah (1905–1976) und P. Lorenzen (Kamlah, 1973) und als deren Schwerpunkt Konstruktive Wissenschaftstheorie (117) und Ethikbegründung angesehen werden können. Obwohl sie Hinweise enthalten, die nicht übersehen werden dürfen, wenn die soziale Dimension von Wahrheit nicht unterschlagen werden soll, bleiben sie problematisch, da nicht auszumachen ist, wie sie sich selbst ohne Zirkel rechtfertigen lassen; denn die Wahrheit einer solchen Theorie müsste eben aus einem Diskurs als dessen Ergebnis oder Voraussetzung erwiesen werden aufgrund von Forderungen, die selbst erst als Resultat eines gleichen Diskurses erhoben werden könnten, der sie dann aber nicht als Grundlagen ansetzen dürfte. Falls ich diese Normen oder die Wahrheit jedoch aus einer „transzendentalen" Einsicht in die Bedingungen eines Diskurses herleite, dann ist diese Einsicht selbst nicht nur aus dem Diskurs rechtfertigbar, ihr Ergebnis ist „wahr" in einem Sinn, der sich mit dieser Auffassung nicht fassen lässt, sondern der wieder auf die Adäquationstheorie zurückverweist, ohne dass damit deren Schwächen aufgehoben wären.

*Literatur:*

Puntel 1978 u. 1987.
Skirbekk 1977.
Gloy 2004

## 2. Bestimmung der Ausdrücke „wahr", „Wahrheit"

### a) Gibt es eine wahre Wahrheitstheorie?

Nur selten wird bei der Diskussion der Wahrheitstheorien das Problem ausdrücklich angegangen, ob sie nicht samt und sonders zirkulär verfahren, wenn sie sich selbst als richtig dartun wollen. Denn in welchem Sinn sollen sie wahr oder richtig sein? In dem, in den sie selber festlegen? Wenn diese Festlegung nicht willkürlich sein soll, bedarf sie einer ihr vorausliegenden Norm, die sie nicht erst aufstellt, also setzt sie einen Begriff von Gültigkeit, Richtigkeit oder Wahrheit voraus. Der Ausweg, Wahrheitstheorien nicht als Lehren von der Wahrheit, sondern als Definitionsvorschläge anzusehen – mehr sind sie oft auch nicht –, entgeht diesem Problem nicht; denn Definitionen müssen zweckmäßig sein, und die Feststellung, sie seien zweckmäßig, muss selbst wieder wahr sein; also wird ein Verständnis von „wahr" bereits unterstellt, wenn man eine Definition als zweckmäßig verteidigt. Diesem Zirkel kann man indes ohne Schwierigkeit entgehen, wenn man von der Alltagssprache ausgeht. Man fragt also, was die Ausdrücke „wahr" und „Wahrheit" in der Alltagssprache bedeuten. Die Antwort auf diese Frage kann dann selbst wahr im Sinn der Umgangssprache sein. Falls – womit zu rechnen ist – dieser Sinn für eine wissenschaftliche Verwendung des Begriffs „wahr" zu unbestimmt ist, verwehrt uns nichts, ihn genauer definitorisch festzulegen. Diese Definition muss als zweckmäßig erwiesen werden. Die Feststellung der Zweckmäßigkeit ist dann, wenn sie in der engeren Bedeutung des umrissenen Begriffs wahr ist, auch wahr im Sinn der Umgangssprache, von der man ausgegangen ist, da deren Bedeutung nicht überschritten, sondern im Gegenteil eingeschränkt worden ist.

156 Die Umgangssprache verwendet etwa das Wort „wahr" auch im Sinn der Sachwahrheit, die hier außer Betracht bleiben soll (146). Erheblich häufiger gebraucht sie das Eigenschaftswort „wahr" jedoch, um Aussagen oder Meinungen als zutreffend zu kennzeichnen; allerdings wird kaum je die Funktion des einfachen Behauptens, wodurch eine Aussage ja bereits als wahr ausgegeben wird, dadurch ersetzt oder verdoppelt, dass man eigens zur Behauptung hinzufügt, sie sei wahr; also etwa berichtet: „Ich bin gestern spät eingeschlafen. Das ist wahr!" Vielmehr taucht der Ausdruck „wahr" erst auf, wenn eine Aussage bestritten oder verteidigt wird oder wenn – z.B. mit der floskelhaft angehängten Frage: „Nicht wahr?" – ihre Bestätigung erbeten wird. In einer solchen Rede über einen Bericht sagt man dann etwa, er entspreche der Wahrheit, wenn sich etwas so zugetragen hat, wie es berichtet wird. In dieser normalsprachlichen Verwendung des Wortes „wahr" finden sich dennoch Entsprechungen zur Adäquationstheorie wie zur semantischen Theorie von Wahrheit. Obzwar man jedoch in der Tatsache, dass die Aussage in sich widerspruchsfrei ist und mit anderen zusammenstimmt oder auch allgemein Zustimmung findet, wohl einen Hinweis auf ihre Wahrheit sehen würde, empfände man all das dennoch nicht als hinreichend, eine Behauptung als wahr zu bezeichnen, falls unterstellt würde, der in ihr behauptete Sachverhalt liege nicht vor. Deshalb entspricht eine eng verstandene Kohärenztheorie oder Konsensustheorie dem Verständnis von Wahrheit nicht, wie es der normalsprachliche Gebrauch des Wortes „wahr" zeigt.

b) Der Träger des Prädikats „wahr"

157 Auf dem Hintergrund dieses in der normalen Sprache aufscheinenden Verständnisses von Wahrheit, insofern sie auf Aussagen und Meinungen bezogen ist, ist nun genauer zu bestimmen, was in der Erkenntnistheorie als „wahr" bezeichnet werden soll. Dabei wird zunächst angegeben, was als Träger des Prädikats „wahr" in Frage kommt, und dann das Kriterium festgestellt, nach dem diesen Träger diese Be-

zeichnung zuzuerkennen ist. Zum Unterschied von der klassischen Adäquationstheorie wird nicht allgemein der „intellectus" als möglicherweise wahr bezeichnet, sondern zunächst ein sprachliches Gebilde. Das wird in der Regel geäußert, aber es soll nicht ausgeschlossen werden, dass auch eine gedanklich formulierte Auffassung wahr oder falsch genannt werden könnte, Nicht jedes sprachliche Gebilde kommt aber für dieses Prädikat in Frage, da Wörter oder Begriffe für sich genommen nicht in dem hier angezielten Sinn als wahr gelten. Aber auch nicht alle Sätze sind mögliche Träger des Prädikats „wahr", da Ausrufe, Fragen und Befehls- oder Wunschsätze ausfallen. So bleiben Aussagen übrig. Und viele Wahrheitstheorien, von Aristoteles bis zur modernen Logik, halten Aussagen, unterstellt sie seien sinnvoll, für entweder wahr oder falsch oder eventuell noch unentscheidbar. Die Philosophie der normalen Sprache hat jedoch entdeckt, dass auch Sätze, die grammatikalisch als Aussagen zu klassifizieren wären, bisweilen nicht als Träger der Prädikate „wahr" oder „falsch" in Frage kommen, weil sie nämlich eine andere Funktion haben als etwas zu behaupten. Dazu gehören die von J.L. Austin (149) vorgelegten performativen Aussagen wie Wetten, Versprechen, sich (in Aussageform) Entschuldigen usw. Aber auch Sätze, die in anderem Kontext als Behauptung fungieren, können ohne jede grammatikalische Änderung in bestimmten Situationen nichts behaupten, dann auch nicht wahr oder falsch sein. In der Duden-Grammatik steht etwa der Satz: „Dem Unkraut schadet der Frost nicht" (1966, 653). Wer mit botanischen Überlegungen dagegen argumentierte, um zu zeigen, dass er falsch sei, hätte seine Funktion nicht begriffen, denn er steht dort nicht, um etwas über Pflanzen zu behaupten, sondern als grammatisches Beispiel. Daher muss man, um den Träger des Prädikates „wahr" noch genauer zu bestimmen, auch die Funktion angeben, die eine Aussage ausübt, denn nur eine behauptende Aussage ist möglicherweise wahr. Die Formulierung „behauptende Aussage" ist entsprechend der „sehenden Auges" gebildet, denn genau genommen behauptet nicht die Aussage, sondern der Sprecher, der aber behauptet nicht die Aussage, sondern mittels der Aussage einen Sachverhalt. Man könnte statt „behauptende Aussage" auch kurz „Behauptung" sagen, aber dieses Wort hat normalsprachlich den Beigeschmack einer „bloßen", d.h. unbegründeten Behauptung.

Der gesuchte Träger des Prädikates „wahr" ist somit als die behauptende Aussage bestimmt, und zwar die einzelne Aussage in ihrem jeweiligen Kontext. Oft kann man vom einzelnen Vorkommnis einer derartigen Aussage abstrahieren; wenn etwa in allen Exemplaren einer Ausgabe einer Tageszeitung der gleiche Satz vorkommt, kann die ganze Klasse dieser Satzvorkommnisse abkürzend als ein Satz betrachtet und auf Wahrheit hin untersucht werden. Obwohl der Logik, der Syntax oder Semantik das Recht nicht bestritten werden soll, sich auf diese abstrakte Betrachtung von Sätzen zu beschränken, ist doch der erste Träger des Prädikates „wahr" die einzelne Behauptung in ihrer konkreten Gesprächssituation, zumal nicht auszuschließen ist, dass sich ihre Bedeutung – wenn auch vielleicht unmerklich – allein dadurch ändert, dass der gestaltgleiche Satz etwa ein zweites Mal vernommen wird, ganz zu schweigen vom Bedeutungswandel, den ein grammatikalisch gleicher Satz in anderem Gesprächskontext erfährt. Dabei ist zu beachten, dass ein „Satz", „Aussage" oder „Behauptung" keinesfalls allein den Inhalt des Satzes, seine Bedeutung für sich genommen, meinen, obwohl die Bedeutung für die Wahrheit entscheidend ist; sie kommt jedoch nie „für sich" vor, sondern im semantischen Sinn immer nur als die äußere Gebilde eines sprachlichen Gebildes. Zum anderen ist aber auch nicht das äußere Gebilde allein mit diesen Ausdrücken angezielt, etwa die Lautfolge oder die Anordnung von Druckerschwärze, und das nicht allein, weil auch gedachte sprachliche Formulierungen als Sätze gelten können, sondern noch mehr, weil die oben genannte Formel „der Satz ‚p' ist wahr in S" (147) genau besehen so verstanden werden muss, dass S nicht nur eine bestimmte Sprache allgemein bezeichnet, sondern eine interpretierte Sprache, eine Sprache in einem bestimmten Verständnis meint. Man hält sich also in einer abstrakten, nicht ganz bestimmten, wenn auch für etliche wissenschaftliche Zwecke vertretbaren Sprache auf, wenn man etwa einen Satz auf dem Papier als wahr oder falsch bezeichnet. Genau genommen ist eine Aussage erst im Verständnis eines Sprechers oder Hörers wahr – und diese Verständnisse müssen bezüglich desselben geäußerten Satzes keineswegs gleich sein, vielmehr könnte die Aussage im einen Sinn wahr und im anderen falsch sein.

c) Vorläufige Bestimmung von „Wahrheitskriterium"

159 Damit ist nun der mögliche Träger des Prädikates „wahr" hinreichend genau bestimmt als die einzelne behauptete Aussage in einem jeweils bestimmten Verständnis, womit auch ausgedrückt ist, dass unter „behauptende Aussage" eine sinnvolle verstanden wird. Wiewohl nun jeder, der etwas behauptet, es unvermeidlich – auch wenn er das nicht ausdrücklich angibt – als wahr behauptet, wird dennoch nicht jede Behauptung, mag sie im übrigen noch so korrekt formuliert sein, rechtens „wahr" genannt. Folglich muss eine weitere Bedingung erfüllt sein, damit ihr dieses Prädikat zugeschrieben werden darf, die nicht innerhalb der behauptenden Aussage selbst liegen kann (sonst wären

alle sprachlich korrekten Behauptungen wahr), auf die sie jedoch so bezogen sein muss, dass von diesem Bezugspunkt her sich wahre von falschen Aussagen unterscheiden. Als unterscheidendes Merkmal für die Wahrheit nennt man es „Wahrheitskriterium".

Diese Bezeichnung kann jedoch zur irrigen Annahme verleiten, dieser Bezugspunkt müsse bereits erkannt sein, damit er eine behauptende Aussage als wahr auszeichne. Eine Aussage kann aber auch dann wahr sein, wenn ich mich ihrer Wahrheit nicht vergewissern, sie nicht erkennen kann. Daher ist zwischen Wahrheit und erkannter Wahrheit zu unterscheiden. So ist die Behauptung: „Auf dem Mars gibt es kein Lebewesen" nicht erst wahr, seit es Hinweise gibt, dass sie zutrifft. Denn ihre Wahrheit hängt nicht davon ab, ob ich das Fehlen von Leben nachweisen kann oder ein Verfahren anzugeben weiß, wie sich das feststellen, wie sich die Behauptung also verifizieren ließe, sondern allein davon, ob es auf dem Mars Leben gibt oder nicht. Wenn ich das nicht weiß, weiß ich nicht, dass die Aussage wahr ist, aber ich mache sie nicht dadurch wahr, dass ich es erkenne.

Deshalb ist auch der Ausdruck „veri-fizieren", nach seinen Wortbestandteilen „wahr-machen", irreführend. Eine Aussage wird nicht erst dadurch wahr, dass ich ihr Zutreffen erkenne, dann erkenne ich vielmehr gerade, dass sie wahr ist, nicht von mir wahr gemacht wird. Wahr machen im Sinn des umgangssprachlichen Gebrauchs kann man ein Versprechen (etwa: „Ich gebe dir fünfzig Mark"), wenn man es in eine Behauptung umwandelt (grammatikalisch die gleiche Satzform, aber mit anderer Funktion) und dann durch sein Tun dafür sorgt, dass diese Behauptung zutrifft. Aussagen, die nicht auf unser Tun bezogen sind, lassen sich hingegen vielleicht als wahr erkennen, nicht jedoch durch unser Erkennen erst wahr machen.

160

Um noch genauer zu erläutern, worin das Wahrheitskriterium besteht, kann man von der Adäquationstheorie der Wahrheit ausgehen, die in ihrer klassischen Form von einer Angleichung des „intellectus" an die „res", den Sachverhalt, spricht oder wie Kant von der „Übereinstimmung der Erkenntnis mit ihrem Gegenstande" (Kant, KrV, B 82). Dass, statt ungenau von „intellectus" oder „Erkenntnis" zu reden, das Subjekt des Prädikates „wahr" als „behauptende Aussage" zu bestimmen ist, wurde bereits erarbeitet. Wie aber steht es mit den anderen beiden Elementen dieser klassischen Wahrheitsdefinition, nämlich der Angleichung oder Übereinstimmung und der „res", dem „Sachverhalt" oder Gegenstand? Darin scheint nämlich das Wahrheitskriterium zu bestehen, und man ist versucht, das Prädikat „wahr" so festzulegen: Wahr ist eine behauptende Aussage dann und nur dann, wenn der in ihr behauptete Sachverhalt besteht. Unter „Wahrheit" wäre folglich eine Beziehung zwischen einer behauptenden Aussage und dem beste-

161

henden Sachverhalt, den sie behauptet, zu verstehen, und diese Beziehung würde Angleichung oder Übereinstimmung genannt.

### d) Einwände gegen diese Bestimmung

162 Gegen beide Glieder, „Übereinstimmung" wie „bestehender Sachverhalt", erheben sich jedoch Einwände. Heidegger fragt etwa, „im Hinblick worauf" der „ideale Urteilsgehalt" mit dem „realen Objekt" übereinstimmen könne (Heidegger, 1979, § 44a) und kommt zum Ergebnis, Wahrheit habe „gar nicht die Struktur einer Übereinstimmung zwischen Erkennen und Gegenstand im Sinne einer Angleichung des Seienden (Subjekt) an ein anderes (Objekt)". Und er definiert: „Die Aussage ist wahr, bedeutet: sie entdeckt das Seiende an ihm selbst" (1979, § 44a).

Von einer „Gleichheit" zwischen Aussage und dem von ihr angezielten Gegenstand oder besser Sachverhalt, die Heidegger in seine Überlegung einbezieht, kann in der Tat kaum gesprochen werden. Wenn behauptet wird: „Die Wand ist rot", so hat diese Behauptung weder die Farbe Rot noch sonst eine Qualität der Wand. Sie ist deren Beschaffenheit überhaupt nicht angemessen. Das ergibt sich bereits aus dem konventionalen Charakter der Sprache, demzufolge eine „Naturgemäßheit" für die Bedeutung der Wörter keine Rolle spielt (Keller, 1989, 52–54). Weil sich Heidegger in diesem Kontext zunächst zu sehr auf „Übereinstimmung" festlegt, erwähnt er die eigenartige, zeichenähnliche Beziehung nicht, wie sie der Sprache zukommt, sondern erklärt nur beiläufig: „Das Zeigen ist eine Beziehung, aber keine Übereinstimmung von Zeichen und Gezeigtem" (Heidegger, 1979, § 44 a). Dennoch scheint mir nur in ihr, der Intentionalität im engeren Sinn, von der gleich zu reden sein wird, das Verhältnis anzusiedeln, das in der Adäquationstheorie der Wahrheit angezielt ist, wenn sie von „adaequatio" (Angleichung), „correspondentia" (Entsprechung) oder „convenientia" (Übereinstimmung) spricht.

163 Aber noch schwieriger gestaltet sich die Aufgabe, zu bestimmen, was unter der „res" zu verstehen ist, dem „Gegenstand", auf den in der verbesserten Adäquationstheorie die behauptende Aussage bezogen wird. Man könnte, wie vorgeschlagen, von einem bestehenden Sachverhalt sprechen und festlegen: Wenn der behauptete Sachverhalt besteht, ist die Aussage, die ihn behauptet, wahr; besteht er nicht, ist sie falsch. Dagegen steht jedoch ein Einwand, den vor allem Brentano erhoben hat. W. Stegmüller (1923–1991) fasst ihn so zusammen, „dass man im Falle eines wahren negativen Urteils gar nicht angeben könne, womit dieses Urteil übereinstimmen solle, da es eine solche „Wirklichkeit", gerade wegen der Wahrheit des Urteils im vorliegenden Falle

gar nicht geben könne (z.B. die „Wirklichkeit, womit das Urteil ‚es gibt keine Drachen' übereinstimmen sollte, müsste aus den nichtseienden Drachen bzw. dem fiktiven Sachverhalt des Nichtseins von Drachen bestehen)" (Stegmüller, 1968, 234). Der fiktive Sachverhalt wäre jedoch der gedachte, nicht der wirkliche. Man könnte nun sagen, dass durch das verneinte Urteil („Es ist nicht so, dass es Drachen gibt") ausgedrückt wird, ihm stehe in der Wirklichkeit kein dem positiv formulierten Sachverhalt entsprechender („Es gibt Drachen") gegenüber. Aber weil sich jedes bejahende Urteil in ein ziemlich bedeutungsgleiches verneinendes umformulieren lässt („Es gibt Drachen": „Es ist nicht so, dass es keine Drachen gibt"), aber etwa auch wegen der als Sachverhalte gefassten logischen Zusammenhänge, ist besser darauf hinzuweisen, dass unter „Sachverhalt" kein Verhältnis zwischen Dingen oder zwischen voneinander trennbaren Dingen und Eigenschaften oder ähnlichem zu verstehen ist, wie etwa Wittgenstein im „Tractatus" angibt: „Der Sachverhalt ist eine Verbindung von Gegenständen (Sachen, Dingen)." (TLP, Nr. 2.01). Hier ist wohl der Wortteil „Sach-" irreführend. Vielmehr ist mit Sachverhalt nur gemeint, was die normale Sprache ausdrückt, wenn sie feststellt „Es verhält sich so und so", also alles, was sich in einer nicht aus anderen Sätzen zusammengesetzten einfachen Behauptung formulieren lässt; die scholastische Philosophie nannte das ein „enuntiabile", das „Aussagbare". Es darf nämlich nicht unterstellt werden, die Wirklichkeit sei ebenso strukturiert wie unsere Sprache oder unser sprachlich gefasstes Wissen von ihr, so dass der Gesamtheit der formulierbaren und auf die Wirklichkeit bezogenen Aussagen, sofern sie wahr sind, eine ebensolche Gesamtheit von bestehenden Sachverhalten entspräche. Eine solche Auffassung ist sehr alt und verbreitet; sie findet sich nicht nur bei vielen Vertretern der Adäquationstheorie des Erkennens im Marxismus oder in der Widerspiegelungstheorie der Meinung des frühen Wittgenstein, der diese Position im „Tractatus" in aller Deutlichkeit vertritt, etwa mit den Sätzen: „1 Die Welt ist alles, was der Fall ist. 1. 1 Die Welt ist die Gesamtheit der Tatsachen, nicht der Dinge", „2 Was der Fall ist, die Tatsache, ist das Bestehen von Sachverhalten", „3 Das logische Bild der Tatsache ist der Gedanke" und „4 Der Gedanke ist der sinnvolle Satz".

Diese Meinung führt aber nicht nur zu den genannten Schwierigkeiten, auf die Brentano aufmerksam macht, oder zu so merkwürdigen Problemen wie dem Heideggers, der von der Aussageformulierung „es gibt", wohl weil er in ihr einen bestehenden Sachverhalt ausgedrückt sieht, zu dem Vorhaben übergeht: „Wir versuchen, das Es und sein Geben in die Sicht zu bringen und schreiben das ‚Es' groß" (Heidegger, 1969, 5).

164

Von ihr aus ist es auch schwer, darzutun, wie sich eine wahre Aussage mitteilen lässt (Keller, 1977). Vor allem aber beruht sie darauf, dass verkannt wird, wie wir mittels der Sprache die Wirklichkeit ordnen. Die Struktur der Welt, die wir erkennen, ist uns nämlich weder geordnet vorgegeben, noch wird sie völlig vom Erkennenden hervorgebracht. Aus der Vielfalt der unterschiedlichen Eindrücke grenzen wir vielmehr erst durch die Sprache einige heraus, ziehen also die Grenzen selbst mittels der Sprache, finden sie nicht schlechthin vor, wenn sie auch dem einzelnen, da er sich seine Sprache nicht frei schafft, sondern sie weithin übernimmt, eben durch die übernommene Sprache vorgegeben erscheinen. E. Cassirer (1874–1945) schildert diesen Prozess des sprachlichen Ordnens der Wirklichkeit treffend so: „Die Wörter der Sprache sind nicht sowohl die Wiedergabe feststehender Bestimmtheiten der Natur und der Vorstellungswelt, als sie vielmehr die Richtungen und Richtlinien des Bestimmens selbst bezeichnen. Hier steht das Bewusstsein der Gesamtheit der sinnlichen Eindrücke nicht passiv gegenüber, sondern es durchdringt sie und erfüllt sie mit seinem eigenen inneren Leben ... Hier werden nicht irgendwelche vorhandenen, in der Empfindung oder Vorstellung gegebenen Unterschiede des Bewußtseins einfach fixiert und mit einem bestimmten Lautzeichen, gleichsam als Marke, versehen, sondern es werden die Grenzlinien innerhalb des Ganzen des Bewußtseins erst selbst gezogen" (Cassirer, 1973, 260f).

165  Demnach ist auch der Sachverhalt nicht ein unabhängig von der Sprache in der Wirklichkeit vorhandenes Verhältnis von Dingen zueinander oder zu ihren Eigenschaften oder ähnlichem. Vielmehr erfassen wir, was Sachverhalt ist, in den behaupteten Aussagen. Er ist ihre Bedeutung, ihr Sinn. Hier unterscheidet sich unsere Terminologie von der G. Freges (1848–1925), der Sinn und Bedeutung verschieden interpretiert und für den die Bedeutung einer (behaupteten) Aussage ihr Wahrheitswert ist. Abweichend vom normalen Sprachgebrauch haben wir für ihn alle wahren Aussagen folglich die gleiche Bedeutung, aber einen unterschiedlichen Sinn. Zwar kann man feststellen, der deutsche Satz „Ich sprach zu ihm" und der englische „I spoke to him" hätten (ungefähr) die gleiche Bedeutung oder sie sagten denselben Sachverhalt aus; aber das darf dennoch nicht zur Meinung verführen, der Sachverhalt bestünde unabhängig von der jeweiligen Aussage, da es keine freischwebenden Bedeutungen gibt (158).

Wenn nun ein derartiger behaupteter Sachverhalt nicht ebenso in der Wirklichkeit vorkommt, so fragt es sich, was ihm da entsprechen muss, damit die Behauptung als wahr gelten kann. Dies lässt sich nur in einem Rahmen erläutern, der das Verhältnis von Sprache und Wirklichkeit ganz allgemein bestimmt und in dem sich auch erst bestimmen

lässt, was unter „Wirklichkeit" zu verstehen ist, nämlich in einer Erörterung der Intentionalität in einem engeren Sinn.

## e) Intentionalität und Wirklichkeit

Man kann die Sachverhalte, insofern wir sie denken, wünschen, in
Fragen oder Plänen anzielen, auch „intentionale" Sachverhalte nennen.
Der Begriff „Intention" – nicht zu verwechseln mit dem damit verwandten der „Intension" einer Bedeutung (22) – wurde in der scholastischen Philosophie des Mittelalters aus der lateinischen Tradition
übernommen und zu einem Fachausdruck weiterentwickelt, dem jedoch bereits Thomas von Aquin Doppeldeutigkeit bescheinigt (Thomas, De Ver., q. 21 a. 3 ad 5m). Eine ähnliche Uneindeutigkeit behält
er auch in seiner Verwendung in der neueren Philosophie, wo er in
Weiterführung der Lehren Brentanos vor allem von Husserl gebraucht
wird und in der Phänomenologie und der philosophischen Anthropologie eine wichtige Rolle spielt. Dabei kann Intentionalität zunächst
als Merkmal der bewussten Akte überhaupt gelten, insofern sie sämtlich auf etwas bezogen sind, wie die Beispiele verdeutlichen: Ich wünsche mir ein Buch; ich denke an meinen letzten Theaterbesuch; ich
sehe die Zugspitze; ich fühle mich müde.

Der letztgenannte Fall macht deutlich, dass es sich bei dem Bezie-
hungsobjekt dieser Akte nicht immer um einen Gegenstand im engeren
Sinn handeln muss. Husserl unterscheidet in diesem Zusammenhang
zwischen den reellen und den intentionalen, irreellen Gehalten des
Bewusstseinslebens; die reellen Gehalte „noesis" genannt, sind die
zeitlich ablaufenden psychischen Akte; die „intentionalen Gegenstände", das Vermeinte, nennt er hingegen „noema" und fasst die Intentionalität als Korrelation zwischen „noesis" und „noema". Es ist allerdings darauf hinzuweisen, dass daraus Verwirrung entstehen kann,
wenn man nicht beachtet, dass in den angeführten Beispielen die beiden letzten Fällle durchaus keinen irrealen Gegenstand der Akte nennen, wenn sie eine Wahrnehmung auf „Zugspitze" oder „Müdigkeit"
beziehen. Vielmehr ist der bewusste Akt der Wahrnehmung gerade
gekennzeichnet dadurch, dass sein Gegenstand wirklich vorliegt.
Deshalb sollte man in einem engeren Sprachgebrauch den Ausdruck
„intentional" den Gebilden vorbehalten, die nur vermeint, gedacht,
gewünscht oder eben „angezielt" sind, entsprechend der ursprünglichen lateinischen Bedeutung von „intendere": „hinstrecken", „aus-
richten", „abzielen". Wie bereits bei der Abhebung des Fragens vom
Suchen angegeben (4f.), lässt sich eine vorsprachliche Ausrichtung
von sprachlich gefassten Abzielen unterscheiden. Dieses verstehen

wir als „Intentionalität" im genauesten Sinn. Sie kennzeichnet die menschliche Sprache, insofern wir mit ihr auf etwas anderes verweisen oder abzielen; dadurch kommt ihre semantische Bedeutung zustande (21). Wittgenstein macht deutlich, dass dabei der Sprachbenutzer der Zielende ist: „Wenn man meint, so meint man selber; so bewegt man sich selber ... Ja; meinen ist, wie wenn man auf jemanden zugeht" (Wittgenstein, PhU 1, Nr. 456f.).

168 Das derart Angezielte kann nun selbst real oder nur möglich oder sogar unmöglich sein. Als „real" oder „wirklich" wird es gerade dann bezeichnet, wenn es nicht nur angezielt ist, wie wir besonders deutlich erfahren, falls es unseren Zielen oder Absichten widersteht (137). Daher lassen sich die Begriffe „wirklich" und „Wirklichkeit" erst in der Gegenüberstellung zu „intentional" bestimmen: Das Wirkliche ist das, dem nicht nur als Angezielten Sein zukommt. Das Angezielte hat zwar bereits im Anzielen, also etwa als Gedachtes, Erwünschtes, Erstrebtes „intentionales Sein"; dadurch ist es aber nicht wirklich. „Wirklichkeit" besagt auch nicht dasselbe wie „Denkunabhängigkeit". Denn ein Denkakt, die „noesis" im Husserlschen Sinn, kommt ja gerade dadurch zustande, dass gedacht wird; er besteht in diesem Sinn also nicht denkunabhängig; dennoch ist er wirklich; er ist dadurch, dass ich ihn im Denken vollziehe, noch nicht intendiert. Erst wenn ich reflex über ihn nachdenke, ihn zum Gegenstand meines Denkens mache oder – da im Denken sprachlich formuliert wird und auch diese sprachliche Strukturiertheit wirklich ist – wenn ich metasprachlich über ihn spreche, wird er dadurch angezielt und erhält so intentionales Sein. Diesem Sein kann dann ein wirkliches entsprechen oder nicht.

In dieser Aufteilung des Seins, das sich so als allumfassender, ganz eigenartiger Begriff zeigt, in intentionales und wirkliches, in der Gegenüberstellung von Intentionalität und Wirklichkeit, liegt die grundlegende Unterscheidung alles Erkennens. Selbst der Gegensatz zwischen Sein und Nichts, wie er sich etwa im Nichtwiderspruchsprinzip ausdrückt, ist ihm gegenüber sekundär. Die Wörter „nicht" oder „nichts" sind offenkundig keine sinnlosen Silben, sondern sie bedeuten etwas. Weil aber alle sprachliche Bedeutung darin liegt, dass mit einem sprachlichen Gebilde etwas angezielt oder intendiert wird, muss man etwa auch dem „Nichts" intentionales Sein zuerkennen. Genau besehen hat es als geäußerte oder gedachte Lautfolge wirkliches Sein, in seiner Bedeutung hingegen intentionales. Nur besagt dies gerade, dass diese Intention ins Leere geht, in der Wirklichkeit keine Erfüllung findet.

169 Der Ausdruck „Erfüllung", aus der normalen Sprache hergeleitet, die von „erfüllten Wünschen, Bedürfnissen und Strebungen" spricht, lässt sich für Beziehungen durch Beispiele einführen: Gesetzt die Bezie-

hung sei etwa ein Größenverhältnis zwischen Personen, dann erfüllt Karl die Beziehung „x ist größer als Franz", wenn er größer ist. Falls Franz jedoch der längere Mensch wäre, bliebe die Relation unerfüllt.

Die Negativität, der die Ausdrücke wie „nein", „nichts", „kein" und ähnliche zugeordnet sind, kommt mir nun gerade dadurch erst in den Blick, dass die Beziehung der Intentionalität unerfüllt bleibt, dass also die Intention ins Leere zielt, entweder völlig („nichts stellt ihn zufrieden") oder unter einer bestimmten Rücksicht („Diese Wand ist nicht weiß"). Die in der Aussage „Diese Wand ist weiß" ausgedrückte Intention geht ins Leere, findet keine Entsprechung in der Wirklichkeit.

### f) Wahrheit als erfüllte Intention einer behauptenden Aussage

Auf diesem Hintergrund lässt sich nun bestimmen, wie das Kriterium beschaffen ist, das eine behauptende Aussage zu einer wahren macht, wie also „Wahrheit" definiert werden kann. Zuvor ist jedoch noch eine Doppeldeutigkeit auszuräumen, die auch dem auf Aussagen beschränkten Begriff „Wahrheit" noch zukommen kann, indem hier der so genannte „substantivistische Wahrheitsbegriff" zurückgewiesen wird. Er kommt dadurch zustande, dass man die wahre Aussage selbst „Wahrheit" nennt und – da es beliebig viele wahre Aussagen geben kann – auch den Plural „Wahrheiten" bildet, also etwa von „Wahrheiten des Glaubens" oder von einer „Binsenwahrheit" spricht. In dieser Terminologie unterscheidet G. W. Leibniz (1646–1716) die Vernunftwahrheiten (verités de Raisonnement), auch ewige oder notwendige Wahrheiten genannt, zu denen die Prinzipien der Metaphysik und Logik oder die mathematischen Ableitungen gehören, von den zufälligen oder Tatsachenwahrheiten (verités de Fait) (Leibniz, Monadologie, Nr. 33f.). In dieser Erkenntnistheorie wird hingegen nur vom so genannten „attributiven Wahrheitsbegriff" Gebrauch gemacht, der „wahr" als (metasprachliches) Attribut von behauptenden Aussagen und Wahrheit als deren Beziehungen zur entsprechenden Wirklichkeit fasst.

Was das heißt, die Wirklichkeit entspreche der Intention einer behauptenden Aussage, lässt sich nicht von woanders her als bekannt voraussetzen oder aus einem Vergleich mit gleichartigen Beziehungen erhellen. Die Aussage gleicht sich etwa der Wirklichkeit nicht so an, wie sich die Rentenerhöhung der Lohnsteigerung angleicht, und sie stimmt mit ihr auch nicht überein wie die Farbe der Tapete mit der des Vorhangs; am ehesten entspricht die Wirklichkeit einer Behauptung wie eine Ferienreise meinen Vorstellungen entspricht, weil es hier auch um eine Intention und ihre Erfüllung geht. Allerdings wird die

Eigenart der sprachlichen Intention und die spezifische Weise, wie sie erfüllt wird, in ihrer Eigentümlichkeit nur an der gelungenen semantischen Funktion der Sprache selbst aufweisbar, und was es heißt, eine Behauptung treffe zu, lässt sich nur durch den Hinweis auf eine vorliegende wahre Aussage selbst deutlich machen.

172  Als annähernd treffendes Beispiel ließe sich höchstens die semantische Bedeutung wirklichkeitsbezogener Begriffe anführen. Man könnte etwa sagen, der Begriff „grün" treffe auf eine bestimmte Farbe zu, sie entspreche ihm, d.h., das, was ich mit dem Wort „grün" intendiere, findet sich in einer Fläche mit einer gewissen Färbung erfüllt. Das ist aber nicht so zu verstehen, als ob diese Fläche in ihrer Farbe dem völlig gleich sei, was die Intention des Begriffs „grün" ausmacht. Die ist nämlich so unbestimmt, dass sie eine Menge verschiedener Farbnuancen einbezieht, während die Fläche etwa eine ganz bestimmte Farbabstufung verwirklicht; der Begriff ist außerdem allgemein, die Verwirklichung immer einzeln, hier und jetzt vorliegend, also an eine bestimmte Raum-Zeit-Stelle gebunden. Bereits Thomas von Aquin hat daher festgestellt: „Wenngleich das, was der Verstand erkennt, in der Sache (Wirklichkeit) sein muss, so doch nicht auf die gleiche Weise" (Thomas, Metaphysik, l. 1, lect. 10, Nr. 158). Aber selbst das, was der Begriff besagt, muss nicht in der ganzen Extension verwirklicht sein – und ist es wohl nie –, auf die der Begriff sich erstreckt, zumal deren Grenzen nie festliegen (zur Grenzunschärfe: Keller, 1989, 107–109). Es genügt also aus allen möglichen Blumen eine wirkliche, damit dem Begriff „Blume" Realgeltung zugesprochen werden kann, damit also seine Intention Erfüllung in der Wirklichkeit findet.

173  Ähnliches gilt nun für behauptende Aussagen und ihr Zutreffen, ihre Wahrheit. Ich kann etwa, wie es die Logik vorschlägt, die Aussage „Irgendein weißes Blatt ist rechteckig", die einen Sachverhalt auszudrücken scheint, so auflösen, dass mehrere Sachverhalte darin addiert erscheinen, nämlich schreiben: „Es gibt ein x, für das gilt: x ist ein Blatt, und x ist weiß, und x ist rechteckig" oder in einer symbolischen Schreibweise, wenn „B" für „ist ein Blatt", „W" für „ist weiß" und „R" für „ist rechteckig" steht: „$Vx\ (B(x) \land W(x) \land R(x))$. Falls diese Aussage als Behauptung aufträte und dann – da es weiße rechteckige Blätter gibt – wahr wäre, besagte das dennoch nicht, dass in der Wirklichkeit eine ähnliche Zusammensetzung von Sachverhalten oder von etwas Weißem und etwas Rechteckigem und etwas Blattartigem, oder von Weiße und Rechteckigkeit oder dergleichen angenommen werden müsste, zumal sich etwa das Prädikat „ist weiß" auch durch den Ausdruck „ist farbig, aber weder bunt noch schwarz oder grau" wiedergeben ließe, der wieder – zur Aussage ergänzt – als Addition von positiven und negativen Sachverhalten geschrieben werden könnte.

Die Vielfalt der ausdrückbaren Sachverhalte, die sich bezüglich jedes Objektes beliebig vermehren lässt und in unterschiedlichen Sprachen noch wiederum verschieden ausfällt, gibt also keine entsprechend vielfältige Wirklichkeit wieder, sondern sie stellt nur den mannigfaltigen sprachlichen Zugriff zur Welt dar, den wir durch die Intention unseres Sprechens vollziehen, wenn wir über die Welt reden. So ist auch die „Als-Struktur" der erkannten Wirklichkeit (73) nicht sprachunabhängig gegeben und hängt zudem von der Rücksicht, dem „Formalobjekt" (45) ab, unter der wir an die Wirklichkeit herangehen. Wir zielen in verschiedener, sprachlich geformter Weise und unter verschiedenen Rücksichten, gleichsam mit unterschiedlichem Raster und von wechselnden Seiten aus, auf die eine Wirklichkeit, und können dann erfahren, dass unser Zielen trifft, ähnlich wie wir erleben können, dass sich eine Erwartung erfüllt.

Wir können nun nicht nur mit Fragen, Wünschen, Handlungsanweisungen auf diese Wirklichkeit aus sein, sondern auch im Behaupten. Und eben im Zutreffen einer behauptenden Aussage besteht ihre Wahrheit.

Gewiss mag die Definition banal erscheinen: „Wahr" nennen wir eine behauptende Aussage dann und nur dann, wenn sie zutrifft" und „Wahrheit ist die intentionale Beziehung einer behauptenden Aussage, die genau dann besteht, wenn diese Intention erfüllt ist" (und das heißt „in der Wirklichkeit" erfüllt ist, denn darauf geht die Beziehung). Wenn man aber beachtet, wie vieler Mühe es bedarf, die Missverständnisse abzuwehren, die sich an dieses „Zutreffen" oder „Erfülltsein" heften können, und diese Überlegungen in ihr Verständnis einbezieht, erweist sie sich durchaus nicht als inhaltsarm. Allerdings ist einzuräumen, dass sich der Sinn dieser Worte erst am Beispiel wahrer Aussagen einführen lässt, indem man etwa ähnlich wie in der semantischen Wahrheitstheorie erläutert: Die Aussage „es schneit" trifft genau dann zu (: ist genau dann wahr), wenn es schneit. Man kann dann zur Verdeutlichung, nachdem „wirklich" als Gegenbegriff zu „nur intendiert" (167) eingeführt ist, dieses Wort hinzufügen und sagen: „wenn es wirklich schneit", aber das ist überflüssig, denn darin liegt die Intention der Aussage „es schneit".

Es ist nur darauf zu achten, dass unter „Wirklichkeit" nicht nur die Gesamtheit dessen verstanden wird, was existiert, sondern auch etwa logische, mathematische oder metaphysische Zusammenhänge, da es sich erweist, dass die Verknüpfung auch von Intendiertem Gesetzmäßigkeiten unterworfen ist, die nicht nur bestehen, insofern sie selbst intendiert sind, die also nach unserer Festlegung als wirklich bezeichnet werden müssen, selbst wenn sie nach üblichem Sprachgebrauch kaum als existent bezeichnet werden dürften.

176 Somit lassen sich drei zusammengehörige Elemente unterscheiden, die erforderlich sind, damit Wahrheit zustande kommt: 1. eine behauptende Aussage; 2. das, worauf sie – in der Wirklichkeit – zutrifft; 3. die damit ohne weiteres erfüllte Beziehung des Zutreffens, in der genau die Wahrheit besteht. Von „Wahrheitserkenntnis" im genauen Sinn sollte also nur gesprochen werden, wenn diese Relation zwischen Behauptung und Wirklichkeit selbst Gegenstand unseres Erkennens ist. In diesem Zutreffen allein – und nicht etwa darin, dass ich es erkenne oder nachweisen kann – liegt auch das Kriterium für die Wahrheit, anders ausgedrückt: die Wahrheit ist ihr einziges Kriterium, oder mit den Worten Spinozas gesagt: „Das Wahre ist Kennzeichen seiner selbst und des Falschen" (134), denn die behauptende Aussage ist auch dann und nur dann falsch, wenn sie nicht zutrifft.

177 Abkürzend könnte man von einem Sachverhalt, der zutrifft, auch sagen, er sei „wirklich" oder „verwirklicht" (gemäß der umgangssprachlichen Formulierung „es verhält sich so"), wenn man nur festhält, dass damit nicht ein in der sprachlichen Struktur gleicher Aufbau der Wirklichkeit behauptet wird. Gesetzt, die Aussagen „die Sonne scheint" oder „Mondlicht erhellt die Nacht" seien wahr, so muss deswegen dennoch nicht angenommen werden, eine individuelle Substanz mit Namen „Sonne" übe in der Wirklichkeit die Tätigkeit des Scheinens aus oder eine als „Nacht" genannte, als ein Subjekt, das auf ein Objekt einwirkt. Deshalb sagt man auch besser nicht, ein Sachverhalt bestehe. Falls der behauptete Sachverhalt kontingent ist, d.h. nicht notwendig zutrifft (wohlgemerkt: eine Behauptung als Akt, als „noesis", ist immer kontingent), dann heißt er, wenn er im genannten Sinn verwirklicht ist, „Tatsache". Das, was der Fall ist, obwohl es auch nicht der Fall sein könnte, heißt „das Tatsächliche".

178 Auf einen bedenkenswerten Unterschied der Tatsache, des Zutreffens eines kontingenten Sachverhaltes auf die Wirklichkeit, von dieser „getroffenen" Wirklichkeit selbst, macht W. Stegmüller aufmerksam: „Ein Mensch wird geboren und stirbt; er hat einen zeitlichen Beginn und ein zeitliches Ende; außerdem ist er ein räumlich begrenztes organisches Wesen. Die Tatsache hingegen, dass dieser Mensch (an dem und dem Ort und zu der und der Zeit) geboren wurde und starb, ist weder ein räumlich begrenztes Objekt, noch hat sie einen zeitlichen Beginn oder ein zeitliches Ende. Mit der Geburt des Sokrates ist nicht die Tatsache seiner Geburt zur Welt gekommen, und mit seinem Tode ist nicht die Tatsache seines Ablebens gestorben" (Stegmüller, 1, 1974, 253). Er nennt deshalb die Tatsache eine „zeitlose Entität". Er fasst zwar auch Sachverhalte als zeitlos auf, das scheint mir jedoch nicht im gleichen Sinn zu gelten, denn Sachverhalte bestehen nur als

intentionale Gebilde, dagegen ist das Zutreffen wirklich. Bedenkenswert scheint nun gerade, dass das Zutreffen eines kontingenten Sachverhalts auf eine ebenso kontingente Wirklichkeit nicht selbst gleichermaßen kontingent ist, wie Tatsachen, wenn sie eingetreten sind, etwas Notwendiges an sich haben, worauf Aristoteles in der Nikomachischen Ethik hinweist, wenn er bemerkt, dass "Vergangenes unmöglich ungeschehen gemacht werden kann. Daher hat Agathon recht: Das eine nämlich ist auch einem Gott versagt, zu machen ungeschehen, was geschehen ist" (NE VI, 1139 b). Deshalb ist auch die Wahrheit, selbst wenn sie auf Vorübergehendes bezogen ist, zeitlos, insofern sie ein für allemal gilt.

*Literatur:*

Becker 1988.
Franzen 1982.
Simon 1978.
Kolmer 2005

## II. Ermöglichung einer voraussetzungslosen Wahrheitserkenntnis

### 1. Einwände gegen die Voraussetzungslosigkeit

Der Frage, ob der Mensch die Wahrheit erkennen könne, wurde oft zu Recht in der Erkenntnistheorie eine erhebliche Bedeutsamkeit zuerkannt; aber fast ebenso oft wurde ihre Bedeutung dahingehend fehlinterpretiert, dass "die Wahrheit" ein irgendwo verborgener Erkenntnisschatz sei, den es zu entdecken gelte. Sie hat jedoch erkenntnistheoretisch schlicht den Sinn, ob der Mensch fähig sei, das Zutreffen einer behaupteten Aussage zu erkennen, denn eben das versteht die Erkenntnistheorie unter "Wahrheit". Wie man nun allgemein die Möglichkeit eines kontingenten Sachverhaltes – und das heißt nicht, ob er sich widerspruchsfrei denken lässt, sondern ob er verwirklichbar ist – nur aus seiner tatsächlichen Verwirklichung erkennt, wofür aber ein Fall genügt, so lässt sich auch die Fähigkeit, die ja ebenfalls eine Möglichkeit besagt, nämlich das Vermögen des Handelnden, etwas zu vollbringen, allein daraus erweisen, dass er das tut, wozu seine Fähigkeit in Frage steht. Ob der Mensch der Wahrheitserkenntnis fähig ist, lässt sich also dadurch entscheiden, dass ein Fall vorgelegt wird, wo das Zutreffen einer behaupteten Aussage erkannt wird.

Allerdings ist zunächst dem Einwand zu begegnen, dass diese wie alle Erkenntnis nicht voraussetzungslos vonstatten gehen könne. Falls nämlich Voraussetzungen zugelassen würden, verlören alle davon abhängigen Erkenntnisse ihren Sinn. Unter „Voraussetzung" ist dabei eine Annahme verstanden, über deren Wahrheit nichts ausgemacht ist, die also auch falsch sein könnte. Nun gilt aber nach der Logik, dass sich aus einem falschen Satz in dem Sinn alles folgern lässt („ex falso sequitur quodlibet"), dass bei einem falschen Vordersatz eine Implikation sowohl zum wahren wie zum falschen Folgesatz besteht (53). Gesetzt also – womit bei einer Voraussetzung eben zu rechnen ist – der vorausgesetzte Ausgangssatz sei falsch, dann bleibt es für alle davon abhängigen Aussagen offen, ob sie als wahr oder als falsch anzusehen sind, sie bleiben ohne Wahrheitswert. So würde auch die Feststellung, der Mensch sei der Wahrheit fähig – ebenso wie deren Leugnung – haltlos, falls sie von Voraussetzungen ausgehen müsste.

Nun kann aber nicht allein deswegen, weil wir aus erkenntnistheoretischem Interesse auf Voraussetzungslosigkeit angewiesen scheinen, schon deren Möglichkeit behauptet werden. Wir dürfen sie selbst nicht als möglich voraussetzen, sondern müssen sie als tatsächlich erweisen. Allerdings bräuchte man diesen Nachweis gar nicht erst zu versuchen, wenn die Unmöglichkeit einer voraussetzungslosen Erkenntnis bereits feststünde, wie gerade auch etliche zeitgenössische Philosophen unterstellen (119–138). Obwohl man gegen deren Ausführungen sämtlich einwenden könnte, dass sie sich gerade dadurch selbst entkräften, dass sie nach ihrem eigenen Urteil von Voraussetzungen ausgehen, weil dann auch die Wahrheit oder Zulässigkeit ihrer Thesen und Argumente offen bleibt, eben insofern sie von Voraussetzungen abhängen, so verdienen doch etliche Beachtung, schon um zu ergründen, wieso sich die Überzeugung von der Vorurteilshaftigkeit allen Erkennens derart ausbreiten konnte. Man kann die Gründe, wonach Voraussetzungslosigkeit unmöglich sei, dahin zusammenfassen, dass einmal jede einzelne menschliche Erkenntnis nur in einem größeren, sie überschreitenden und bedingenden Zusammenhang auftrete, als Element in einem System etwa oder als Ausschnitt in einem Ablauf oder als Ergebnis eines vorangehenden Prozesses; oder dass zum anderen der Mensch sich nicht außerhalb seiner Erkenntnis stellen könne, um sie von da zu beurteilen, dass er ihrer Eigenart und ihren Grenzen also ausgeliefert sei, ohne sich darüber Rechenschaft geben zu können.

Dass sich nicht alles beweisen lässt, dass ich mit dem Erkennen nicht bewusst anfangen kann, und dass ich biologisch, psychologisch und soziologisch bedingt erkenne, sind Argumente aus der Einordnung des Erkennens in einem umfassenderen Zusammenhang. Dass ein Satz nur ausgehend von anderen Sätzen bewiesen werden kann, mag als ein-fachstes Modell der Abhängigkeit einer Erkenntnis von einer anderen gelten. Dass diese anderen Sätze aber vorausgesetzt werden müssten, ergäbe sich nur, wenn für alle Sätze ein Beweis zu fordern wäre – eine Forderung, von der bereits Aristoteles lapidar sagt: „Mangel an Bil-dung ist es, wenn man nicht weiß, wofür ein Beweis zu suchen ist und wofür nicht" (Aristoteles, Met. 4, 1006a); Sätze lassen sich nämlich nicht nur durch Beweise, sondern etwa auch durch Wahrnehmungen oder Einsichten begründen. Erst unter der Voraussetzung, die nicht nur ungeprüft, sondern – wie gezeigt werden wird – sogar falsch ist, dass derartige Begründungen nicht möglich seien, lässt sich also mit diesem Argument die Unmöglichkeit von Voraussetzungslosigkeit begründen (44; 95 bis 98).

Ähnlich wie ich mich nicht vorgängig zur Freiheit für sie entschließen kann (79), so kann ich auch nicht bewusst mit dem Erkennen schlecht-hin anfangen, denn wenn ich etwas bewusst beginnen will, dann kann ich das nur, wenn ich bereits bei Bewusstsein bin, also mich im Er-kennen bereits vorfinde. Zwar kann ich einen einzelnen Erkenntnis-prozess gezielt angehen, mich etwa einer mathematischen Aufgabe zuwenden, aber dann beginne ich nicht aus einem Stadium der Bewusstlosigkeit heraus, sondern von einem bestimmten Erkenntnis-zustand her. Ich kann auch „zu Bewusstsein kommen", indem ich etwa aus dem Schlaf oder aus Bewusstlosigkeit erwache, aber – und das ist philosophisch bedenkenswert – das Erwachen ist kein Prozess, den ich durch einen bewussten Entschluss in Gang setzen könnte, da ich zu einem solchen Entschluss bereits wach sein müsste. Nicht ich bringe mich zum Bewusstsein, dazu führen unbewusste Prozesse, denen ich unterliege. Dass man dennoch sagt „ich erwache" liegt daran, dass wir dem Menschen zwei Arten von „Tätigkeiten" zuschreiben, die ihm auf recht unterschiedliche Weise zukommen und die Thomas von Aquin als „actiones humanae" und „actiones hominis" voneinander abhebt (S. Th. I–II, q.1 a. 1), also als menschliche Tätigkeiten und Tätigkeiten des Menschen. Als menschliche Tätigkeiten gelten nur jene, die je-mand mit Willen und Überlegung vollbringt, oder – wie Thomas sagt – deren der Mensch Herr ist; alle übrigen, alles was sonst ein Mensch bewirkt, zählte zu den Tätigkeiten des Menschen. Am Beispiel erläu-tert: Wer sich auf einen Stuhl setzt, übt Druck auf ihn aus und erwärmt die Sitzfläche, auch wenn er daran nicht denkt und das nicht beabsich-tigt: eine „actio hominis", nicht „humana", denn diese Wirkung könnte ähnlich auch von einem anderen Körper hervorgebracht werden. Wenn jemand jedoch sich bewusst entschlösse, auf einem bestimmten Stuhl Platz zu nehmen oder sitzen zu bleiben, dann wäre dieser Entschluss, wäre diese Handlung nicht nur die eines Menschen, sondern eine

184

menschliche, weil nur ein Mensch sie vollbringen kann. Da wir, ebenso wenig wie wir unsere Existenz durch Beschluss zustande bringen können, sondern uns existierend vorfinden, auch unser Erkennen insgesamt nicht in einem eigenen Entschluss zu beginnen vermögen, sondern nur feststellen können, dass wir erkennen, zählt erstaunlicherweise der Anfang unseres Erkennens, die Bedingung für alles weitere menschliche – und vielleicht als „actio humana" bewusst in die Wege geleitete – Erkennen nicht zu den menschlichen Tätigkeiten, sondern zu den Tätigkeiten des Menschen, wie die spontanen körperlichen Auswirkungen, die von uns ausgehen.

So finden wir uns also, auch wenn wir voraussetzungslos erkennen möchten, in einem „Bewusstseinsstrom" vor, der unser jeweiliges Erkennen unausweichlich mitbedingt und dessen wir nicht völlig Herr sind, selbst wenn in ihm auch andere „actiones humanae", nämlich eigenständig beschlossene Erkenntnisakte enthalten sind. Aber nicht nur ist alles jeweilige Erkennen in einen Fluss anderer Erkenntnisakte eingebettet, sondern diese insgesamt gehören ihrerseits zu einem Netz psychischer Wechselbeziehungen, werden also etwa von Interessen gesteuert, gefördert oder gehemmt; die individualpsychischen Vorgänge werden wieder von sozialen Zusammenhängen beeinflusst und sind etwa auch Produkt eines biologischen Entwicklungsprozesses, der sowohl im einzelnen Individuum als auch in der Geschichte der Evolution bis zum jetzigen Stand der Erkenntnisfähigkeit geführt hat. Gerade dieser letzte Aspekt ist neuerdings durch so genannte genetische, biologische oder evolutionäre Erkenntnislehren unterstrichen worden (52) (z.B. Piaget, 1973; Riedl, 1980; Vollmer, 1981; Engels, 1990). Nimmt man zu diesen Argumenten noch jene, die in der gegenwärtigen Philosophie sonst noch gegen die Möglichkeit vorurteilsfreien Erkennens vorgetragen werden (119–138), dann addieren sie sich zu einem beeindruckenden Plädoyer wider die Forderung nach Voraussetzungslosigkeit. Bleibt man dabei, dass sie sich dennoch sämtlich selbst entkräften, insofern sie nach eigenem Eingeständnis von Voraussetzungen – und das besagt: ungeprüften, also möglicherweise falschen Annahmen – ausgehen, so scheint das Ergebnis der Auseinandersetzung doch das skeptizistische Eingeständnis, dass keine der beiden Seiten vertretbar erscheint: die nicht, die Voraussetzungen für gänzlich unvermeidbar hält, weil sie dann selbst möglicherweise aufgrund falscher Voraussetzungen falsch ist, die andere, die die Voraussetzungslosigkeit fordert, aber auch nicht, weil diese Forderung unerfüllbar erscheint.

*Literatur:*

Jankowitz 1975.
Wolf 1979.

## 2. Unterscheidung zwischen Voraussetzung und Vorbedingung

Dass sie dennoch – zumindest in dem einen oder anderen Fall – erfüllt werden kann, lässt sich nur zeigen, wenn man zunächst eine weithin übersehene Unterscheidung beachtet, nämlich die zwischen Vorbedingungen und Voraussetzungen. Unter „Voraussetzungen", zu denen auch die Vorurteile im genauen Sinn gehören, versteht man wortgemäß „Setzungen", nämlich Sätze, und zwar genauer behauptende Aussagen, die als wahr angenommen werden, ohne dass sie für diese Annahme auch als wahr ausgewiesen wären. Für sie gilt, dass sie alle weiteren Sätze, die auf sie aufbauen, dahin entwerten, dass auch über deren Wahrheit dann nichts auszumachen ist (179). „Vorbedingungen" hingegen – hier kann der Wortteil „ding" Merkhilfe sein – heißen nicht Setzungen, sondern wirkliche Dinge oder Zustände oder Abläufe und Beziehungen, die vorhanden sein müssen, damit etwas anderes – in unserem Fall Erkenntnisse – zustandekommen kann. Von Voraussetzungen hängen davon logisch hergeleitete Sätze ab, von Vorbedingungen eine dadurch ermöglichte Wirklichkeit. Diese Sprachregelung kann weder auf die normale Sprache noch auf eine fachsprachlich eingeführte Terminologie zurückgreifen (obwohl sie schon de Vries, 1937, 26 vorstellt), aber sie trifft einen sachlichen Unterschied. Man kann „Bedingung" in dem weiten Sinn gebrauchen, dass auch Voraussetzungen darunter fallen, zumal man auch von „logisch Bedingtem" oder von „Bedingungssätzen" redet, hingegen den Ausdruck „Vorbedingung" auf die „reale Bedingung" beschränken, bei der noch zwischen Ursache und bloßer Bedingung zu unterscheiden wäre, die den Einfluss des Verursachens ermöglicht (Licht wäre demnach Bedingung, aber nicht Ursache dafür, dass jemand mit einem Pfeil ins Ziel trifft).

Nach dieser Unterscheidung gibt es eine Unmenge von Vorbedingungen für das Zustandekommen des Erkennens (genau besehen der Erkenntnisakte, der „noesis"). Dass wir leben, atmen, unser Gehirn durchblutet ist, dass wir nicht bewusstlos sind, wären nur einige dieser Vorbedingungen. Auch das, was als psychologische, soziale, biologische und ähnliche „Voraussetzung" aufgeführt wurde, muss nach dieser Unterscheidung nicht „Voraussetzung", sondern Vorbedingung heißen. Das ist deswegen entscheidend, weil zwar eine voraussetzungslose, aber keine vorbedingungslose Erkenntnis gefordert wurde. Die kann es in der Tat für den Menschen nicht geben. Weil diese Unterscheidung von sehr vielen Vertretern einer Auffassung, voraussetzungslose Erkenntnis sei unmöglich, ignoriert wird, zerfallen ihre Argumente, wenn man diese Sonde an sie anlegt.

Allerdings muss gefragt werden, ob unser Bemühen, die Wahrheitsbefähigung des Menschen nachzuweisen, nicht auch durch das Eingeständnis vereitelt wird, dass das menschliche Erkennen stets von Vorbedingungen abhängt, von denen viele – wie sich an den genannten Beispielen leicht erkennen lässt – nicht in der Verfügungsgewalt des Erkennenden stehen, denen er also ausgeliefert erscheint. Könnte es nämlich nicht sein, dass auch derartige Vorbedingungen, auf die wir angewiesen sind, der Zugang zur Wahrheitserkenntnis vereiteln?

Auf diese Frage geht W. Stegmüller mit einleuchtender Argumentation ein. Er unterscheidet zwar nicht terminologisch zwischen „Voraussetzung" und „Vorbedingung", aber er trifft das damit Gemeinte, indem er die Bedeutung von „Voraussetzung" als etwas „Faktischem" und etwas „Epistemologischem" auseinanderhält; die zweite entspräche dem, was hier unter „Voraussetzung" verstanden wird, die erste der „Vorbedingung". Dabei könne es sich, meint er, um Faktoren handeln, die eine „rationale Wahrheitssuche" gefährden. Dazu führt er aus: „Diese Faktoren können biologischer, psychologischer, historischer und soziologischer Natur sein. Relativistische Erkenntnistheorien haben zu verschiedenen Zeiten mit wechselnder Emphase auf den einen oder anderen dieser Faktoren hingewiesen. Hierher gehört der homo-mensura-Satz des Protagoras, in dem auf die zufällige psychophysische Konstitution des Menschen Bezug genommen wird, ebenso wie der Historismus, wonach sich der Mensch vom ‚historischen Zeitgeist' nie zu befreien vermag; evolutionstheoretische Betrachtungen über die entwicklungsgeschichtliche ‚kontingente' Struktur des menschlichen Gehirnes ebenso wie die Behauptung, dass persönliche Interessen und (oder) Klasseninteressen das menschliche Denken verblenden. Auch die Spekulationen darüber, ob es nicht auf fernen Planeten Sprachen geben könne, die keine Ähnlichkeit mit einer Weltsprache besitzen, wären wegen des engen Zusammenhangs von ‚Denken und Sprechen' hier zu erwähnen. Soweit hier darauf abgezielt wird, Resultate wissenschaftlicher Untersuchungen dafür zu verwenden, auf derartige Gefahren aufmerksam zu machen, ist nicht nur nichts dagegen einzuwenden. Bei der außerordentlichen Begrenztheit unserer Fähigkeiten und bei den zahllosen Denkfehlern, die uns immer wieder unterlaufen, sollten wir Sterblichen es begrüßen, wenn ein möglichst vollständiges Inventarium dieser potentiellen Gefahren zu gewinnen versucht wird, damit uns die Gründe für unsere Beschränktheit und Fehlerhaftigkeit immer deutlicher vor Augen geführt werden. Zu diesen Gefahren gehört u.a. auch die Gefahr des Abgleitens der Wissenschaft in Ideologie. Sofern derartige Betrachtungen aber dazu dienen sollen, die Möglichkeit rationaler Erkenntnis überhaupt in Frage zu stellen, so verstricken sich diese Versuche alle in ein unlösbares Dilemma: Entweder sie weisen nur auf gewisse dieser ‚erkenntnishemmenden' Faktoren hin und leugnen die Begründung die Möglichkeit wissenschaftlicher Erkenntnis überhaupt. Dann können sie, da sie nur etwas ohne Begründung behaupten, nicht beanspruchen, ernstgenommen zu werden, mögen sie auch de facto andere kraft Suggestion mit Erfolg überzeugen. Oder sie verbinden ihre Hinweise mit einer Begründung. Dann nehmen sie für ihre Argumentation eben jene Rationalität und Objektivität in Anspruch, deren generelle Nichtexistenz im Widerspruch dazu in der Conclusio ihres Argumentes ausgesagt wird. Das gilt für die Neomarxisten genauso wie bereits für Protagoras". (Stegmüller, 1973b, 42f). (Protagoras, 485–415 v.Chr., älterer Zeitgenosse des Sokrates, war ein bedeutender Sophist, also ein Vertreter jener eher skeptisch und pragmatisch eingestellten „aufklärerischen" Richtung griechischer Philosophie, gegen die vor allem Platon polemisierte. Der „homo-mensura-Satz" besagt, der Mensch sei das Maß aller Dinge.)

Während jede Erkenntnis, die von ungeprüften Voraussetzungen im dargelegten Sinn abhängt, also jeder davon abgeleitete Erkenntnisinhalt, gänzlich unzuverlässig ist, lässt sich das aus der Tatsache, dass jede Erkenntnis – hier nun als Erkenntnisakt verstanden – von unzähligen Bedingungen abhängt, nicht folgern. Obwohl sich jedoch die These, eine bedingte Erkenntnis könne nicht zu als wahr erkannten Aussagen führen, nicht begründen, genau besehen nicht einmal ohne Selbstaufhebung behaupten lässt, ist damit die gegenteilige Feststellung, wir könnten nämlich trotz unaufhebbarer Bedingtheit unseres Erkennens Wahrheit erkennen, noch nicht selbst als wahr erwiesen. Dass dies möglich ist, lässt sich eben nur im Aufweis einer tatsächlich als wahr erkannten Behauptung zeigen.

*Literatur:*

Seifert 1976, 225–232.

### 3. Das „ungeprüfte Prüfinstrument"

Vor diesem wichtigen Schritt ist allerdings noch ein Einwand zu klären. Er geht von der Forderung Kants aus, die Vernunft dürfe nicht –

wolle sie nicht in Dogmatismus verfallen – „ohne vorangehende Kritik ihres eigenen Vermögens", verfahren (Kant, KrV, B XXXIII).Eben dies aber scheint nur möglich, wenn ich von der Wahrheitsbefähigung der Erkenntnis nicht nur als Vorbedingung, sondern als Voraussetzung ausgehe, wodurch allerdings die kritische Absicht Kants vereitelt, ja die Erkenntniskritik insgesamt unmöglich gemacht würde. Denn wenn ich nicht als wahr ansetze, dass die Erkenntnis irrtumsfrei vonstatten gehen, also die Wahrheit erreichen kann, wie sollte ich sie überprüfen können, da ich die Wahrheit über ein verläßliches Kriterium verfügte noch über ein „geprüftes Prüfinstrument" (114; 133). L. Nelson (1882–1927) folgert daher daraus, dass man die Wahrheitsbefähigung der Erkenntnis bezweifelt oder ihre „objektive Gültigkeit", wie er sagt, zum Problem macht, die Unmöglichkeit der Erkenntnistheorie, die nach ihm eben dieses Problem lösen sollte: „Angenommen nämlich, es gäbe ein Kriterium, das zur Auflösung des Problems dienen könnte. Dieses Kriterium würde entweder selbst eine Erkenntnis sein, oder nicht. Nehmen wir an, das fragliche Kriterium sei eine Erkenntnis. Dann gehörte es gerade dem Bereiche des Problematischen an, über dessen Gültigkeit erst durch die Erkenntnistheorie entschieden werden soll. Das Kriterium, das zur Auflösung des Problems dienen soll, kann also keine Erkenntnis sein. Nehmen wir also an, das Kriterium sei nicht eine Erkenntnis. Es müsste dann, um zur Auflösung des Problems dienen zu können, bekannt sein; d.h., es müsste selbst Gegenstand der Erkenntnis werden können. Ob aber diese Erkenntnis, deren Gegenstand das fragliche Kriterium ist, eine gültige ist, müsste erst entschieden sein, damit das Kriterium anwendbar ist. Zu dieser Entscheidung müsste aber das Kriterium schon angewendet werden. Eine Begründung der objektiven Gültigkeit der Erkenntnis ist also unmöglich" (Nelson, 1908, 32).

Gegen derartige Überlegungen, die meinen, dem Erkennen misstrauen zu müssen, solange es nicht überprüft sei, hat aber bereits Hegel eingewandt, es sei „nicht abzusehen, warum umgekehrt ein Mißtrauen in dies Mißtrauen gesetzt und besorgt werden soll, dass diese Furcht zu irren schon der Irrtum selbst ist. In der Tat setzt sie etwas, und zwar manches als Wahrheit voraus und stützt darauf ihre Bedenklichkeiten und Konsequenzen, was selbst vorher zu prüfen ist, ob es Wahrheit sei. Sie setzt nämlich Vorstellungen von dem Erkennen als einem Werkzeuge und Medium, auch einen Unterschied unserer selbst von diesem Erkennen voraus; vorzüglich aber dies, dass das Absolute auf einer Seite stehe und das Erkennen auf der anderen Seite für sich und getrennt von dem Absoluten doch etwas Reelles" (Hegel, 1952, 64f.). So erweist sich auch das Argument gegen die mögliche Voraussetzungslosigkeit des Erkennens, das dem ersten Anschein nach die meiste Plausibilität besitzt, als nicht stichhaltig, da es selbst auf unzulässigen Voraussetzungen beruht.

## 4. Eingrenzung der geforderten Voraussetzungslosigkeit

Die vorgetragenen Beweisversuche konnten nicht dartun, es sei unmöglich, voraussetzungslos zu erkennen. Das erweist jedoch noch nicht die gegenteilige Auffassung, die das für möglich erachtet. Wenn nun diese Möglichkeit aufgezeigt wird, indem tatsächlich die Erkenntnis der Wahrheit einer behauptenden Aussage ohne Voraussetzungen vorgeführt wird, so sind doch die Grenzen dieses Verfahrens zu beachten. Es soll nämlich etwa keineswegs die These aufgestellt oder untermauert werden, wir könnten allgemein und stets ohne Voraussetzungen oder vorurteilsfrei erkennen. Zunächst gilt es die Unterscheidung Kants zu beachten, wonach vorläufige Urteile keine Vorurteile sind, solange sie nicht „als Grundsätze angenommen werden" (Kant, Logik, A 116), d.h. solange man sie als zu überprüfende Hypothesen und Denkmodelle betrachtet, ohne die eine empirische Wissenschaft nicht auskommt, und sie nicht zu Voraussetzungen macht, aus denen man dann andere Behauptungen als wahr ableiten zu können meint. Aber es soll hier niemandem und insbesondere Wissenschaftlern nicht das Recht bestritten werden, aus ihren Hypothesen und Vermutungen Voraussetzungen zu machen, obwohl die Bedingungen, in welchen Fällen das zulässig und vielleicht unvermeidlich ist, etwa in der Wissenschaftstheorie eigens zu diskutieren wären.

Es wird hier also nicht eine allgemeine Voraussetzungslosigkeit menschlichen Erkennens, gefordert, sondern es ist nur für einige Fälle eine voraussetzungslose Wahrheitserkenntnis aufzuzeigen. Dabei darf nicht übersehen werden, dass wir nicht von voraussetzungslosem Erkennen schlechthin, sondern von voraussetzungsloser Wahrheitserkenntnis sprechen. Unterscheidet man nämlich im angegebenen Sinn zwischen Vorbedingung und Voraussetzung (185), dann ist gar nicht erfindlich, wie etwa eine Voraussetzung für das Sehen oder Hören aussehen sollte, denn Augen, Licht, Schall, Luft und Ähnliches sind Vorbedingungen, keine Voraussetzungen. Erst wenn Aussagen gemacht werden, können Voraussetzungen überhaupt auftreten, und zwar nur, insofern diese Aussagen (als wahr) behauptet werden. So scheint zunächst die Forderung, voraussetzungslos zu erkennen, leicht zu erfüllen: Setze nur keine Behauptung derart als wahr an, dass du die Wahrheit einer anderen Aussage davon ableitest, und du erkennst voraussetzungslos

Aber leider ist es nicht so einfach. Nehmen wir den alltäglichen Fall einer Aussage, die jemand als Behauptung aufstellt, also als wahr vertritt. Es fragt etwa einer: „Wo ist denn mein Buch?" und der andere antwortet: „Das Buch liegt auf dem Tisch!" Er behauptet das, weil er es liegen sieht, mit der berechtigten Überzeugung, die Behauptung sei wahr. Aber erkennt er die Wahrheit seiner Überzeugung, die Behauptung sei tatsächlich? Dass das nicht der Fall ist, lässt sich mit einem Gegenbeispiel erläutern. Ich besitze eine Art Scherzartikel, nämlich eine Zigarrenschachtel, die genau aussieht wie ein Buch; sie ist ihm, wie man sagt, täuschend ähnlich. Erst wenn man dieses „Buch" in die Hand nimmt und aufzublättern versucht, öffnet sich der Deckel, und man entdeckt, dass es sich „in Wirklichkeit" um eine Zigarrenkiste handelt, die als Buch aufgemacht ist. Falls ich die zu einem mitnähme und auf dem Tisch liegen ließe, und ihn dann, vielleicht in der Absicht, ihn in die Irre zu führen, fragte: „Wo habe ich denn mein Buch?", dann würde er mit der gleichen Überzeugung wie der angeführte andere in unserem ersten Beispiel antworten: „Das Buch liegt auf dem Tisch!", und er hielte seine Behauptung ebenso für wahr, „weil er es liegen sieht", und doch täuschte er sich. Ich könnte ihm erwidern: „Irrtum. Das ist gar kein Buch, sondern eine Zigarrenkiste!"

Das heißt, seine Behauptung ist nur wahr, wenn auch die andere wahr ist, dass es sich um ein Buch handelt. Von deren Wahrheit hängt sie ab, also handelt es sich dabei um eine Voraussetzung, um eine „stillschweigende", wie man sagt, um eine, deren sich der Behauptende gar nicht bewusst war.

*Literatur:*

Rorty 1981.
Watzlawick 1976.

## 5. Einklammerung alles dessen, was nicht erscheint

194 So stehen wir vor der schwierigen Frage, ob sich denn derartige unvermerkte Voraussetzungen ausschließen lassen, denn nur wenn das gelingt, können wir auch wirklichkeitsgemäß behaupten, wir erkennten die Wahrheit einer Aussage (und nicht nur – was etwas ganz anderes ist – wir seien von deren Wahrheit überzeugt). Das Verfahren, wie man für eine bestimmte Erkenntnisfolge Voraussetzungen ganz allgemein nicht zulassen kann, obwohl man seine gängigen Überzeugungen nicht über Bord zu werfen vermag, wurde schon vorgestellt: die „Einklammerung" oder „epoche" (140f.), bei der unsere gesamte Überzeu-

gung für einen umgrenzten Erkenntnisprozess „in Klammer gesetzt" wird, so dass von keiner Aussage, deren Intention das in diesem Prozess Vorliegende überschreitet – und seien wir ihrer im übrigen noch so gewiss –, angesetzt wird, dass sie wahr sei, und ebensowenig, dass sie falsch sei. So wird nicht nur vom eigenen Wissen kein Gebrauch gemacht, der es als zutreffend unterstellen müsste; erst recht wird auch „der Stand der Wissenschaft" und die Meinung und Überzeugung anderer Menschen, ob sie nun hinreichend überprüft seien oder nicht, nicht als wahr vorausgesetzt.

195

Diese Einschränkung auf das Vorliegende ist nun deshalb so mühsam durchzuführen, weil wir die angeborene und von Geburt an durch Erfahrung ständig verstärkte Neigung besitzen, im Erkennen mehr anzunehmen, als vorliegt. Wir wären deshalb überfordert und überdies lebensunfähig, wie sich zeigen wird, wenn wir bei allem Erkennen diese Einschränkung versuchten; vielmehr kann sie nur in wenigen Fällen – etwa aus dem erkenntnistheoretischen Interesse am Aufweis einer voraussetzungslos als wahr erkannten Aussage – eingehalten werden. Ein Vorschlag, der uns den Weg weist, wie wir das Vorliegende in einer Erkenntnis von dem abheben könnten, was wir spontan hinzufügen, findet sich bereits bei Augustinus, der in seiner Schrift „Gegen die Akademiker" (57; 102) ebenfalls zu einer gezielten Einschränkung rät, um nicht fehlzugehen, wenn man einer Aussage zustimmt: „Diese Zustimmung soll nicht weiter gehen, als du überzeugt bist, dass es dir so erscheint, und dann ist keine Täuschung möglich. Ich sehe namlich nicht, wie ein Akademiker den widerlegen will, der etwa sagt: ,Ich weiß, dass mir dies wahr erscheint'" (Augustinus, Contra Acad. III, Nr. 26).

196

Falls ich nur das behaupte, was mir erscheint, ist in der Tat meine Aussage wahr, ist das erfüllt, war wir unter „Wahrheit" verstehen (175f.), die Aussage trifft zu. Aber, so könnte ein weiterer Einwand lauten, sie trifft doch nur auf das zu, was mir erscheint, nicht – wie von der Wahrheitsdefinition gefordert – auf die Wirklichkeit. Diesem Einwand liegt ein Missverständnis zugrunde, da er Erscheinendes und Wirkliches einander gegenüberstellt. Er lässt sich dabei vielleicht vom Wortklang trügen, weil die in „erscheinen" enthaltene Silbe „schein" auch auftaucht, wenn man vom Schein oder Anschein spricht und damit einen Gegensatz zum Wirklichen ausdrückt („nur Schein", „scheinbar"), oder doch offen lässt, ob dem hervorgerufenen Eindruck die Wirklichkeit entspricht („anscheinend", „es hat zwar den Anschein ..."). Es ist auch einzuräumen, dass die normale Sprache bisweilen „scheinen" und „erscheinen" ohne merklichen Bedeutungsunterschied gebraucht („Wenn du die eine Hand in kaltes und eine in heißes Wasser getaucht hattest, und du dann beide in ein Gefäß mit lauem Wasser hältst, dann scheint dieses gleiche Wasser der einen Hand warm, der anderen kalt zu sein." – „Die Sonne erscheint größer, wenn sie sich beim Untergehen dem Horizont nähert"). Und Kant lehrt zwar: „Noch weniger dürfen Erscheinung und Schein für einerlei gehalten werden. Denn Wahrheit oder Schein sind nicht im Gegenstande, so fern er angeschaut wird, sondern im Urteil über denselben, so fern er gedacht wird. Man kann also zwar richtig sagen: dass die Sinne nicht irren, aber nicht darum, weil sie jederzeit richtig urteilen, sondern weil sie gar nicht urteilen." (Kant, KrV, B 349f.). Andererseits aber scheint er die „Erscheinungen" vom Wirklichen, vom „Ding an sich", zu unterscheiden, da er von „unserer Vernunfterkenntnis a priori" meint, „dass sie nämlich nur auf Erscheinungen gehe, die Sache an sich selbst dagegen als für sich wirklich, aber von uns unerkannt, liegen lasse" (Kant, KrV, B XX). Doch er erkennt auch den Erscheinungen Wirklichkeit zu, wenn auch nur in der Wahrnehmung und kann auf keine andere Weise wirklich sein" (Kant, KrV, A 375). Nur dadurch kann er einem ausweglosen Zirkel entgehen, der entsteht, wenn man das in der Erkenntnis Erreichbare und dann wirklichen Gegenstand einander gegenüberstellt und dann Wahrheit als Übereinstimmung von Erkenntnis und Gegenstand versteht: „Dieser bloßen Worterklärung zufolge soll also mein Erkenntnis, um als wahr zu gelten, mit dem Objekt übereinstimmen. Nun kann ich aber das Objekt nur mit meinem Erkenntnisse vergleichen, dadurch dass ich es erkenne. Meine Erkenntnis soll sich also selbst bestätigen, welches aber zur Wahrheit noch lange nicht hinreichend ist. Denn da das Objekt außer mir und die Erkenntnis in mir ist: so kann ich immer doch nur beurteilen: ob meine Erkenntnis vom Objekt mit meiner Erkenntnis vom Objekt übereinstimme" (Kant, Logik, A 69f.).

Deshalb ist festzuhalten, was wir unter dem „Erscheinenden" verstehen: das und nur das, was unserer Wahrnehmung und Einsicht vorliegt, wenn man aus deren Gegenstand alles ausklammert, was wir nur aufgrund von Voraussetzungen – spontan oder mit Überlegung – in ihn hineinlegen. Das entspricht in etwa dem, was Husserl „Phänomen" nennt, ohne dass wir uns auf diesen Begriff festlegen. Da das Wirkliche erscheint, muss es auch wahrnehmen oder einsehen, als wirklich gelten (ich habe ja nicht insoweit Zahnschmerzen, als ich sie intendiere, sondern indem ich sie empfinde; und ebenso hängt es nicht von meiner Absicht ab, dass die Innenwinkelsumme eines euklidischen ebenen Dreiecks 180° beträgt). Das Wirkliche ist zwar nicht auf das beschränkt, was erscheint – gegen die These G. Berkeleys (1685–1753) „esse est percipi": „Sein ist Wahrgenommen-Werden" wie gegen den über zweitausend Jahre älteren Satz des Parmenides (um 540–480 v.Chr.) „Denn dasselbe ist Denken und Sein" –, aber umgekehrt ist alles Erscheinende auch wirklich. Erscheinendes steht also weder wie der Schein dem Wirklichen gegenüber, noch wie die Kantische „Erscheinung" dem „Ding an sich".

Die Doppeldeutigkeit des in die philosophische Sprache übernommenen normalsprachlichen Ausdrucks „erscheinen" gilt es also auszuräumen. Sie zeigt sich nicht nur in der schon angemerkten Gleichsetzung von „scheinen" und „erscheinen", sondern auch darin, dass wir gleichermaßen sagen: „Das erscheint (mir) als Baum" und „das erscheint (mir) rot". Wenn ich nämlich etwas als Baum bezeichne, schreibe ich ihm mehr Merkmale zu als im Erscheinenden vorliegen; die Intention des Wortes „rot" hingegen, ist voll erfüllt in dem, was mir als rot erscheint. Zwar könnte jemand einwenden, es könne doch etwas als rot erscheinen, was „in Wirklichkeit" weißes Blatt fällt. Bei diesem Einwand sind jedoch die Worte „in Wirklichkeit" oder „an sich" falsch gebraucht, d.h. ihre Verwendung kommt so zwar in der Umgangssprache gelegentlich vor, aber sie entspricht nicht der Festlegung, die wir für „wirklich" getroffen haben, oder dem, was „an sich" als Gegensatz zu „für mich" oder „für ein erkennendes Subjekt" besagt. Mit „ in Wirklichkeit" oder „an sich" ist hier Bezug auf den „Normalfall" genommen, der Einwand kann sich nämlich nur darauf beziehen, dass eine Stelle, die mir oder sonst jemandem als rot erscheint bei „normaler Beleuchtung" für den „Normalsichtigen" weiß erscheine. Ähnlich unpräzise könnte jemand sagen, der Pfeifton einer Lokomotive, die auf mich zufährt, werde „in Wirklichkeit" nicht höher, er erscheine mir bloß so (Doppler-Effekt). Hier meint „in Wirklichkeit": für den in gleicher Geschwindigkeit und Bewegungsrichtung der Lokomotive Mitfahrenden erscheint der Ton gleichbleibend. Was da aber unterschiedlich erscheint, ist dennoch jeweils wirklich. Wenn ich etwa in den angenommenen Fällen behaupten würde, die mir erscheinende Stelle sei nicht rot oder der wahrgenommene Ton erhöhe sich nicht, sagte ich die Unwahrheit, denn die Intention meiner Behauptung träfe nicht (auf die Wirklichkeit!) zu.

Um mich auf das Vorliegende, das Erscheinende zu beschränken, muss ich also berücksichtigen, dass ich für diesen Fall nichts darüber sagen oder unterstellen darf, wie dieses Erscheinende sich für einen anderen zeigen würde – falls man überhaupt annehmen kann, dass das gleiche Erscheinende von mehreren wahrgenommen werden kann, was hier ebenfalls ausgeklammert bleiben muss. Außerdem muss ich – falls es sich bei dem Erscheinenden um ein raumzeitlich Gegebenes handelt – alles dahingestellt sein lassen, was nicht hier und jetzt vorliegt. Die

Frage etwa, wie es dazu gekommen ist, dass mir dies jetzt erscheint, die so genannte Frage der Genesis, bleibt ausgeschaltet wie alles, was eine Aussage über Vergangenes mit sich brächte. Ebenso aber auch jede Annahme über die Zukunft. Daher kann mir – wenn ich mich auf das Vorliegende beschränke – nichts als Gebrauchsgegenstand (140) erscheinen, denn dass mit einem Gegenstand etwas getan werden kann (eine Tür öffnen, mit dem Füllhalter schreiben, im Buch blättern, etwas auf den Tisch legen, mit dem Menschen sprechen), das stellt eine Aussage dar, die sich auf Zukünftiges, also nicht auf hier und jetzt Gegebenes bezieht. Mir erscheint auch nicht als raum-zeitlich Gegebenes, dass „hinter" dem Erscheinenden etwas steht, was die klassischen Philosophen „Substanz", „Darunterstehenendes" nannten, also etwas, was Träger der roten Färbung wäre oder Ursache des Tones, den ich vernehme: kurz, mir erscheinen keine Ursachen und keine Dinge, und darum genaugenommen auch keine Eigenschaften, bei denen ich ja fragen müsste: Eigenschaften wovon?

*Literatur:*

Stegmüller 1969.

## 6. Was bleibt als Erscheinendes?

Was bleibt dann an Erscheinendem, wenn ich mich auf Raum-Zeitliches, hier und jetzt Vorliegendes, beschränke und dann weder Personen noch Dinge, nichts Vergangenes und Zukünftiges oder nur Mögliches, auch nichts als von anderen Wahrnehmbares als gegeben annehme? Man könnte sagen: Auch dann höre ich doch Töne, sehe Farben usw. Aber wenn dabei mit „sehen" gemeint ist „mit den Augen wahrnehmen" und mit „hören", „mit dem Gehörsinn vernehmen", ist auch das nicht vorliegend, denn meine Augen oder Ohren oder überhaupt Sinnesorgane erscheinen mir nicht dadurch, dass ich mit ihnen wahrnehme, ebensowenig wie übrigens mein Gehirn dadurch, dass ich denke. Und nur falls ich „wahrnehmen" so weit fasse, dass auch im Traum Gegebenes als „wahrgenommen" gilt, also alles, was mir bewusst wird (einmal von Eingesehenem abgesehen), kann ich sagen: Was bleibt, wenn ich alles nicht Erscheinende ausklammere, ist etwa, dass ich Farbiges, Töne, Gerüche, Härte und Glätte oder Kälte wahrnehme, aber auch meine eigene Zuständlichkeit, dass ich mich müde oder froh oder in Bewegung fühle, sodann zeitliche Dauer und räumliche Ausdehnung.

Aber es erscheinen mir diese Gegebenheiten nicht in unverbundenem Nebeneinander, sondern sie stehen in Beziehung und lassen sich vergleichen, das Hellere erscheint etwa als abgehoben von einem dunklen Hintergrund, das eine bewegt sich dem anderen gegenüber, sie sind sich ähnlich, liegen gleichzeitig vor oder folgen aufeinander usw. Die Wahrnehmung dieser Beziehung wird ermöglicht, weil das „Hier" und „Jetzt" nicht selbst punktuelle Gegebenheiten sind, sondern als Anschauungsraum und Wahrnehmungszeit mein gegenwärtiger ausgedehnter Horizont, innerhalb dessen ich noch Raumstellen und Zeitpunkte mit meiner Intention als „dies da" herausgreifen kann.

Und es sind auch die Beziehungen des so Vorliegenden zu mir als dem sie Vernehmenden gegeben. So lassen sich im Erscheinen stets drei Glieder zwar nie voneinander trennen, aber doch hervorheben: das vernehmende Ich, das diesem als Empfindungsgegenstand Gegebene und das Wahrnehmen selbst. In einer Rückwendung des Bewusstseins wird diese unlösbare Dreiheit selbst wahrgenommen. Es kommt also nie das Ich allein vor, abgelöst von seinem Empfinden, noch das gegenständlich Gegebene, noch offenkundig das Vernehmen oder Erscheinen für sich, sondern es hat immer die Form: „Mir erscheint dies" oder „ich nehme dies wahr". Allerdings kann ich meine Aufmerksamkeit sowohl dem Ich wie dem Vernehmen wie dem erscheinenden Objekt vordringlich zuwenden, ohne dass ich hier die anderen Glieder jedoch ausschalten könnte. Alles Gegebene ist jeweils mir oder einem erkennenden Subjekt gegeben. Zu dieser Grundbeziehung des Gegenständlichen zum Subjekt treten aber noch andere, diese modifizierend, hinzu. Das Erscheinende „mutet mich an", d.h. es erscheint mir etwa als schön oder hässlich, als langweilig oder erschreckend oder vertraut. Statt „vertraut" könnte man auch „bekannt" sagen, wenn damit nur die „Bekanntheitsqualität" des Erscheinenden gemeint ist, nicht aber, wenn damit ausgedrückt werden soll, dass ich es „schon einmal" wahrgenommen habe, denn damit nähme ich Bezug auf die Vergangenheit, die mir nicht hier und jetzt erscheint.

Das gegenständlich Erscheinende übt aber auf mich als vernehmendes Subjekt auch den Einfluss aus, dass es mich zu aktivem Verhalten anregt und drängt. Wenn es als Widerwärtiges erscheint, ruft es in mir etwa die Tendenz wach, mich davon abzuwenden, wenn es als angenehm oder erstrebenswert wahrgenommen wird, ist mit dieser Wahrnehmung das Verlangen gegeben, mich ihm zuzuwenden. Vor allem erregt es jedoch auch stets die Neigung in mir, über es hinauszugehen; es veranlasst damit einen unwillkürlichen Erkenntnisprozess, der es als Erscheinendes dadurch überschreitet und zu dem ergänzt, was wir nach unserer natürlichen Einstellung als Gegenstand dieser Erkenntnis betrachten, dass er in ihr nicht hier und jetzt erscheint, sondern dass er in unser Wissen und das Gesamt unserer Über-

203 Weil der Erkenntnisprozess stets spontan bis zu diesem Ergebnis abläuft, würden diese Ausführungen über das Erscheinende falsch verstanden, wenn man sie als Phänomenalismus auffasste. Nach diesem wäre das, was wir zunächst als Gegenstand unseres Erkennens erfahren, nur eine Fülle von Erscheinendem, von „Phänomenen", meist als „Sinnesdaten" gefasst, aus denen wir dann alle Erkenntnis aufbauen, so dass sich die zwei Grundthesen des Phänomenalismus ergeben: „Alle realen Dinge und Prozesse sind logische Konstruktionen aus Sinnesdaten" und „Alle Aussagen über die Dinge (und Prozesse an Dingen) sind zurückführbar auf Aussagen über Sinnesdaten" (Stegmüller, 1969, 13). Das entspricht jedoch nicht unserer alltäglichen Erfahrung. Was wir da infolge unserer natürlichen Einstellung und des spontan seinen Tendenzen folgenden Erkenntnisprozesses zunächst wahrnehmen, sind Dinge mit ihren Beziehungen, Eigenschaften und Tätigkeiten: Ich sehe Häuser mit Fernsehantennen, blühende Bäume, vorübertreibende Wolken, plaudernde Menschen, an der Fensterscheibe herabrinnende Regentropfen usw. (73). Erst wenn ich in mühsamer Ausklammerung aus diesem meiner natürlichen Einstellung gemäß „Gegebenen" das herauspräpariere, was bleibt, wenn ich nichts als wahr ansetze, was ich nur aus der Vergangenheit, aus meiner Erfahrung oder der Bekundung anderer Menschen weiß, gelange ich zu dem, was in diesem Erkenntnisgegenstand meiner wissenschaftlichen wie in dem meiner außerwissenschaftlichen Erkenntnis, falls es sich dabei um Wahrnehmung oder Einsicht handelt, stets als Erscheinendes mitgegeben ist. Ich sähe etwa kein Haus, wenn ich dabei nicht auch das graue Flächenhafte wahrnähme, von dem ich aus der Erfahrung weiß – und aus dieser Vergangenheit als wahr ansetze –, dass es die Hauswand ist.

*Literatur:*

Austin 1975.
Merleau-Ponty 1966, 19–88.

*7. Die vorliegende Sprachlichkeit*

204 Dagegen kann nun eingewendet werden, dass ich auch das „Graue-Ausgedehnte", angeblich voraussetzungslos erscheinend, doch ebenfalls nur als solches erkenne, weil ich in der Vergangenheit gelernt zeugung einordnet, vor allem durch die Einfügung in die sprachlich bedingte „Als-Struktur" unseres Erkennens (73).

habe, was „grau" und „ausgedehnt" bedeutet. In der Tat habe ich das Wort „grau" ebenso gelernt wie das Wort „Hauswand". Die Frage, woher ich eine Kenntnis habe, die Frage der „Genesis" (198), muss ausgeklammert bleiben und darf es, da ich so das aus der Vergangenheit Gewusste nicht als wahr ansetze. Ich dürfte etwa nicht behaupten, dass „grau" oder „Hauswand" im Deutschen dies oder jenes bedeuten, wenn ich mich auf das Erscheinende beschränke. Dennoch unterscheidet sich auch in der Beschränkung auf das Erscheinende die Silbe „grau" von der aus den gleichen Buchstaben gebildeten „raug" oder von der ähnlich klingenden „glau", und zwar dadurch, dass sich zeigt, dass ich mit ihr auf etwas ziele, dass sie also jene Qualität besitzt, die wir Bedeutung nennen, wenn wir sie – was über das Erscheinende hinausgeht – als mit diesem Wort verbundene „Gebrauchsregel" für alle zur gleichen Sprachgemeinschaft Gehörigen betrachten (21). Auch das Wort „Hauswand" zeigt, falls es als erscheinend vorliegt – was durchaus vorkommen kann, wie etwa für den Leser dieses Textes – eine ähnlich „zielende" Qualität. Dennoch besteht ein entscheidender Unterschied zwischen beiden Worten für unser Anliegen. Beim Wort „grau" kann nämlich auch sein Zutreffen auf Erscheinendes – bei Einklammerung alles sonstigen Wissens – erkannt werden, also selbst erscheinen. Beim Wort „Hauswand" hingegen ist das nicht der Fall, weil ich mit ihm auf mehr ziele, als im Erscheinenden erfüllbar ist, nämlich auf ein Ding mit gewissen physikalischen und chemischen Eigenschaften und mit einem Nutzwert, was ich alles nicht erfasse, wenn ich mein Wissen und meine natürliche Einstellung einklammere. Es ist zuzugeben, dass ich auch bei der Bezeichnung „grau" gemäß dieser natürlichen Einstellung erwarte, dass eine so erscheinende Fläche auch von anderen gleichermaßen wahrgenommen wird. Dennoch hängt – zum Unterschied von Wörtern wie „Hauswand" – es nicht von etwas ab, was außerhalb des Erscheinenden liegt und als wahr anzusetzen wäre, dass mir das Zutreffen des Wortes „grau" auf etwas Grau-Erscheinendes selbst erscheint.

Demnach ist es möglich, dass im Erscheinenden ohne sonstige Voraussetzung folgendes vorliegt: Eine Aussage „Dies da ist grau" („dies da" bezogen auf eine Fläche meines jetzigen Wahrnehmungsraumes); dann diese erscheinende graue Fläche selbst; und damit aber zugleich auch das Zutreffen der Aussage auf diese Wirklichkeit. Die erscheinende Fläche ist nämlich als wirklich zu bezeichnen, da sie ja nicht dadurch grau ist, dass ich sie als grau intendiere, sowenig wie sie dadurch rot wird, mir rot erscheint, dass ich sie als rot intendiere.

Das Zutreffen der Aussage, worin das entscheidende Merkmal, das Kriterium für die Wahrheit besteht, ist also selbst als Erscheinendes gegeben, folglich voraussetzungslos erkennbar. Was fehlt ist allein noch das Verwenden dieser Aussage als Behauptung, da nur eine behauptende Aussage als Träger des Prädikats „wahr" in Frage kommt. Damit ich eine Aussage behaupten kann, damit dieses „Sprachspiel" funktioniert, muss ich mir den Fall zumindest denken können, dass der in der Aussage ausgedrückte Sachverhalt bestritten werden würde. Gerade bei einer aufs Erscheinen eingeschränkten Aussage ist es aber nicht vorstellbar, dass ich selbst – jedenfalls solange dieses Erscheinende vorliegt – die Aussage bestreite. Es ist etwa psychisch unmöglich, dass ich vor mir bestritte, Schmerzen zu haben, solange ich sie empfinde. Ich kann mir aber wohl vorstellen, dass ein anderer einen Sachverhalt bezweifelt, der mir selbst zweifelsfrei, weil aufs Erscheinende beschränkt, vorliegt. Diesem anderen gegenüber kann ich ihn nun behaupten; die Aussage, die ihn ausdrückt, wird zu einer behauptenden. Eine Behauptung ist also in dem Sinn sozial, dass sie sich an andere richtet – nur im Ausnahmefall an mich selbst in einer anderen Situation. Dennoch überschreite ich mit einer solchen Behauptung nicht unvermeidlich den Bereich des Erscheinenden, weil ich nicht die Existenz anderer Menschen oder wahrnehmungsfähiger Wesen – nur die können nämlich Aussagen so bestreiten, dass ich ihnen entgegne – voraussetzen muss, sondern es genügt, dass ich mir vorstelle, jemand bestritte den fraglichen Sachverhalt. Diese Vorstellung selbst ist aber wieder ohne Voraussetzung im Bereich des Erscheinenden möglich.

*Literatur:*

Apel 1973, II.
Eccles 1975 Kap. IV.

III. Wahrheitserkenntnis

*1. Die Wahrheit einer Tatsachenbehauptung*

207

Als Ergebnis dieser Überlegungen können wir also festhalten, dass ich zwar nicht ohne Vorbedingungen, aber wohl ohne Voraussetzung nicht nur eine Aussage über das hier und jetzt Vorliegende behaupten kann, sondern ebenso voraussetzungslos in der Lage bin, ihre Wahrheit, nämlich ihr Zutreffen zu erkennen. Die einzigen Bedingungen dafür, deren Erfüllung ich mit dieser Wahrheitserkenntnis zugleich erkenne, sind, dass mir sowohl die behauptende Aussage wie auch das, worauf sie zutrifft und damit eben das Zutreffen selbst im Erscheinenden gegeben sind. Diese Bedingungen aber sind in jedem Fall auch unerläss-lich, damit Wahrheitserkenntnis zustande kommt, denn nur wenn die behauptende Aussage wie die Wirklichkeit, auf die sie zutrifft, er-scheinen, kann ich auch das Zutreffen, also die Wahrheit der Aussage erkennen. Wenn diese mit der Aussage getroffene Wirklichkeit einen Ausschnitt aus dem raum-zeitlich oder zumindest zeitlich Gegebenen darstellt, dann kann man die Aussage eine Tatsachenbehauptung nen-nen. Falls also jemand, der Schmerz empfindet, zugleich den Satz bil-det: „Ich habe Schmerzen", und – wenn er ihn bestritten hört oder sich auch nur denkt, jemand zweifle daran – ihn entschieden vertritt, also behauptet, weil er erkennt, dass diese Behauptung eben das trifft, was er empfindet, dann verfügt er über die Erkenntnis der Wahrheit einer Tatsachenbehauptung. Und weil in diesem Zutreffen der Behauptung die einzige Bedingung dafür liegt, dass sie wahr ist, also zu Recht ver-treten wird – alle übrigen Umstände aber, etwa der Geisteszustand des Urteilenden, die Interessen, die ihn dabei bestimmen, die Zustimmung oder Ablehnung aller anderen, dafür völlig unerheblich sind, falls nur das Zutreffen vorliegt –, deshalb kann jemand, dem dieses Zutreffen gegeben ist, seine Behauptung gegen schlechterdings jedermann auf-rechterhalten. In diesem Sinn ist seine Behauptung absolut und allge-meingültig wahr. Absolut, weil sie von keinen anderen Bedingungen abhängt, und allgemeingültig, weil schlechthin alles daran derart ge-bunden ist, dass niemand über die gleiche Wirklichkeit Gegenteiliges mit Recht, also wahrheitsgemäß, behaupten kann. Und jede Wahrheit ist absolut allgemeingültig – oder es handelt sich nicht um Wahrheit.

Der bisweilen erhobene Einwand, derartige „Wahrheiten" seien nur subjektiv, beruht auf einer ungeklärten Sprache. Das Wort „subjektiv" wird nämlich – ebenso wie das entsprechende „objektiv" – fast durch-weg in höchst verschwommener Bedeutung gebraucht. Jede Erkennt-nis ist in dem Sinn „subjektiv", dass sie die eines Subjekts ist – ohne jemand, der erkennt, gibt es auch keine Erkenntnis; ebenso muss jede Behauptung von jemandem, einem Subjekt, vertreten werden, sonst ist sie keine. Worauf der Einwand, eine Feststellung sei „nur subjektiv wahr" wohl hinaus will, lässt sich – ebenso übrigens wie die ähnlich verschwommene Rede von „relativ wahr" (die Wahrheit selbst besteht ja aus einer Relation) – am ehesten an einem Beispiel erläutern: Einem Farbenblinden mit „Rot-Grün-Blindheit" erscheinen etwa die beiden äußeren Farben einer Verkehrsampel als jeweils grau mit unterschied-licher Helligkeit. Bezieht er sich mit seiner behauptenden Aussage „Dies da ist grau" auf das ihm so Erscheinende, dann ist sie wahr. Dagegen wird eingewandt, sie sei höchstens „subjektiv" wahr, denn „objektiv" sei die Ampel doch grün oder rot, aber nicht grau. Genau besehen aber wird da von Verschiedenem geredet. Falls der Farbenblinde nämlich – und damit ginge er über das Erscheinende hinaus – behauptete, diese Fläche werde von jedem Normalsichtigen als grau gesehen, dann ist seine Behauptung nicht „subjektiv wahr", sondern schlechthin falsch. Wenn er seine Aussage aber auf das ihm Erscheinende beschränkt, ist sie schlechthin, das heißt allgemeingültig wahr, und jeder, der ihm darin widerspricht, urteilt falsch. Sonst könnte man übrigens auch überhaupt nicht eine echte von einer – etwa bei einer Musterung – vorgetäuschten Farbenblindheit unterscheiden, wenn es keine wahren Aussagen über das gäbe, was einem – abweichend von der Mehrheit, von den Normalsichtigen – erscheint.

209 Dass der Anspruch der Allgemeingültigkeit, der mit jeder Behauptung erhoben wird, völlig uneingeschränkt ist – so eingeschränkt der behauptete Sachverhalt auch sein mag –, lässt sich an der angeführten Aussage erläutern, mit der jemand wahrheitsgemäß behauptet, Schmerzen zu haben. Angenommen, es handle sich bei dem, der da Schmerzen hat, um einen recht beschränkten Geist. Um ihn herum seien die medizinischen Koryphäen der Zeit versammelt, Nobelpreisträger und ärztliche Genies, und alle versicherten, er könne keine Schmerzen haben; er empfindet sie aber dennoch und behauptet das, dann hat er gegen die ganze versammelte Intelligenz recht. Und wenn er in seiner Naivität annähme, dass Wesen aus anderen Sternensystemen, aus anderen Welten, aus dem Jenseits, dass Engel oder Gott selbst Einspruch erhöben und ihm beglaubigten, seine Behauptung sei falsch, er habe keine Schmerzen: Wenn er sie empfindet, kann er wider alle vorhandenen und eingebildeten Instanzen, seien sie ihm sonst auch weltweit überlegen, festhalten: „Falls ihr von der gleichen Wirklichkeit redet und eure Sprache die gleiche Bedeutung hat oder auf das gleiche zielt, wie meine Behauptung, dann kann niemand, wer immer es sei, mit Recht das Gegenteil behaupten, Ich habe recht gegen alle!" Und auch diese Behauptung selbst kann er als wahr erkennen; ihr Zutreffen ist mit der Wahrheitserkenntnis der ersten Behauptung über die Schmerzen gegeben

*Literatur:*

Peursen 1971.
Davidson 2004

## 2. *Wahrheitszusammenhänge*

210 Während mit der Aussage: „Ich habe Schmerzen" jedoch eine Einzeltatsache behauptet wurde, sagt die zweite Behauptung: „Falls ihr von

der gleichen Wirklichkeit redet und eure Sprache die gleiche Bedeutung hat oder auf das gleiche zielt wie meine Behauptung, dann kann niemand, wer immer es sei, mit Recht das Gegenteil behaupten" einen Sachverhalt ganz anderer Art aus. Hier wird nämlich nicht ein einzelner existenter Zustand aus jenem Bereich der Wirklichkeit, der mir erscheint, angezielt (wie auch in den auf Erscheinendes bezogenen Beispielen: „Dies da ist grau und ausgedehnt", „die Lautfolge ‚garu' ist für mich sinnlos", „dieser schrille Ton ist mir lästig"), sondern es wird ein notwendiger Zusammenhang zwischen zwei „Washeiten" festgestellt. Unter „Washeit" – nach dem scholastischen Begriff „quidditas": das, was ein Ding ist (vgl. Thomas von Aquin, De Ente, I,2) – verstehen wir jede Bestimmung oder jeden Komplex von Bestimmungen oder Beschaffenheiten von etwas, insofern von deren Existenz abgesehen wird, also nicht behauptet wird, dass sie (oder genauer: ein durch sie Bestimmtes, ein so Beschaffenes) existieren. Dass bei Behauptungen über „Washeitszusammenhänge" von der Existenz abgesehen wird, zeigt sich daran, dass wir sie normalsprachlich als „Wenn-dann-Aussagen" formulieren können. Nicht alle „Wenn-dann-Sätze" der normalen Sprache drücken indes einen notwendigen Washeitszusammenhang aus; die Aussage: „Wenn es regnet, ist die Straße nass" behauptet zwar nicht die Existenz des Regens, aber der Zusammenhang, den sie zwischen dem Regen und der Nässe der Straße feststellt, ist nicht notwendig, sondern nur empirisch zu begründen.

Dagegen stellen logische Schlüsse notwendige Washeitszusammenhänge dar, z.B. in der klassischen Form: Wenn alle P M sind und alle M S, dann auch alle P S; ebenso erkennen wir die Gültigkeit des prädikatenlogischen Gesetzes: „Wenn einem x das Prädikat F zukommt, dann ist es nicht der Fall, dass allen x das Prädikat F nicht zukommt" durch eine Einsicht in diesen Washeitszusammenhang. Und entsprechendes gilt von allen logisch wahren Aussagen. Als „logisch wahr" – manchmal kurz „L-wahr" geschrieben – bezeichnet man Sätze (meist wird hier außer Acht gelassen, dass es sich um behauptende Aussagen handeln muss), die – wie man nach einem Gedanken von G. W. Leibniz (Leibniz, Monadologie, Nr. 53), sagt – für jede mögliche Welt gelten, da sie unabhängig davon wahr sind, wie die in ihnen vorkommenden Gegenstands-, Eigenschafts- oder Beziehungszeichen interpretiert werden oder wofür sie stehen. Daher kann Wittgenstein nicht nur feststellen: „Die Logik handelt von jeder Möglichkeit" (TLP Nr. 2.0121), sondern auch: „Es ist aber klar, dass die Logik nichts mit der Frage zu schaffen hat, ob unsere Welt wirklich so ist oder nicht" (TLP Nr. 6.1233) und: „Wir können in der Logik nicht sagen: Das und das gibt es in der Welt, jenes nicht" (TLP Nr. 5.61). Logisch wahre Aussagen behaupten nicht die Existenz von etwas in der Welt, sondern notwendige Washeitszusammenhänge. Deshalb gilt auch: „Die Logik ist vor jeder Erfahrung – dass etwas so ist. Sie ist vor dem Wie, nicht vor dem Was" (TLP Nr. 5.552). Genauer müsste man sagen, die Einsicht in die notwendigen Washeitszusammenhänge ist „a priori" (37), d.h. sie muss zwar die Washeiten aus der Erfahrung nehmen oder konstruieren, da wir nicht über angeborene Begriffe verfügen, die notwendigen Zusammenhänge zwischen einzelnen Washeiten aber kann und muss sie vorgängig zur Erfahrung eines einzelnen Zusammenhangs – der als erfahrener nie notwendig ist – einsehen.

212 Auch mathematische Sätze können als a priori einsichtige Washeitszusammenhänge betrachtet werden: „Dass die Sätze der Mathematik bewiesen werden können, heißt ja nichts anderes, als dass ihre Richtigkeit einzusehen ist, ohne dass das, was sie ausdrücken, selbst mit den Tatsachen auf seine Richtigkeit hin verglichen werden muss" (Wittgenstein, TLP Nr. 6.2321). Auch geometrische Aussagen, wie die bei der Erläuterung der Begriffe „analytisch" und „synthetisch" vorgestellten analytischen und apriorisch-synthetischen (37), können als Musterbeispiele von Aussagen über notwendige Washeitszusammenhänge gelten.

213 Wittgenstein gibt noch ein Beispiel von notwendigen Washeitszusammenhängen: „Dass z.B. zwei Farben zugleich an einem Ort des Gesichtsfeldes sind, ist unmöglich und zwar logisch unmöglich, denn es ist durch die logische Struktur der Farbe ausgeschlossen" (TLP Nr. 6.3751). „Logisch notwendig" ist hier als Gegenbegriff zu „naturnotwendig" verstanden, denn es handelt sich hier nicht um einen Zusammenhang, den die Logik behandelte, da er nicht mit der Aussageform gegeben ist, sondern vom Inhalt der Begriffe „Farbe", und „Ort des Gesichtsfeldes" abhängt. Allerdings ist Wittgenstein darin zuzustimmen, dass die Notwendigkeit der Washeitszusammenhänge von ganz anderer Art ist als die „Naturnotwendigkeit", die besser nicht „Notwendigkeit" genannt würde, da sie nur angibt, was unter Voraussetzung der Geltung von Naturgesetzen erfolgen müsste. Ebenso ist auch die damit zusammenhängende Unterscheidung zwischen logischer und naturgesetzlicher, aus Induktion gewonnener Allgemeingültigkeit zu beachten, auf die Wittgenstein ebenfalls aufmerksam macht: „Die logische Allgemeingültigkeit könnte man wesentlich nennen, im Gegensatz zu jener zufälligen, etwa des Satzes ‚alle Menschen sind sterblich'." (TLP Nr. 6.1232). Ähnlich stellt bereits Kant fest: „Erfahrung gibt niemals ihren Urteilen wahre oder strenge, sondern nur angenommene und komparative A l l g e m e i n h e i t (durch Induktion), so dass es eigentlich heißen muß: so viel wir bisher wahrgenommen haben, findet sich von dieser Regel keine Ausnahme." Und er

folgert: „Notwendigkeit und strenge Allgemeinheit sind also sichere Kennzeichen einer Erkenntnis a priori, und gehören auch unzertrennlich zu einander" (Kant, KrV, B 3 f.).

*Literatur:*

Kripke 1981.

## 3. Metaphysische Erkenntnis

Die angeführten Beispiele für Washeitszusammenhänge machen deutlich, dass nicht nur tautologische und analytische Aussagen im Sinne unserer Bestimmung dieser Begriffe (37), sondern auch synthetische Aussagen derartige Zusammenhänge ausdrücken und in ihrer Wahrheit a priori erkannt werden können. Von der Möglichkeit, synthetische Aussagen a priori als wahr zu erkennen, macht Kant die Möglichkeit der Metaphysik abhängig, und diese Verknüpfung ist einleuchtend. Mit analytischen Aussagen, die von einem Definitionssystem abhängen und nur definitorisch zusammengesetzte Begriffe zunächst in verschiedene Prädikate auflösen und dann wieder zusammenordnen, lässt sich der Bereich des Erfahrbaren nicht überschreiten, wie es die Metaphysik beansprucht. Nehmen wir als Beispiel noch eine als Washeitszusammenhang formulierte analytische Aussage, um das zu verdeutlichen. „Ein Schimmel ist weiß" könnte genauer so gefaßt werden: „Für alle x gilt, wenn einem x das Prädikat ‚Schimmel‘, definiert als ‚weißes Pferd‘ zukommt, dann kommt ihm auch das Prädikat ‚weiß‘ zu.“ Mit einer solchen Aussage kann ich den Bereich des Erfahrbaren auch dann nicht überschreiten, wenn es sich nicht wie in unserem Fall um ein Prädikat handelt, das auf etwas Erfahrbares (das ist nicht dasselbe wie „erscheinend“, denn „Schimmel“ sagt mehr aus als was erscheinend vorliegt) angewandt werden kann; sie ist nämlich definitionsabhängig, und eine Definition darf nicht zu neuen Tatsachenbehauptungen führen (32).

Aber auch wenn wir über synthetische Aussagen a priori verfügen und selbst wenn wir deren Wahrheit erkennen, wie gezeigt wurde, ist damit dennoch nicht die Möglichkeit der Metaphysik als einer Wissenschaft, die das Erfahrbare überschreitet, aufgewiesen, denn wie Kant scharfsinnig feststellt, können derartige Aussagen, selbst wenn sie nicht aus der Erfahrung hergeleitet, sondern a priori aufgestellt werden können, dennoch auf das Erfahrbare beschränkt sein, wenn sie die Struktur der Erfahrungsgegenstände betreffen, die diesen das erkennende Subjekt durch die Form aufprägt, wie es sie in seine Sinneserkenntnis und seinen Verstand aufnimmt. Als Beispiel einer solchen auf Erfahrung bezogenen, wenn auch nicht aus ihr ableitbaren Erkenntnis a priori, die Kant „nicht rein", nennen würde, weil ihr „Empirisches beigemischt ist" (Kant, KrV, B 3), könnte der Satz dienen: „Alles Rote ist ausgedehnt", der – unmissverständlicher als Washeitszusammenhang formuliert – auch lauten könnte: „Wenn etwas rot erscheint (oder ist), dann erscheint es (oder ist es) notwendigerweise auch ausgedehnt."

216  Die „strenge Allgemeinheit", die diesem Satz wie jedem notwendigen Washeitszusammenhang zukommt und die zeigt, dass er nicht aus der Erfahrung gewonnen werden kann, wird deutlich in der Formulierung: „Für alle x gilt, wenn x das Prädikat ‚erscheint rot' zukommt, dann ...", aber durch die angehängte Bedingung „wenn einem x das Prädikat ‚erscheint rot' zukommt ..." „wird er doch auf das Wahrnehmbare eingeschränkt, denn nur dieses kann als rot erscheinen. Auch die Aussagen der (euklidischen) Geometrie und vielleicht auch die der Mathematik können so interpretiert werden, dass sie die Struktur des uns als erkennbaren Subjekten eigenen Wahrnehmung im Voraus gegeben ist und daher apriorische Einsichten ermöglicht. Dass mit unserem Wahrnehmungsvermögen unlösbar eine Raum-Zeit-Struktur als Wahrnehmungshorizont verknüpft ist, erweist sich aus daraus, dass wir uns weder einen Anfang noch ein Ende von Raum oder Zeit vorstellen können, so dass auch der Aussage „es gibt keinen Raum" oder „es gibt keine Zeit" kein vorstellbarer Sachverhalt entspricht.

217  Dennoch können wir diesen Horizont – zwar nicht in Wahrnehmung und Vorstellung, aber doch – im Denken überschreiten. Das belegen gerade wissenschaftliche Entwicklungen, die man gegen die Metaphysik ins Feld geführt hat, weil sie zu zeigen scheinen, dass wir über Washeitseinsichten zu verfügen glauben, die dann aber für „die Wirklichkeit" nicht gelten. Allerdings wurde da unterstellt, „Wirklichkeit" müsse „erfahrbare Wirklichkeit" bedeuten. Dass jedoch eine bestimmte Washeitseinsicht auf die erfahrbare Wirklichkeit angewandt werden kann, stellt eine Behauptung dar, die gerade über das hinausgeht, was Gegenstand der hier in Frage kommenden Einsichten ist, nämlich das als „Wenn-dann-Zusammenhang" formulierbare notwendige Verhältnis von Washeiten, das zwar wirklich, weil auch gegen unsere Intention vorhanden, aber nicht notwendigerweise auf das raum-zeitlich Gegebene anwendbar ist.

218  Zwei Beispiele aus der neueren Geschichte der Wissenschaft verdeutlichen, wie sich deren Gegenstände nicht mehr in den uns vorgegebenen Wahrnehmungshorizont einordnen lassen. Einmal die Vorlage einer nichteuklidischen Geometrie in der ersten Hälfte des 19. Jahr-

hunderts, mit der gezeigt wurde, dass man widerspruchsfrei eine Geometrie aufbauen, also „denken" kann, wozu auch die Beweise darin zulässiger Aussagen – also Einsichten in Washeitszusammenhänge – gehören, die sich dennoch in unserer anschaulichen Vorstellung nicht einfügen lässt. Sodann eine damit zusammenhängende Eigenart des „modernen physikalischen Weltbildes": „Unanschauliche geometrische Systeme erweisen sich in der Relativitätstheorie als das geeignetere Mittel zur Interpretation des physikalischen Raumes als der euklidische Anschauungsraum, und die Relativierung des Gleichzeitigkeitsbegriffes nahm auch der physikalischen Zeit eine Eigenschaft, die noch in der klassischen Physik als absolut evident erschien. So entstand die Idee eines vierdimensionalen gekrümmten Weltkontinuums, das in der phänomenalen Welt keine Entsprechung besitzt und nur rein analytischer Behandlung durch einen komplizierten mathematischen Symbolismus fähig ist" (Stegmüller, 1978, XXXIII).

Obwohl hier unanschauliche Washeitszusammenhänge eingesehen werden, handelt es sich nach üblicher Festlegung dennoch nicht um metaphysische Erkenntnisse. Allerdings verdient es, festgehalten zu werden, dass man in keinem deduktiven System, sei es logischer, mathematischer, geometrischer oder sonstiger Art ohne Einsichten in notwendige Washeitszusammenhänge auskommt; auch wenn man etwa in einer konstruktiven Theorie Ableitbarkeitsbehauptungen nicht mit logischen Schlüssen bewiesen werden, sondern durch vorgeführte Ableitungen, also Handlungen, so ergibt sich doch die Ableitbarkeit, die ja eine Möglichkeit besagt, eben deshalb, weil gilt: Alles Tatsächliche ist auch möglich – das aber stellt einen Washeitszusammenhang dar, auf den wir bereits für den Nachweis der Möglichkeit vorausset- zungsloser Wahrheitserkenntnis hingewiesen haben (185ff.). Diese Anmerkung ist deswegen wichtig, weil man bisweilen – wohl wegen missbräuchlicher Berufung auf Einsichten – sich scheut, diese zu erwähnen; man erweckt manchmal den Eindruck, dass man sie umgehen könnte, wenn man nicht wie Aristoteles im Beweisverfahren auf erste Sätze zurückgreift, die eines Beweises weder fähig sind noch bedürfen, weil sie von sich her einleuchten, sondern diese Axiome etwa als beliebige Voraussetzungen vereinbart (Konventionalismus). Gewiss kann man von derartigen Übereinkünften ausgehen, aber ob etwas daraus folgt oder nicht und ob sich – etwa im Dialogverfahren – jemand an eine Regel hält oder nicht, das muss eingesehen werden.

Selbst wenn man aber den deduktiven Wissenschaften derartige Einsichten zugesteht, ist damit immer noch nicht die Möglichkeit metaphysischer Aussagen eingeräumt, es sei denn, man schreibt ihr die Aufgabe zu, über Axiome zu befinden, wie es Aristoteles augenscheinlich tut, wenn er schreibt: „Da es aber eine Wissenschaft gibt, welche noch über der des Physikers steht (denn die Natur ist ja nur eine Gattung des Seienden), so wird dieser, die das Seiende allgemein und die erste Wesenheit zu betrachten hat, auch die Untersuchung der Axiome zufallen" (Aristoteles, Met 4,3; 1005a, Übersetzung H. Bonitz). Der „Physiker" ist für ihn die Wissenschaftler, der die „physis", die veränderliche Welt untersucht; den Bereich, der nicht nur über dieses Erfahrbare hinausreicht, sondern „alles Seiende" umfasst, könnte man mit einem späteren Ausdruck den der Metaphysik nennen. Für metaphysische Aussagen wäre gefordert, dass sie weder aus der Erfahrung herleitbar sind noch allein auf die Struktur des Erfahrbaren – etwa im Sinne Kants – sich erstrecken, ja nicht einmal eine Ordnung unserer Erkenntnis betreffen, wie das von logischen und mathematischen Washeitszusammenhängen gesagt werden könnte, sondern auch noch darüber hinausreichen.

**221**  Einen derartigen Washeitszusammenhang haben wir aber bereits kennengelernt, als überlegt wurde, was es heißt, eine Aussage als wahr zu behaupten (209f.). Da wurde festgestellt, wenn eine Aussage wahr sei, könne niemand – wer immer es sei – mit Recht das Gegenteil behaupten. Der eingeschobene Satz „wer immer es sei" erstreckt sich nun, wie dort ebenfalls angegeben worden ist, keineswegs nur auf erfahrbare oder in der Welt vorkommende Erkenntnissubjekte, sondern auf schlechthin alle, ob sie nun zur Welt, zum Erfahrbaren gehören oder nicht. Von diesen allen wird – in der zweiten Aussage, die feststellt, was mit der ersten wahren behauptet ist – ein Washeitszusammenhang wahr behauptet; es wird ja nicht ihre Existenz ausgesagt, sondern nur: „Wenn sie Gegenteiliges behaupten (und damit existieren), dann tun sie das zu Unrecht." Damit ist zugleich gezeigt, dass der Mensch – da er es tut – imstande ist, wahre metaphysische Behauptungen zu machen und deren Wahrheit zu erkennen. Die bereits eingangs erwähnte Offenheit des menschlichen Erkenntnisstrebens auf alles überhaupt (5 und 12f.) wird damit ebenfalls als nicht ins Leere gehend erwiesen.

**222**

*Literatur:*

de Vries, 1980a, 1–18; 177–198

## 4. *Das Nichtwiderspruchsprinzip*

Wenn man von metaphysischen Aussagen spricht, denkt man zumeist nicht sogleich an die gerade vorgestellte, die sich aus der Allgemeingültigkeit jeder wahren Behauptung ergibt, sondern an Grundsätze, die schlechthin alles betreffen, an allgemeinste Prinzipien, vor allem das Nichtwiderspruchsprinzip, das Aristoteles „das sicherste unter allen" genannt hat. Er formuliert es so: „Es ist unmöglich, dass dasselbe demselben unter derselben Rücksicht zugleich zukommt und nicht zukommt" (Aristoteles, Met. 4,3; 1005b). In dieser Formulierung wird dieser Grundsatz nicht auf unsere Erkenntnisse oder Aussagen eingeschränkt, wie das in der Fassung geschieht, die Kant in der „Kritik der reinen Vernunft" vorträgt: „Der Satz nun: Keinem Ding kommt ein Prädikat zu, welches ihm widerspricht, heißt Satz des Widerspruchs, und ist ein allgemeines, obzwar bloß negatives, Kriterium aller Wahrheit, gehört aber auch darum bloß in die Logik, weil er von Erkenntnissen, bloß als Erkenntnissen überhaupt, unangesehen ihres Inhalts gilt, und sagt: dass der Widerspruch sie gänzlich vernichte und aufhebe" (Kant, KrV, B 190). Dass dieses Prinzip als „Gesetz vom ausgeschlossenen Widerspruch" auch für die Logik gilt, dort dem Gegenstand der Logik gemäß für Sätze formuliert wird und selbst in der Form „¬ (p ∧ ¬ p)", d.h. „nicht: p und nicht-p" ein aussagenlogisch wahrer Satz ist, sei unbestritten. Aber das Nichtwiderspruchsprinzip, auch Kontradiktionsprinzip genannt, betrifft nicht nur den „Spruch", die „dictio", gilt nicht nur für die Aussageordnung, betrifft nicht nur die Verknüpfung unserer Intentionen, sondern auch und zuerst die damit angezielte Wirklichkeit. Man kann gewiss die Unvermeidlichkeit, das Nichtwiderspruchsprinzip in der Logik anzunehmen, daraus erläutern, dass sonst der Unterschied zwischen wahren und falschen Aussagen schwindet und folglich Wissenschaft nicht mehr möglich ist, oder man kann in einer dialogischen „Begründung" dieser Annahmen zu zeigen versuchen, dass einer, der dieses Prinzip vertritt, den Dialog immer gegen seinen Bestreiter gewinnt. Aber in all diesen Verfahren setzt man es dennoch auch zugleich voraus, denn wer es leugnet, könnte sagen, eben indem der Unterschied zwischen wahr und falsch schwinde, schwinde er zugleich auch nicht, oder beim Dialog könnte er behaupten, eine Aussage, die er zugestanden hat, habe er damit auch nicht zugestanden. Dann verliert jeder Kalkül und jeder Dialog wie jede Aussage ihren Sinn und funktioniert nicht mehr – aber es bleibt philosophisch die Frage erlaubt, woran das liegt. Äußern kann ich nämlich ein satzartiges Gebilde der Form: „Eine Fläche ist zugleich und unter derselben Rücksicht quadratisch und nicht quadratisch", oder formaler: „p und nicht-p". Sagen kann ich dergleichen zwar, aber es kann nicht sein, d.h., ich kann zwar ein und demselben x das Prädikat zuschreiben und es ihm in einer zweiten Aussage unter der gleichen Rücksicht absprechen, aber dann können nicht beide Aussagen, sondern höchstens eine von ihnen wahr sein: die Wirklichkeit ist der-

147

223 art, dass dies nicht beide zutreffen können, und zwar die Wirklichkeit „jeder möglichen Welt", da es sich beim Nichtwiderspruchsprinzip um eine logisch wahre Aussage handelt.

Wen das verblüfft, dass wir imstande sind, wahre Aussagen über Wirklichkeit schlechthin, ohne alle Einschränkung dieses Bereiches zu machen, den kennzeichnet seine erstaunliche Haltung des Staunens als Philosophen (14); wenn er aber diese erstaunliche Fähigkeit des Menschen für unmöglich hält, liegt das vielleicht daran, dass er unter „Wirklichkeit" nur das als existent Erfahrene versteht. So sehr auch das Existente und Erfahrbare dem Nichtwiderspruchsprinzip unterliegt, stellt dieses als Behauptung eines Washeitszusammenhangs dennoch nicht fest, dass etwas existiert oder dass es nicht existiert, sondern nur, dass es nicht zugleich existieren und nicht existieren kann.

224 Diese Anwendung auf einen Erfahrungsgegenstand oder einen empirischen Sachverhalt bringt sogar einige Schwierigkeiten mit sich. Auf eine, nämlich die mit dem Wort „zugleich" gegebene Bezugnahme auf Gleichzeitigkeit, macht bereits Kant aufmerksam (Kant, KrV, B 191f.), obwohl er die moderne, durch die Relativitätstheorie erst in den Blick gekommene Fraglichkeit dieses Begriffs noch nicht kannte, denn das Prinzip scheint dadurch auf empirische, nämlich zeitliche Gegenstände oder Sachverhalte eingeschränkt zu werden. Man hat deshalb auch die allgemeinere Formulierung, die nur bei zeitlichen Gegenständen auch die Gleichzeitigkeit einbezieht, vorgeschlagen: „Was ist, kann, insoweit es ist, nicht nicht sein." (de Vries, 1980a, 113). Aber auch diese Formel scheint missverständlich. Das „NichtNichtseinkönnen" besagt nämlich Notwendigkeit. Da alles – tautologisch – eben soweit und nur insoweit es ist, wäre alles notwendig, oder scheint doch umgekehrt alles Erfahrbare gerade nicht notwendig, oder wie Wittgenstein sogar meint: „Eines kann der Fall sein oder nicht der Fall sein und alles übrige gleich bleiben" (Wittgenstein, TLP, Nr. 1.21).

225 Man kann dieses Missverständnis klären, wenn man noch einmal hervorhebt, dass es sich beim Nichtwiderspruchsprinzip um die Formulierung einer Washeitseinsicht handelt, die nicht Dinge vergleicht, sondern eben Washeiten: „Nicht weil ein Seiendes dieses ist, oder weil es *Mensch* ist, oder weil es gerade *jetzt* oder *hier* ist, schließt es das Nicht-Sein aus, als ob ein anderes existierendes Einzelwesen, oder etwa ein Tier, oder ein zu anderer Zeit oder an anderem Ort bestehendes Seiendes das Nicht-Sein nicht ausschlösse, sondern allein deshalb, weil dieses Seiende ‚ist', weil ihm ‚Sein' zukommt, schließt es das Nicht-Sein aus. Ebensowenig schließt das Seiende nur deshalb das Nicht-Sein aus, weil es unter diesen oder jenen Bedingungen besteht, als ob es unter anderen Bedingungen das gleichzeitige Nicht-Sein

nicht ausschlösse. Das besagt, dass unter keinerlei Bedingung das Sein mit dem Nicht-Sein vereinbar ist. Eben das meinen wir, wenn wir sagen, das Nichtwiderspruchsprinzip gelte unbedingt, es sei von unbedingter Allgemeingültigkeit" (de Vries, 1980a, 123f.), Demnach könnte man die Einsicht, die der Satz vom ausgeschlossenen Widerspruch wiedergibt, genauer so formulieren: „Das Sein und nur das Sein schließt das Nichtsein und nur das Nichtsein aus."

Das hat allerdings die bedenkenswerte Konsequenz, mit der sich die Metaphysik zu befassen hat, dass die Anwendung dieses Gesetzes auf Erfahrenes nur in Annäherung möglich ist. Dort finden wir nämlich nie „Sein" einfachhin vor, sondern immer nur bestimmte Seinsweisen, die – nach dem Spinoza-Satz „omnis determinatio est negatio", „alle Bestimmung ist Verneinung" – auch Nichtsein besagen. Der Einwand, dass eben dies durch die Einschränkung des Nichtwiderspruchssatzes „insoweit etwas ist" berücksichtigt werde, muss einmal erläutern, wieso überhaupt – da Sein doch Nichtsein ausschließt – eine Verknüpfung von Sein und Nichtsein, also Endliches, möglich ist: eine wichtige Aufgabe für die Metaphysik, die sie nur mit Berufung auf eine besondere Analogie angehen kann (Keller, 1968 a, 255–261); zum anderen aber – und das gilt unabhängig von diesen Überlegungen zur Endlichkeit – fragt sich, wie denn die Grenze dieses „insoweit" anzusetzen wäre, zumal die Grenzen unserer Begriffsbedeutungen, unserer Intentionen, „verschwommen" sind und es unaufhebbar bleiben (Keller 1989, 107 bis 109).

In der auf das Sein und den notwendigen Washeitszusammenhang zum Ausschluss des Nichtseins bezogenen Formulierung des Nichtwiderspruchsprinzips ist das „Prinzip des ausgeschlossenen Dritten", nämlich dass es ein Drittes zwischen Sein und Nichtsein nicht gebe, mitausgesagt durch die Fassung „Das Sein und nur das Sein schließt das Nichtsein und nur das Nichtsein aus". Dass in der Logik und Mathematikbegründung dieses Prinzip nicht unumstritten ist, liegt an zweierlei. Zum einen wird es da auf die Wahrheit bezogen und behauptet dann, dass es zwischen wahren und falschen (behauptenden) Aussagen keinen dritten „Wahrheitswert" geben könne; da aber zudem das „wahr" oft noch als „entscheidbar wahr" verstanden wird, bilden zumindest die unentscheidbaren Sätze bereits ein Drittes – und möglicherweise lassen sich noch andere Zwischenstufen ansetzen, z.B. sinnlose oder nicht behauptende Aussagen. In unserer Bestimmung von Wahrheit, die auf behauptende und damit sinnvolle Aussagen eingeschränkt ist, die dann entweder zutreffen oder nicht, ohne dass dies erkannt oder aufweisbar sein muss, gilt das Prinzip des ausgeschlossenen Dritten in seiner Beziehung auf Behauptungen: sie sind entweder wahr oder nicht, treffen zu oder nicht, ein Drittes gibt es nicht. Dennoch gilt auch hier wegen der bestehenden Grenzunschärfe auch der Bedeutung von Aussagen, dass nicht für alle Fälle angegeben werden kann, ob die Aussage zutrifft, d.h., es muss gerade nicht immer entscheidbar sein, ob eine Aussage wahr oder falsch ist.

228 Dass ich jedoch in einem Grenzfall nicht ausmachen kann, ob die Aussage zutrifft, besagt nicht, dass ich das in einem anderen Fall, der sozusagen im Zentrum der Intention liegt, nicht erkennen könnte. Auf das bereits erwähnte Beispiel einer auf Erscheinendes bezogenen Aussage angewandt: Es kann Fälle geben, wo das Zutreffen der Behauptung „Dies da ist grau" auf das, was mir erscheint, nicht zu erkennen ist, aber ebensowenig das Nichtzutreffen, weil für diesen Fall das Wort „grau" oder die Behauptung „Dies da ist grau" nicht in einer für mich festliegenden Intention trifft oder fehlgeht, weil das Erscheinende etwa in der Grenzzone der Intentionen von „grau" und „weiß" liegt. Hier gilt die Feststellung Wittgensteins: „Kannst du die Grenzen angeben? Nein. Du kannst welche ziehen: denn es sind noch keine gezogen" (Wittgenstein, PhU I, Nr. 68). Aber das heißt nicht, dass nicht für andere Fälle das Zutreffen der Intention von „weiß" oder von „grau" nicht von meiner Entscheidung zur „Grenzziehung" abhängt, sondern als gegeben erkannt wird.

*Literatur:*

Husserl 1975, 88–109.
Keller 1974.
Simon 1981.

*5. Wahrnehmung und Einsicht und ihre Grenzen*

229 Wir haben jetzt zwei verschiedene Erkenntnisweisen kennengelernt, bei denen Wahrheitserkenntnis möglich ist, nämlich Wahrnehmung und Einsicht. Sie erfassen unterschiedliche Gegenstandsbereiche. Die Wahrnehmung bezieht sich auf „hier und jetzt Existentes", auf das, was im jeweiligen Anschauungsraum und der gegenwärtigen Erlebniszeit erscheint. Dabei ist nicht alles räumlich wie das, was mit den Aussagen „dies da ist rund", „dieses Eckige ist rot", „da empfinde ich Schmerzen" Angezielte, aber es ist zumindest zeitlich, wie das in den Sätzen „ich fühle mich müde", „mir ist warm" Ausgedrückte oder wie die so genannten „Bewußtseinstatsachen" „ich denke", „ich sehe das ein", „ich nehme mir dies vor". Da ich in der Reflexion auch die Wahrnehmung selbst wahrnehmen

kann, die dann jeweils die Struktur hat: „ich – nehme jetzt wahr – dieses" oder im gleichen Sinn: „mir – erschein jetzt – das", wobei keines der drei Momente für sich allein gegeben sein kann, zeigt sich auch das erscheinende „ich" und die Wahrnehmung selbst als zeitlich; entsprechend gilt auch für die in der Reflexion wahrgenommene Einsicht (als „noesis") „Ich sehe dies jetzt ein." Da in jeder derartigen Wahrnehmung untrennbar das „ich" miterfasst wird, verfügt jeweils niemand anderer über dasselbe Erscheinende, da keinem dieses „ich" als erscheinendes zugänglich ist – wenn man von der theologischen Überlegung einmal absieht, wonach Gott auch jede Selbsterkenntnis aller übrigen Wesen miterkennt. Insofern reden nie zwei über dasselbe, wenn sie vom Erscheinenden sprechen, sondern jeder nur davon, was je ihm erscheint. Dennoch unterstellen wir gemeinhin, dass wir vom gleichen Gegenstand sprechen, wenn wir etwa im Alltag sagen: „Dies dort ist rot!" Wie das zu rechtfertigen ist, wird noch zu erörtern sein; als Rechtfertigung kann jedenfalls nicht die falsche Behauptung dienen, es handle sich in einer entsprechenden Wahrnehmung zweier Menschen um dasselbe – statt bestenfalls um das gleiche – Rot.

Anders ist die Lage bei Washeitszusammenhängen. Deren Notwendigkeit, ihre „Geltung für jede mögliche Welt", erweist sie als nicht an Anschauungsraum und -zeit gebunden, wie es die existent erscheinenden raum-zeitlichen oder zeitlichen Gegenstände unserer Wahrnehmung sind. Hier hat es daher auch keinen Sinn, von „demselben" Sachverhalt zu reden, da Washeiten nicht als Individuen existieren, die wir als „das da" an einer bestimmten Raum-Zeit-Stelle „identifizieren", d.h. als dieses selbe bestimmen und mit Eigennamen bezeichnen. So kann ein anderer zwar – auf das Erscheinende bezogen – nicht denselben Einzelgegenstand wahrnehmen wie ich, wohl aber den gleichen Washeitszusammenhang.

Besonders durch die Einschränkung der als wahr erkennbaren Existenzbehauptungen auf das je mir hier und jetzt Gegebene wird deutlich, dass mit diesen beiden durch das Verfahren der Einklammerung aufs Erscheinende eingeengten Erkenntnisweisen zwar Wahrheitserkenntnis zu erreichen ist, und zwar nur in diesem engen Bereich, weil nur da die Behauptung und ihr Zutreffen zugleich erkennbar sind, dass sie aber völlig unzureichend bleiben, den weitaus größeren Bereich dessen abzudecken, was wir mit unserer Erkenntnis und unserem Wissen zu erfassen meinen und dessen wir uns in unserer natürlichen Einstellung und in den Erfahrungswissenschaften durchaus gewiss sind, ganz zu schweigen von dem, was wir als wahrscheinlich annehmen oder vermuten.

Ein Versuch, diesem Mangel abzuhelfen, wird bisweilen mit Hilfe des Kausalitätsprinzips unternommen. Dieses, als Washeitszusammenhang gefasst, besagte: „Alles Kontingente, d.h. alles, was von sich her ebenso sein wie nicht sein kann, bedarf einer Ursache, dass es ist." „Alles als existent Erscheinende ist nun als Raum-Zeitliches, wie sich in der Metaphysik zeigen lässt, endlich und folglich kontingent – oder wie wir bereits angemerkt haben: alles Erfahrbare scheint nicht notwendig, kann der Fall sein oder nicht (224).

Somit ließe sich folgender Schluss formulieren: Alles Kontingente hat eine Ursache; dies da (das mir erscheint) ist kontingent; also gibt es – außer diesem da – auch noch eine Ursache dafür. Aber mit einem solchen Schluss allein ist dennoch die Überschreitung dessen, was uns als existent erscheint, auf ein realexistent außerhalb des Erscheinungsbereichs Liegendes nur sehr unbestimmt gewährleistet. Im Erscheinungsbereich selbst erkennen wir bezüglich einiger Akte das erscheinende Ich als Ursache, wenn wir etwa feststellen: „Ich konzentriere mich" oder „Ich nehme mir vor" oder „Ich entschließe mich"; diese Aktivität des erscheinenden Ich bildet sogar den deutlichsten Fall von Verursachen oder Wirken, von dem her wir die Begriffe „Wirkung" und „Ursache" erst verstehen, weil wir sie sonst nirgends verwirklicht finden, wie David Hume (1711–1776) mit dem Hinweis erläutert, wir fänden bei unserer Beobachtung nirgends „irgendwelche Eigenschaft, die die Wirkung an die Ursache bände und die eine zur unfehlbaren Folge der anderen machte. Wir bemerken nur, dass die eine tatsächlich, in Wirklichkeit der anderen folgt. Den Anstoß der einen Billardkugel begleitet eine Bewegung der zweiten. Dies ist alles, was äußeren Sinnen erscheint" (Hume, 1920, 77).

Allerdings zeigt sich das erscheinende Ich durchaus nicht für alles ihm Erscheinende als Ursache, was besonders in den Fällen deutlich wird, wo ihm – wie etwa bei einem Schmerz – das Erscheinende widerstrebt; aber auch das Wahrnehmen bringt es nicht ursächlich als bewusstes Ich hervor, weil es nicht von seinem Wollen abhängt, ob ihm etwas erscheint oder nicht. Auch dass ich etwas einsehe oder nicht einsehe und ebenso was ich einsehe, ergibt sich nicht einfach daraus, dass ich es einsehen will oder nicht will. Zwischen den einzelnen Gegenständen, die als existent dem wahrnehmenden Ich gegenüberstehen, entdecke ich hingegen keine Ursächlichkeit. Allerdings folgt daraus, dass mir etwas nicht erscheint, noch nicht, dass es nicht dennoch der Fall ist (aus dem Nicht-erkennen oder Nicht-erkannt-sein folgt kein allgemeines Nicht-sein). Eben deshalb kann auch aus der Kontingenz eines einzelnen Erscheinenden nicht auf eine außerhalb des Erscheinungsbereichs liegende Ursache geschlossen werden, da diese auch in einem anderen Erscheinenden gegeben sein könnte, auch wenn ich sie nicht als Ursache erkenne, da mir die Ursächlichkeit nicht erscheint. Erst wenn ich die Gesamtheit alles Erscheinenden als eine kontingente

Einheit fasse, kann ich von ihr aus auf eine außerhalb dieser Gesamtheit liegende Ursache schließen, die dann offenkundig nicht zum Erscheinenden gehört, also eine gewisse Ähnlichkeit zum Kantischen „Ding an sich" besitzt, allerdings, obwohl sie im übrigen zunächst völlig unbestimmt bleibt, sich dadurch von diesem „Ding an sich" unterscheidet, dass sie zwar außerhalb des Erscheinenden, aber nicht außerhalb des Erkannten liegt, da sie erschlossen wird.

Dennoch trägt dieses Vorgehen nicht weit, genügt keinesfalls, um die Gewissheit meiner natürlichen Einstellung und das in der Erfahrungswissenschaft gesammelte Wissen zu rechtfertigen, da darin weit mehr gefasst ist, als eine unbestimmte, jenseits des Erscheinenden liegende Ursache für die Gesamtheit des Erscheinenden. Dafür muss vielmehr eine andere Erkenntnisweise gefunden werden, deren Hauptfrage – weil Wahrheitserkenntnis im genauen Sinn nur innerhalb des Erscheinenden oder bei Wahrheitszusammenhängen möglich ist – lautet: Wie ist Gewissheit ohne Wahrheitserkenntnis möglich und zu rechtfertigen?

*Literatur:*

Popper 1974.

## IV. Gewissheit ohne Wahrheitserkenntnis

### 1. Rechtfertigung von Behauptungen als Handlungen

Wo mir die Wirklichkeit, die ich mit meinen Behauptungen anziele, nicht derart erscheint, dass ich das Zutreffen der behauptenden Aussage wahrnehmen kann, nämlich entweder als in Anschauungsraum und Anschauungszeit gegenwärtig Existentes, falls die Wahrheit von Tatsachenbehauptungen in Frage steht, oder als notwendiger Washeitszusammenhang, falls apriorische Sachverhalte behauptet werden, vermag ich – das ergibt sich aus der vorgelegten Begriffsbestimmung von „Wahrheit" – nicht zu erkennen, dass meine oder von wem immer aufgestellten Behauptungen wahr sind. Dennoch bin ich mir einer Fülle von Tatsachen und Sachverhalten, etwa naturgesetzlicher Art, gewiss und übernehme sie – etwa in den Erfahrungswissenschaften – auch als gewiss von anderen, obwohl ich ihre Wahrheit im geschilderten Sinn nicht erkenne. Aufgrund dieser Gewissheit behaupte ich sie auch, d.h., ich vertrete sie als wahr gegen jedermann. Auch wenn ich sie für wahrscheinlich halte, bin ich dieser Wahrscheinlichkeit gewiss (sonst halte ich sie nicht für wahrscheinlich) und kann sie als nicht widersinnig, als wenig wahrscheinlich behaupten oder in einem noch schwächeren Fall als unmöglich. Wie sehr ich meine Zustimmung derart zwar, aber doch nicht stimmten Sachverhalt auch einschränke, die eingeschränkte Zustimmung muss ich schließlich wieder einschränken, d.h. nicht den Sachverhalt, aber meine Stellungnahme dazu als wahr vertreten, behaupten können – sonst hätte ich gar keine Meinung – und müsste schlicht von dem fraglichen Sachverhalt bekommen: „Ich weiß es nicht" – aber auch das wäre wieder eine Behauptung, ein als wahr ausgegebener Satz. Ob ich also den Sachverhalt selbst behaupte, oder meine Einstellung dazu in Aussagen kundtue wie „Ich bin dessen gewiss", „Ich halte es für wahrscheinlich", „Ich vermute es", „Ich bezweifle es, halte es für unwahrscheinlich, bin im Ungewissen darüber, weiß es nicht, lehne es ab oder ignoriere es", in keinem dieser Fälle komme ich daran vorbei, Wahrheit für mich dadurch in Anspruch zu nehmen, dass ich etwas behaupte. Und meist ist nicht nur meine Einstellung zu einem Sachverhalt gefragt, sondern dieser selbst. Falls etwa die Tragfähigkeit einer Brücke erörtert wird, möchte deren Benutzer wohl weniger wissen, ob der Erbauer oder Statiker sich über die Belastbarkeit sicher ist, sondern ob die Brücke selbst – in Wirklichkeit, nicht nur in der Intention eines Sachverständigen – sicher ist.

235 So werden in den meisten Fällen – ohne das wäre ein menschliches Leben und Zusammenleben unmöglich – Behauptungen aufgestellt, ohne dass deren Wahrheit im geschilderten anspruchsvollen Sinn erkannt ist, da in ihnen mehr behauptet wird, als erscheint; das gilt für Behauptungen wie „Alle Menschen sind sterblich" oder „Massen ziehen sich an" ebenso wie für „New York ist die größte Stadt der USA" oder auch „Gestern früh bin ich vor sechs Uhr aufgestanden". Dann aber sind wir gefragt, wie die Behauptung eines Sachverhaltes zu rechtfertigen ist, wenn wir das Zutreffen der behaupteten Aussage, also ihre Wahrheit, nicht erkennen. Und ähnlich werden wir in den anderen Fällen, wo wir eine Aussage etwa für zweifelhaft oder für wahrscheinlich halten – also ihre Wahrheit oder Falschheit ebenfalls nicht erkennen, da sonst diese Einstellung unvertretbar wäre –, unsere Haltung zu einer solchen in ihrer Wahrheit nicht erkannten Aussage rechtfertigen müssen.

236 Die Möglichkeit, eine Behauptung zu rechtfertigen, obwohl ich das Zutreffen des behaupteten Sachverhaltes nicht erkenne, scheint auf einem einzigen Weg möglich: Man muss die Behauptung als eine menschliche Handlung betrachten – was sie ja ist – und dann so rechtfertigen, wie menschliche Handlungen allgemein zu rechtfertigen sind,

nämlich nach ethischen Grundsätzen. Nun gilt aber das schlechthin normative Prinzip der Ethik, von dem alle anderen Regeln ihre ethisch-normative Kraft herleiten, der formale Imperativ: „Handle stets so, dass du in deinem Handeln die größtmögliche Freiheit auf Dauer ermöglichst!" (84). Um frei handeln zu können, brauche ich jedoch Beweggründe oder Motive für meine Entscheidung. Ein unmotiviertes und folglich zielloses Handeln wäre unfrei, wäre nur eine „actio hominis", keine „actio humana" (153). Als anzielbar oder als Motiv erscheint mit etwas jedoch nur, wenn ihm in mir selbst eine Neigung oder Handlungstendenz entspricht – die Psychologie spricht von „Motivation" oder auf Erkennen bezogen von „Interesse", andere Ausdrücke, die hierher gehören, wären „Antrieb", „Drang", „Trieb", „Strebung". Wie bereits angemerkt (202f), strebt nicht nur unser Erkenntnisvermögen selbst (verkürzt gesagt für: „der Mensch als erkennender") nach immer Neuem, nach ständiger Ausweitung der Grenzen des Erkannten (12–14), sondern jedes erkennende Verhalten ist noch begleitet und beeinflusst von einer Fülle weiterer Tendenzen. Wir streben etwa in unserem Erkennen nach Wahrheit, nach Übersichtlichkeit, nach einem „Sich-auskennen" und Verstehen.

Aus dem spontanen Drang heraus, sich auszukennen, tendieren wir im Erkennen ebenso spontan auch dazu, die Vielfalt der Eindrücke zu ordnen, etwa indem wir sie zu Dingen zusammenfassen, sie in den – hier als absolut, also nicht auf unsere Anschauung bezogen, angenommenen – Raum-Zeit-Horizont an einer bestimmten Stelle („gestern um 11.30 Uhr in meinem Büro") einzugliedern, als zu einer bestimmten Art gehörig und in bestimmte Beziehungen zu anderen „Dingen" stehend aufzufassen usw.; und dies alles geschieht nicht aufgrund eines dazu erforderlichen Beschlusses, sondern im unwillkürlichen Fortgang unseres Erkennens, soweit wir den nicht – etwa in der „epoché" – blockieren. Damit gelangen wir aber zu den fraglichen Behauptungen, die nicht durch das, was erscheint, gedeckt sind, deren Wahrheit wir selbst also nicht erkennen.

Dennoch kann es nicht nur vorkommen, sondern es ist eher die Regel, dass wir aufgrund dieser Tendenzen ein Motiv haben, einer derartigen Aussage zuzustimmen, ohne dass sich ein entsprechendes Gegenmotiv zeigte, das also dafür spräche, d.h., in uns die Neigung weckte, die Aussage zu bezweifeln oder abzulehnen. Gesetzt wir hätten nicht die Möglichkeit, die nur selten gegeben ist, uns einer Stellungnahme zu der fraglichen Aussage zu entziehen – eine Haltung, die ebenfalls gerechtfertigt werden müsste –, dann stehen wir vor der Wahl, entweder gemäß unserer Neigung, also motiviert zu verfahren oder unmotiviert zu handeln. Da unmotiviertes Handeln unserer ethischen Ausrichtung auf Freiheit zuwiderläuft, zur freien Entscheidung hingegen Motive erforderlich sind (80), ist jene Haltung, die unserer Neigung bei fehlenden Gegenmotiven entspricht, allein zu rechtfertigen. Im Fall also, dass wir nur Motive zur Zustimmung entdecken, ist die Zustimmung oder die Behauptung gerechtfertigt, selbst wenn wir sie nicht als wahr erkennen können. Jeder erkannte Grund, sie als falsch zu vermuten, stellte natürlich ein beachtliches Gegenmotiv dar – und in der Abwägung der Motive und Gegenmotive kann ich die verschiedenen Einstellungen zu einem Sachverhalt rechtfertigen, etwa ihn für wahrscheinlich oder für höchst zweifelhaft anzusehen. Wichtig ist, dass nicht nur die Zustimmung, sondern auch der Zweifel oder die Ablehnung der Rechtfertigung bedürfen und auf die gleiche Weise gerechtfertigt werden können. Falls ich allerdings – bei der Beschränkung meiner Aussage auf das Erscheinende – die Wahrheit oder Falschheit der Behauptung selbst erkenne, werden alle anderen Motive dadurch aus dem Feld geschlagen, und es ist mir psychisch nicht möglich, etwa das Gegenteil des als wahr Erkannten zu glauben oder vor mir zu behaupten, auch wenn ich – in einer Lüge – die dann als falsch erkannte Behauptung nach außen vertreten kann.

*Literatur:*

Newman 1961.
Schwemmer 1981.

238

## 2. Gewissheit; Schein; Irrtum

Gewissheit ist ein graduell verwirklichbarer Begriff. Die Einstellung zu Sachverhalten kann reichen von der Gewissheit, dass die sie behauptenden Aussagen nicht zutreffen, über einen jeweils abnehmenden Grad ihrer Unwahrscheinlichkeit und den Zweifel, ob sie mehr anzunehmen oder abzulehnen seien, dann die stärker werdende Vermutung, sie träfen zu, also ihre wachsende Wahrscheinlichkeit, bis hin zur unerschütterlichen Gewissheit, es sei ihnen zuzustimmen; daher hat etwa der Ausdruck „mit an Sicherheit grenzender Wahrscheinlichkeit" seine Berechtigung. Der Begriff „Wahrheit" kennt hingegen keine Grade: eine Behauptung trifft entweder zu oder nicht; wenn sie nur teilweise zutrifft, ist sie falsch.

Gewissheit tritt dann ein, wenn ich nur Motive für die Zustimmung zu einem Sachverhalt bemerke und keine entgegenstehenden oder wenn zumindest ein überwältigendes Übergewicht der Beweggründe für eine Annahme des in Frage stehenden Sachverhalts vorliegt, wogegen alle widersprechenden ohne Belang erscheinen. Da nun die erkannte Wahrheit einer Aussage alle Gegengründe für eine Zustimmung ausräumt, sind als wahr erkannte Aussagen auch gewiss – wie man oft verkürzt für „ich bin (oder wir sind) ihrer gewiss" sagt. Weil aber in der Wahrheitserkenntnis nicht das einzige Motiv für die Zustimmung liegt, können auch Aussagen gewiss sein, deren Wahrheit ich nicht erkenne. Das ist sogar – bedenkt man, dass Wahrheitserkenntnis nur im Bereich des Erscheinenden bei Behauptungen von Einzeltatsachen oder Wahseitszusammenhängen möglich ist – bei der weitaus überwiegenden Zahl der Aussagen der Fall, deren wir uns gewiss sind, z.B. in fast allen erfahrungswissenschaftlichen und alltäglichen.

Allerdings ist in diesen Fällen dann ein Irrtum nicht ausgeschlossen. Ein Irrtum setzt nämlich Gewissheit voraus. Bezüglich einer Aussage, die ich bezweifle, kann ich nicht irren, höchstens kann der Zweifel ungerechtfertigt und daher verfehlt sein. Irrtum tritt hingegen nur dort auf, wo eine Aussage mit Gewissheit behauptet wird, die nicht zutrifft. Wer sie behauptet, ohne gewiss zu sein, ob sie wahr ist, äußert sich unredlich – und wenn er sich ihrer Falschheit gewiss wäre, löge er. Ein Irrtum liegt jedoch genau genommen nur vor, wenn er sie fälschlich mit Gewissheit für wahr hält.

Da in den meisten Fällen, wo wir gewiss sind, die Wahrheit nicht erkannt wird, ist ein Irrtum da nie völlig auszuschließen. Wer – weil er Irrtumslosigkeit etwa für den allein ausschlaggebenden Wert unserer Erkenntnis ansieht (was selbst ein Irrtum ist) – sich auf jenen Bereich zurückziehen wollte, in dem ein Irrtum – da dort Wahrheitserkenntnis möglich ist – gänzlich vermeidbar ist, nämlich auf das – nach der Einklammerung aller Voraussetzungen übrigbleibende – Erscheinende, der würde dadurch lebensunfähig.

Das sei an einem Beispiel kurz erläutert: Wer in einem Gasthaus ohne Selbstmordabsicht arglos seine Suppe löffelt, handelt aus der Überzeugung, ist also gewiss, dass diese Suppe nicht vergiftet ist. Er hat aber die Wahrheit dieser Überzeugung nicht etwa dadurch überprüft – feststellen ließe sich diese ohnehin nicht –, dass er den Koch und alle Zutaten kontrolliert hat. Dennoch nennen wir sein Handeln vernünftig, es ist gerechtfertigt, weil alle ihm bekannten Beweggründe – falls er sich die Sache überhaupt überlegt – dafür und keine erkennbaren Motive dagegen sprechen, dass die Suppe nicht vergiftet sei. Hingegen wäre sein Versuch, ihre Unschädlichkeit jeweils erst zu überprüfen, unvernünftig – der könnte etwa aus einem Verfolgungswahn stammen, in dessen Licht man überall Gründe für die Annahme einer Bedrohung entdeckt und ihrer dann auch gewiss wird. Hier liegt übrigens auch außerhalb eines Wahns eine besondere Gefahr der Vorurteile, dass sie uns Gründe für oder gegen die Annahme einer Aussage oder einer

Theorie liefern, die von der Sache her nicht gegeben sind und daher zur falschen Gewissheit führen.

Eben das am Erscheinenden, das uns aufgrund unserer Neigung Anlass gibt, mit unserem Behaupten über das hinauszugehen, was uns erscheint, nennen wir Schein (196), besonders wenn es uns zu einem falschen Urteil führt, aber nicht nur dann; so drückt auch „wahrscheinlich" aus, dass etwas nur wahr scheint, aber es legt nicht nahe, dass wir uns mit dieser Annahme irren. In dem bereits vorgestellten Beispiel einer als Buch aufgemachten Zigarrenkiste (193), könnte man sagen: „Es scheint ein Buch zu sein, aber tatsächlich ist es eine Zigarrenkiste." „Ähnlich sprechen wir etwa von Scheingold – im Gegensatz zum echten oder „wahren" (144) Gold, wenn etwas wie Gold aussieht, aber keines ist. Wir lassen uns vom Schein täuschen. Aber die Täuschung liegt nicht in dem, was erscheint, sondern sie kommt dadurch zustande, dass darin ein Motiv liegt, das uns veranlasst, in unserem Behaupten etwas anderen anzunehmen, als gerade das Erscheinende. Wir halten es für etwas anderes: „täuschen" hängt mit „ver-tauschen" zusammen. Die Täuschung führt zum Irrtum, aber nicht unser Wahrnehmen oder unsere Einsicht täuschen sich – das können sie gar nicht, denn falls wir da eine Vertauschung fingieren wollten, würde eben etwas anderes wahrgenommen oder eingesehen; vielmehr kommt ein Irrtum erst zustande, wenn wir mit unserer Behauptung über das Wahrgenommene oder Eingesehene hinausgehen oder etwas anderes vertreten. So ist es keine Willkür, dass wir Wahrheit oder Falschheit nur behauptenden Aussagen zuschreiben (157f.); wahre oder falsche Wahrnehmung und Einsicht kann es nämlich nicht geben, nur wahres oder falsches Urteilen darüber – oder genauer: darüber hinaus.

*Literatur:*

Berger 1970.
Kutschera 1972.
Wild 1980,

### 3. Lernen

Eine der wichtigsten Neigungen, die mit unserem Erkennen verknüpft sind, ist die zu lernen, und das heißt zu verallgemeinern. Sie gehört zu der wirksamen Grundtendenz, gemäß der wir im Erkennen stets auch versuchen, das Erkannte zu ordnen, damit wir die Übersicht behalten (72f.). Schon das Erscheinende bietet sich nicht in einem völlig regellosen Neben- oder Nacheinander dar, sondern wir erfassen es gestaltet. Wie die Gestaltpsychologie darlegt, hängt es zum Teil von unserer Einstellung ab, welche Gestalten wir erfassen, aber dass wir überhaupt Gestalten wahrnehmen, liegt nicht in unserem Ermessen, ist keine Sache unserer bewussten Intention, sondern die wahrgenommene Wirklichkeit wird bereits im Wahrnehmen gestaltet. Sie wird dann weiter geordnet, indem wir das jetzt Wahrgenommene spontan mit dem verbinden, dessen wir uns erinnern, zumindest dadurch, dass wir es als bekannt erfassen, oft auch einem Eigennamen (z.B. Matterhorn) oder einer anderen durch einen Prädikatsausdruck (z.B. „Katze") bezeichneten Klasse zuordnen; oder wir erkennen ihm einen bestimmten Platz in der erinnerten Räumlichkeit und Zeitlichkeit zu („Das Buch liegt noch an der gleichen Stelle wie gestern früh"). Daneben verknüpfen wir aber auch spontan verschiedenes Erscheinende (etwa Farbiges, Hartes, als eckig Gespürtes) zu einem Ding, besonders wenn diese Eindrücke gemeinsam gegen ihren Hintergrund beweglich erscheinen und nach der Erinnerung konstant verbunden sind. Es gibt sogar Hinweise, dass das elementarste „Ding" für den Menschen der andere Mensch ist oder jedenfalls ein menschliches Gesicht, denn schon Säuglinge unter vier Monaten reagieren auf eine Gesichtsschablone mit Lächeln, und selbst mit anderen Dingen geht das kleine Kind später dann um, als hätten sie Bewusstsein, in dem es ihnen etwa zuredet oder sie bestraft. Diese anthropomorphe, also nach dem Orientierungsbild des Menschen vorgenommene, Deutung der Welt geht auch später nicht ganz verloren, und zwar nicht etwa nur in sogenannten „Primitivkulturen", die alles für beseelt oder von Dämonen gesteuert ansehen, sondern – ohne dass wir das meist beachten – etwa auch, wenn wir von „Kräften" in der Welt, von „Anziehung" in der Physik sprechen und vielleicht auch von Verursachung und Wirkung (232).

Wir verknüpfen nämlich in der so gedeuteten Welt auch Ereignisse, die in der Erlebniszeit kurz nacheinander auftreten, tendenziell so, dass wir „post hoc, ergo propter hoc" folgern, d.h., wir nehmen das, was zeitlich kurz nach dem anderen erfolgt, als durch dieses bedingt an; besonders sind wir geneigt, intensive Einzelerlebnisse, etwa als besonders angenehm oder widrig empfundene, derart von der Situation abhängig zu sehen, in der sie zustandekommen, so dass diese als Ursache oder zumindest als Bedingung für das beeindruckend Erlebte aufgefasst werden. Da wir zudem der Tendenz nachgeben, im Vorüberfluss der zeitlichen Erlebnisse Konstantes auszumachen, vor allem indem wir unserem Gedächtnis trauen, aber auch indem wir annehmen, die im gegenwärtig Erscheinenden wahrgenommenen oder aus ihm konstruierten Verknüpfungen hielten sich so im Vorübergang der Zeit durch, dass in einer ähnlichen Situation ein ähnliches Erlebnis zu erwarten sei, deshalb lernen wir, wie etwa das Sprichwort belegt: „Ge-branntes Kind scheut das Feuer."

244 Eine ähnliche Lernbereitschaft darf auch bei Tieren angenommen werden – obwohl bei dieser Annahme auch eine anthropomorphe Deutung mitspielt. Jedenfalls scheinen auch sie vor allem aus den für sie sehr nachteiligen oder vorteilhaften Erfahrungen zu lernen. Dabei ist auch für menschliches Lernen ein Experiment mit Tauben beden-kenswert, von dem der amerikanische Behaviorist B.F. Skinner 1948 berichtet hat („Behaviorismus"; psychologische Richtung, die nur das äußere Verhalten registriert). Tauben sind Tiere, die sehr schnell ler-nen. Erhält eine Taube etwa in einer Versuchsanordnung beim Picken gegen eine Scheibe aus einem Automaten ein Futterkorn, so bringt sie bisweilen bereits beim ersten Mal das Picken auf die Scheibe mit dem Erhalt des Futters in Verbindung, sie lernt diesen Zusammenhang. Bei den von Skinner geschilderten Versuchen fiel nun in verschiedenen Kisten, in denen jeweils eine Taube saß, alle 15 Sekunden ein Korn, unabhängig davon, was das Tier tat. Die Taube verknüpfte nun das, was sie zufällig vor Erhalt des Futterkorns getan hatte, mit diesem „Erfolg" und wiederholte daher das „erfolgreiche" Verhalten und er-hielt, wenn die 15 Sekunden um waren, wieder eine „Belohnung", die-ses Verhaltens, so dass dies noch bekräftigt wurde. Als Ergebnis entwickelte dabei jede Taube ein eigenes Ritual – Kopfbeugen, Putz-bewegungen ausführen, sich im Kreis drehen usw. Anthropomorph gedeutet würde man sagen, die Tauben glaubten, dass ihr Verhalten, obwohl es nichts mit dem Erhalt des Futters zu tun hatte, doch dazu beitrug, dass sie das Gewünschte erhielten, Skinner nannte sie deshalb „abergläubisch" (Bogen, 1976, 132f).

*Literatur:*

Conrad, 1973.
Flechtner, 1976/79.

*4. Wissen; Induktion; Erfahrungskritik*

245 Das erinnert an einen Satz, den Wittgenstein dreißig Jahre zuvor im „Tractatus" aufgestellt hatte: „Der Glaube an den Kausalnexus ist der Aberglaube" (TLP Nr. 5.1361). Er ist nämlich – ähnlich wie Hume (232) – überzeugt, dass wir zwischen den Tatsachen keinen kausalen Zusammenhang feststellen können. Daraus ergibt sich für ihn dann die Konsequenz: „Dass die Sonne morgen aufgehen wird, ist eine Hypo-

these; und das heißt: wir wissen nicht, ob sie aufgehen wird. Einen Zwang, nach dem eines geschehen müsste, weil etwas anderes geschehen ist, gibt es nicht. Es gibt nur eine logische Notwendigkeit. Der ganzen modernen Weltanschauung liegt die Täuschung zugrunde, dass die sogenannten Naturgesetze die Erklärung der Naturerscheinungen seien" (Wittgenstein, TLP, Nr. 6.36311–6.371).

Es scheint gewiss unbefriedigend, unsere gesamte Erfahrungswissenschaft so in die Nähe des Verhaltens "abergläubischer Tauben" gerückt zu sehen. Dennoch ist zuzugestehen, dass einige Gemeinsamkeiten vorzuliegen scheinen, zumal man Wittgenstein zumindest in einem widersprechen muss: Wir sagen berechtigterweise, wir wüßten, dass die Sonne morgen aufgeht, denn "wissen" besagt zweierlei, nämlich, dass wir eines Sachverhalts gewiss sind, und dass er zutrifft. Da wir das Zutreffen jedoch in den meisten Fällen nicht wahrnehmen (Beispiel: "Ich weiß, dass Napoleon auf St. Helena starb", "Ich weiß, dass das Mammut ausgestorben ist"), ist zwar die Wahrheit, nicht aber die erkannte Wahrheit Bedingung für die korrekte Verwendung des Begriffs "wissen". Daraus ergibt sich, dass wir uns in der Behauptung, wir wüßten etwas, irren können. Das ist hingegen nicht möglich, wenn wir sagen, wir glaubten etwas. Obwohl der Sachverhalt, auf den sich das Glauben bezieht, weniger gewiss sein kann ("Ich glaube, dass p" kann bedeuten "Ich vermute, halte für wahrscheinlich, dass p") als der, den ich weiß, ist die Aussage "ich glaube, dass p" nicht dem Irrtum ausgesetzt wie die "Ich weiß, dass p", weil sie nur von der – mir erscheinenden – eigenen Einstellung zum Sachverhalt, der in p behauptet wird, abhängt, und nicht vom Zutreffen dieser Behauptung, wie das beim Wissen der Fall ist. Dem Einwand: Aber man darf doch nicht sagen, man wisse es, wenn man sich dabei irren kann, wäre der Satz Wittgensteins entgegenzuhalten "Ich habe ein Recht zu sagen 'Ich kann mich hier nicht irren', auch wenn ich im Irrtum bin" (Wittgenstein, 1970b, Nr. 663) oder "Ich habe ein Recht, zu sagen, ich weiß das, auch wenn ich mich dabei irren kann", denn ich habe ein Recht, meinen Neigungen zu folgen, wenn sich kein Motiv für das Gegenteil zeigt (237).

Dann fragt es sich aber, wodurch wir uns in unserem Wissen von den "abergläubischen Tauben" unterscheiden, da auch die nur ihrer instinktiven Tendenz folgen. Zunächst nicht dadurch, dass wir etwas lernen, also ein Ereignis unserer Neigung gemäß mit einem anderen in Zusammenhang bringen, dies im Gedächtnis speichern, ebenfalls unserer Neigung gemäß diesem Gedächtnis trauen und – noch einmal der uns mitgegebenen Tendenz zufolge – erwarten, dass sich das, was wir so aus der Vergangenheit kennen, gleichermaßen in Zukunft wiederholt, wobei wir jede derartige Wiederholung als Bestätigung und Verstärkung dieser vorausliegenden Annahme auffassen. Dabei sind wir ständig versucht, auf die Frage, mit welchem Recht wir aus der Vergangenheit auf die Zukunft schließen, zu antworten, ein solches Verfahren habe sich doch bisher stets bewährt, ohne zu berücksichtigen, dass dieses Argument nur selbst unter der Voraussetzung trägt, dass wir aus der Vergangenheit etwas für die Zukunft ableiten dürfen – ähnlich wie wenn wir die Verlässlichkeit unserer Erinnerung damit begründen wollten, wir hätten uns bisher immer darauf verlassen können (was wir eben aus unserer Erinnerung wissen!).

248 Aber auch die Induktion (97), in der wir von einer oder wenigen Erfahrungen auf ein allgemeines Gesetz übergehen und damit aus der Vergangenheit Prognosen für die Zukunft gewinnen, lässt sich nur dadurch rechtfertigen, dass wir diese Verallgemeinierungstendenz in uns tragen und oft keinen Grund erkennen, ihr nicht nachzugeben. Wittgenstein formuliert das im „Tractatus" so: „Der Vorgang der Induktion besteht darin, dass wir das einfachste Gesetz annehmen, das mit unserer Erfahrung in Einklang zu bringen ist. Dieser Vorgang hat aber keine logische, sondern nur eine psychologische Begründung" (TLP Nr. 6.363f.). Das heißt, es liegt dem Verfahren der Induktion kein „Induktionsgesetz" zugrunde, sondern nur unsere Neigung: „Das Eichhörnchen schließt nicht durch Induktion, dass es auch im nächsten Winter Vorräte brauchen wird. Und ebensowenig brauchen wir ein Gesetz der Induktion, um unsere Handlungen und Vorhersagen zu rechtfertigen" (Wittgenstein, 1970b, Nr. 287).

249 Dass wir uns dennoch in den Gesetzesaussagen, die wir besonders in den Wissenschaften aufgrund unserer Induktionsneigung berechtigt aufstellen, deutlich von Tauben und Eichhörnchen unterscheiden, liegt zunächst daran, dass wir die Verallgemeinierungen als Aussagen formulieren. So werden sie nämlich überprüfbar. Dabei genügt es uns in der Regel nicht, dass sie durch die Erfahrung eines einzelnen bestätigt werden, sondern wir verlangen – vor allem damit sie als wissenschaftlich zugelassen werden – „Intersubjektivität", das heißt, dass sie bei verschiedenen Menschen ähnlich wiederholbar vorkommen. Dabei akzeptieren wir nur das als „Welt", „worüber man sich als etwas von vielen als wirklich Erfahrenes verständigen kann" (Keller, 1989, 124). Dabei wird unterstellt, dass sich Erfahrungen mitteilen lassen, so dass man auch aus Erfahrungen anderer lernen kann. Allerdings findet diese Mitteilbarkeit darin ihre Grenzen, dass es keine gehaltvollen Mitteilungen gibt, die gegen jedes Missverständnis abzusichern wären. In der Wissenschaft vor allem sind überdies die Gesetzesaussagen nicht nur in ein System zu bringen, so dass aus ihnen Hypothesen und aus diesen wiederum Theorien aufgebaut werden, sondern sie müssen auch in immer neuen Situationen erprobt werden, indem man aus

ihnen Prognosen ableitet und zusieht, ob sie eintreffen. Ist das der Fall, so wird das Gesetz bestätigt, es bewährt sich, und die Bestätigung wächst mit jedem Erfolg. Unsere Neigung, der Gesetzesaussage zuzustimmen, nimmt zu und damit die Gewissheit, die wir von ihr haben. Im Vergleich zu den Tieren ließe sich die These aufstellen: Aus Erfahrung lernen ist animalisch (also bei Mensch und Tier zu beobachten); aber nur der Mensch kann das Gelernte auch gezielt kritisieren. Wer unkritisch bei dem stehen bleibt, was er aus Erfahrung weiß, der läuft Gefahr, dass er bei neuartigen Situationen – und die Welt des Menschen ändert sich durch menschliche Eingriffe zunehmend rasch und bringt so Neuartiges herauf – mit einem diesen nicht mehr entsprechenden Verhalten reagiert, so dass für ihn das bekannte Sprichwort lauten müsste: „Durch Schaden wird man dumm", wie ja auch der Mensch wohl nie zur Beherrschung des Feuers gelangt wäre, hätte er nicht die aus Erfahrung stammende Scheu des gebrannten Kindes vor dem Feuer überwunden.

Bei den Überprüfungen der Gesetzesaussagen, Hypothesen und Theorien kommt übrigens dem Erscheinenden insofern eine entscheidende Rolle zu, als in jeder Beobachtung Elemente enthalten sind, die zum Bereich des – auch bei Ausklammerung aller Voraussetzungen übrigbleibenden – Erscheinenden gehören. Zwar gehen wir nun die im Alltagsgebrauch, aber auch in der Erfahrungswissenschaft üblichen Tatsachenbehauptungen darüber hinaus; sie sind nämlich zumindest zweifach „theorieabhängig" und nur in einem vorausgesetzten Bezugsrahmen erfaßbar (7). Einmal bestimmt der, welche „Tatsachen" uns überhaupt in den Blick kommen – in der Wissenschaft etwa dadurch, dass man gezielte Experimente anstellt – und welche nicht: Folge einer durch Interessen gelenkten „selektiven Wahrnehmung". Zum anderen lässt er auch nur ganz bestimmte Formulierungen von Sachverhalten zu, die in einem anderen Bezugsrahmen, etwa einer anderen Sprache, anders ausfallen würden. Dennoch müssen diese Tatsachenbehauptungen und damit auch der sie bedingende Bezugsrahmen gerade auch mit den genannten erscheinenden Elementen, auf die sie sich ja ebenfalls beziehen, auch wenn sie darüber hinausgehen, vereinbar sein. Sind sie das nicht, dann werden sie verworfen. Insofern bildet also das Erscheinende den „harten Kern", von dem her auch Theorien falsifiziert werden können, und das Kriterium, an dem sich alle Erfahrungssätze bewähren müssen. Der Satz „Contra facta non valent argumenta", „Gegen Tatsachen haben Argumente kein Gewicht", müsste also genauer heißen „Gegen das Erscheinende verliert alles seine Beweiskraft", daran müssen nicht nur Behauptungen, sondern auch alle Hypothesen und Theorien scheitern, wenn sie sich nicht damit vereinbaren lassen – oder, auf unseren „Bezugsrahmen" zurückgeführt:

Gegen die erkannte Wahrheit behält keine abweichende Urteilsneigung rechtfertigende Kraft.

251 Das heißt allerdings leider nicht, dass sie in anderer Beziehung ebenfalls kraftlos würde; vielmehr kann sie uns dazu führen, dass wir das Erscheinende einfach „nicht zur Kenntnis nehmen", etwa nach dem Motto „Um so schlimmer für die Tatsachen" – ein Satz, den Hegel geantwortet haben soll, als man einwandte, die Tatsachen stimmten mit seinem System nicht überein – oder dass wir – nach einem Ausdruck des Neuen Testaments (Röm 1,18) – „die Wahrheit niederhalten", also unterdrücken und aus unserem Bewusstsein verdrängen. Daher gehört zu einer rechten Erkenntnishaltung auch die Auseinandersetzung mit den eigenen Urteilsneigungen, die man bisweilen verkürzt „Vorurteile" nennt; die Kritik an diesen Neigungen muss darauf ausgerichtet sein, dem Interesse an der Wahrheit der Vorrang vor dem Anliegen einzuräumen, sich oder seiner Gruppe ein behagliches Leben zu sichern. Das ergibt sich wieder aus der ethischen Grundnorm, in allem auf umfassende Freiheit aus zu sein, denn nur wenn wir auch den eigenen Neigungen gegenüber noch einen kritischen Standpunkt einnehmen können, wie ihn die Orientierung auf Wahrheit hin ermöglicht, liefern wir uns ihnen nicht aus, was unsere Freiheit aufhöbe.

*Literatur:*

Husserl 1977.
Janich 1974.
Popper 1979, Vorwort und Einleitung.

## C. Nicht abschließende Schlussbemerkungen

### I. Allgemeine und spezielle Erkenntnistheorie

Mit den bis jetzt hier vorgelegten Überlegungen sind keineswegs alle wichtigen erkenntnistheoretischen Fragen behandelt. Dennoch scheint mir dem Anliegen eines „Grundkurses Philosophie", in dessen Rahmen sie vorgetragen werden, mit ihnen insofern entsprochen zu sein, als sie eine Grundlage liefern, von der aus sich die Vielzahl noch anstehender Probleme in erkenntnistheoretischer Hinsicht klären lassen. Da sich diese Aufgaben nach Bereichen gliedern lassen, könnte man sie speziellen, auf diese Bereiche bezogenen Erkenntnistheorien zuweisen, während dem gegenüber die hier angestellten Erörterungen zur allgemeinen Erkenntnistheorie gehörten, ohne dass sich die Grenzen zwischen diesen mehr allgemeinen oder eher speziellen Fragestellungen – wie auch die zwischen den einzelnen speziellen Bereichen – jeweils scharf ziehen ließen. Dennoch sei hier mit kurzen Beispielen skizziert, wie diese Aufteilung aussehen könnte, und dazu auf Literatur verwiesen.

Zum Teil liegen bereits philosophische Disziplinen vor, die sich etlicher besonderer erkenntnistheoretischer Probleme annehmen. Vor allem die Wissenschaftstheorie, verstanden als „Metatheorie der einzelwissenschaftlichen Erkenntnis" überschneidet sich mit der Erkenntnistheorie; sie hat näher den Begriff und die Aufgabe der Wissenschaft zu klären, ihre Methoden, etwa die Bildung von Theorien und deren Prüfbarkeit zu untersuchen und die wissenschaftlichen Gesetze zu erläutern; dabei wäre etwa auf den naturwissenschaftlichen Begriff der „Kausalität" einzugehen, der sich vom philosophischen unterscheidet. Auch was „Erklären" und „Verstehen" im einzelwissenschaftlichen Sinn bedeutet, hat die Wissenschaftstheorie zu erörtern (vgl. dazu: Ströker, 1973; Stegmüller, 1973b/1974; von Wright, 1974; Ruß, 2004).

Die Begriffe „Wissen" und „Glauben" zu bestimmen, weist man dagegen der „epistemischen Logik" zu (vgl. Lenzen, 1980). Beachtet man etwa, dass „glauben" neben „vermuten", „der Aussage eines anderen trauen" und „sich ganz auf einen anderen verlassen" auch bedeuten kann „etwas für wahr halten, dessen man sich in diesem Augenblick nicht selbst vergewissern kann", so ergibt sich erstaunlicherweise, dass weit über 90% dessen, von dem wir mit Recht sagen, wir wüssten es, geglaubt wird.

Auch die Sprachphilosophie besitzt zahlreiche Berührungspunkte mit der Erkenntnistheorie. Sie wird das Problem der Mitteilbarkeit von

Erkenntnissen zu behandeln haben, die Frage der Bedeutung oder auch das Universalienproblem, das die erkenntnistheoretische Diskussion des Mittelalters bestimmte (vgl. dazu: Keller, 1989; ders., 1977; Kutschera, 1975; Simon, 1981).

Daneben bleiben jedoch Fragen, für die keine eigenen Disziplinen entwickelt sind. So bedarf die Alltagserkenntnis, die Weltsicht der „natürlichen Einstellung" (140), etwa mit der Frage nach der „Außenwelt", die vor allem an der Ungeklärtheit des Begriffs „außen" laboriert (90), eigener Untersuchungen (vgl. dazu etwa: Popper, 1974; Watzlawick, 1976). Aber auch der Mensch wirft als Gegenstand der Erkenntnis besondere Fragen auf, z.B. das „Leib-Seele-Problem" (vgl. dazu: Kutschera, 1982; Brüntrup, 2001) oder sein Raum-Zeit-Apriori. Schließlich muss erörtert werden, wie bei Interessenkonflikt in der Diskussion verschiedener, vor allem gesellschaftlicher und politischer Ansichten erkenntnistheoretisch zu verfahren ist, wozu es Vorschläge der „Erlanger Schule" (vgl. Lorenzen, 1975), von J. Habermas (1981) und von K.-O. Apel (1973, 11, 358ff) gibt vgl. Keller 1979). Außerdem bedarf auch die Begründung weltanschaulichen Glaubens, einschließlich der Frage nach dem Sinn von allem, einer erkenntnistheoretischen Rechtfertigung (vgl. Frankl, 1979; Lotz, 1977; Müller, 1980; Weger, 1981 b). Diese Hinweise können – ohne im geringsten umfassend zu sein – erklären, wie unabschließbar die Themen der Erkenntnistheorie sich darstellen. Es genügt im übrigen, verschiedene neuere Veröffentlichungen zur Erkenntnistheorie zu vergleichen, um zu entdecken, wie jeweils unterschiedliche Aspekte und Fragen im Vordergrund stehen, je nach der philosophischen Herkunft und dem besonderen Interesse des jeweiligen Autors. Eine solche Vielfalt ist eben angesichts der Variationsbreite erkenntnistheoretischer Probleme durchaus gerechtfertigt, wenn niemand seine Darlegung dogmatisch als die alle anderen ausschließende endgültige Erkenntnistheorie ausgibt. Die eigenen Thesen und Argumente jedoch gegen schlechthin widersprechende als richtig, die damit unvereinbaren als falsch darzutun und zu behaupten, ist unerlässlich, wenn Erkenntnistheorie nicht zu einem unverbindlichen Gerede herabgewürdigt werden soll. Diesen Anspruch auf Richtigkeit, der sich voll vereinen lässt mit dem Eingeständnis der Ergänzungsbedürftigkeit und Verbesserungsfähigkeit, erhebt auch die hier vorgelegte allgemeine Erkenntnistheorie.

*Literatur:*

Wetzel 1978.
Chisholm 1979.

Prauss 1980.
Kaltschew 1987.
de Vries 1980a.
Kutschera 1982.
Grundmann 2003

## II. Das Menschenbild dieser allgemeinen Erkenntnistheorie

Zum Schluss sei noch darauf hingewiesen, welches Menschenbild in der hier vorgetragenen Erkenntnistheorie nicht vorausgesetzt, sondern grundgelegt wird. Freilich kann es sich dabei nicht um eine ausgearbeitete philosophische Theorie vom Menschen handeln, wie sie die philosophische Anthropologie zum Ziel hat, aber doch darum, einige markante Züge vorzuzeichnen, die jeder weiteren Ausgestaltung eines philosophischen Menschenbildes als Richtlinien dienen können.

### 1. Zwischen Dogmatismus und Skeptizismus

So wurde der Nachweis erbracht, dass der Mensch zwar der Wahrheitserkenntnis fähig ist, dass diese ihm aber nur in einem sehr engen Bereich zugänglich ist, der nur einen verschwindenden Bruchteil dessen abdeckt, worauf es sich erkennend bezieht. Damit ist er weder zum Skeptizismus genötigt, der in sich als Theorie unvertretbar, als sich allem Engagement entziehende Praxis unverantwortbar (103) ist, und zu einem standpunktlosen Mitläufertum führt; noch kann er sich die dogmatische Arroganz leisten, die in allem unfehlbar Bescheid weiß, dadurch das Fragen erstickt (12), zum Dialog unfähig ist, weil sie den eigenen Standpunkt jeder Diskussion entzogen, den der anderen indiskutabel glaubt und so in Intoleranz gerät, da sie zwischen absoluter Gewissheit und verwerflichen Ansichten keine Zwischenstufe kennt. Vielmehr ist gerade in diesem Zwischenfeld zwischen erkannter Wahrheit und erkannter Falschheit das meiste angesiedelt, was wir unsere Erkenntnis nennen.

Ein Vorzug der hier vorgelegten Erkenntnistheorie kann in ihrer Absicht gesehen werden, deutlich zu machen, dass wir unsere Einstellung zu diesen Erkenntnissen, ob wir sie für gewiss halten, für wahrscheinlich, für zweifelhaft oder für unannehmbar, zu verantworten haben und verantworten können, dass somit ethische Überlegungen ebenso einzubringen sind, wie sie zur Rechtfertigung des wissenschaftlichen Vorgehens und der wissenschaftlichen Ergebnisse im Grunde – und dieses „im Grund" ist hier wörtlich zu nehmen – unentbehrlich sind, so dass es eine „Wertfreiheit" der Wissenschaft zumindest in diesem Sinn, dass sie gegen ethische Aussagen immun wäre, nicht geben kann. Anders als die sonstigen alltäglichen und wissenschaftlichen Annahmen kann übrigens die Überzeugung vom „Sinn des Ganzen" nicht durch ein Abwägen der Motive, verbunden mit dem ethischen Grundsatz, dass größtmögliche Freiheit formal anzuzielen wäre, gerechtfertigt werden (236); vielmehr liegt sie selbst zur Ausrichtung deshalb zugrunde, weil sie selbst zur Ausrichtung des Menschen auf ein unbedingtes Ziel als deren gedankliche Erfassung gehört.

257

*Literatur:*

Dux 1982.
Haeffner 2000

## 2. Wahrheitsfähigkeit und Menschenwürde

So dürftig sich zunächst die Fähigkeit des Menschen, die Wahrheit zu erkennen, ausnehmen mag, da sie – falls es um Existenzbehauptungen geht – auf das beschränkt ist, was hier und jetzt dem Einzelnen in seinem Anschauungsraum und der gegenwärtigen Erlebniszeit erscheint, bei den Einsichten in Wahrheitszusammenhänge hingegen Existierendes nicht erreicht, so eröffnet sich doch der Blick auf das, was Würde des Menschen, Personalität, Menschenrecht heißt.

Wenn wir von dem geschilderten Fall ausgehen (207), dass ein – im übrigen vielleicht als ganz ungebildet und auch unintelligent eingestufter – Mensch mit der Aussage: „Ich habe Schmerzen" nicht nur gegen alle Koryphäen unserer Welt, sondern überhaupt gegen schlechthin jedermann recht hat und behalten muss, der gegen die von ihm erkannte Wahrheit Einspruch erheben möchte, dann zeigt sich darin zunächst ein Bezug des Menschen zu einem absoluten oder unbedingten Erkenntnishorizont, da er mit seiner Behauptung einen Anspruch erhebt – nicht weil er das möchte, sondern insofern sie wahr ist –, der für jede mögliche Welt gilt, also von keiner sonstigen Bedingung abhängt als eben von der Wahrheit. Insbesondere spielen das Herkommen des Menschen, seine Qualitäten, seine moralische Einstellung, seine Absichten und Vorlieben und ähnliches, also auch weder die Konstruktion seines Gehirns, seine Klassen- und Rassenzugehörigkeit noch seine psychische Beschaffenheit und Lage eine Rolle, die diese Unbedingtheit beeinträchtigen könnte. Daher muss eine biologistische, eine soziologistische oder psychologistische Erkenntnistheorie scheitern, da sie das menschliche Erkennen voll aus seiner biologisch, soziologisch oder psychologisch beschreibbaren Eigenart ableiten wollen. In seiner Wahrheitsfähigkeit erweist sich der Mensch vielmehr als eine „causa prima" oder Erstursache im Erkenntnisprozess; obwohl sich der Mensch unbestritten phylogenetisch – also seiner Art nach –, wie ontogenetisch – als Individuum – entwickelt hat und obgleich diese Entwicklungsschritte auch wissenschaftlich beschrieben werden können, genügen sie nicht, die Wahrheitsfähigkeit des Menschen zu begründen: ich muss nicht eine bestimmte Genese des Menschen voraussetzen und kann es nicht, um zu erläutern, dass eine Aussage wahr ist und welche Konsequenzen sich daraus ergeben: deswegen ist der Mensch nicht zur Gänze erklärbar. Weil bei aller Verschiedenheit der Menschen darin der am schwächsten begabte oder qualifizierte mit dem überragenden übereinkommt, dass er, insofern er nur die Wahrheit erkennt – und das vermag er, sei es auch nur bei der simplen Aussage über sein Empfinden –, gegen jedermann recht haben kann, gibt es eine grundsätzliche Gleichrangigkeit der Menschen, die den fordernden Satz rechtfertigt, der zur Begründung jeder Demokratie gehört: „Alle Menschen sind gleichberechtigt!", obwohl die Erfahrung, da sie uns die weitreichende Ungleichheit der Menschheit vor Augen führt, kaum zu diesem Postulat gelangen kann. Dass der Mensch in seinem Wahrheitsanspruch auch nicht von der Zustimmung anderer abhängt, macht weiter deutlich, dass ihm auch Recht von anderen nicht einfach zu- oder abgesprochen werden kann. Der Mensch hat recht und er hat Rechte nicht erst, wenn ihm andere das einräumen. Man kann zwar Konventionen über Menschenrechte treffen, aber sie hängen in ihrem Grund von keiner Übereinkunft ab; umgekehrt gäbe es keine verpflichtende Übereinkunft, wenn ihr nicht Rechte vorauslägen, etwa das Recht, dass sich jemand auf eine getroffene Übereinkunft verlassen kann. Rechte nämlich legen auch Pflichten auf, fordern Verantwortung; und das eine ist ohne das andere nicht zu erläutern: wo es keine Rechte gäbe, bestünden auch keine Pflichten, käme keine Verantwortung ins Spiel und umgekehrt. Der Mensch allein aber ist unter allen uns bekannten Wesen, eben weil er der Wahrheit fähig ist, Träger von Verantwortung, von Rechten und Pflichten. Darin besteht seine Personalität, darin gründet sein Rang, seine Würde. Deshalb liegt im Aufweis seiner Fähigkeit zur Wahrheit und der damit verbundenen Ausrichtung auf Freiheit die vorzüglichste Aufgabe der allgemeinen Erkenntnistheorie.

*Literatur:*

Balthasar 1947.
Kolakowski 1980.

# Bibliographie

Adorno, Th. W.: Zur Metakritik der Erkenntnistheorie, in: Gesammelte Schriften, Bd. 5, Frankfurt 1971

Adorno, Th. W.: Kulturkritik und Gesellschaft (Eingriffe, Stichworte Bd. 2), in: Gesammelte Schriften, Bd. 10, 2, Frankfurt 1977

Adorno, Th. W. (u.a.): Der Positivismusstreit in der deutschen Soziologie, Neuwied 1969

Albert, H.: Traktat über kritische Vernunft, Tübingen ⁴1980

Anzenbacher, A., Einführung in die Philosophie, 10. Aufl., Freiburg i.Br. 2004

Apel, K.-O.: Transformation der Philosophie (Sprachanalytik, Semiotik, Hermeneutik, Bd. 1), (Das Apriori der Kommunikationsgemeinschaft, Bd. 2), Frankfurt 1973

Apel, K.-O (u.a.): Hermeneutik und Ideologiekritik, Frankfurt 1971

Aristoteles: Nikomachische Ethik, hrsg. von G. Bien, Hamburg ³1972 (zitiert: NE)

Aristoteles: Metaphysik, gr.-dt., übers. von H. Bonitz, Hamburg 1978 (zitiert: Met)

Augustinus: De Trinitate, übers. von M. Schmaus, in: Bardenhewer (u.a.): Bibliothek der Kirchenväter, 2. Reihe, Bd. 14., München 1936 (zitiert: De Trin)

Augustinus: De Civitate Dei, hrsg. von A. Kalb, Leipzig 51938139 (zitiert: De Civ Dei)

Augustinus: Contra Academicos (Aurelii Augustini contra Academicos, De beata vita necnon De ordine libri, Bd. 2), in: Stromata patristica et medievalia, hrsg. von W.M. Green, Antwerpen-Utrecht 1956 (zitiert: Contra Acad)

Austin, J.L.: Sinn und Sinneserfahrung, Stuttgart 1975

Bacon, F.: The Works of Francis Bacon (Faksimile und Neudruck der Ausgabe von Spedding, Ellis und Heath, London 1857–1874, in 14 Bdn.), 1.Bd., Stuttgart 1963

Balthasar, H.U. v.: Wahrheit (Bd. 1: Wahrheit der Welt), Einsiedeln, Zürich 1947

Barley, D.: Wissenschaft und Lebenswahrheit, Stuttgart 1980

Bartelborth, T., Begründungsstrategien. Ein Weg durch die analytische Erkenntnistheorie, Berlin 1996

Becker, W.: Wahrheit und sprachliche Handlung, München 1988

Berger, P.L., Luckmann, Th.: Gesellschaftliche Konstruktion der Wirklichkeit, Frankfurt 1970

Bochenski, I. M.: Die zeitgenössischen Denkmethoden, München 1980

Bieri, P. (Hg.), Analytische Theorie der Erkenntnis, Frankfurt a.M. 1987

Bogen, H.J.: Mensch aus Materie, München, Zürich 1976

Brugger, W. (Hrsg.), Philosophisches Wörterbuch, 14. Aufl., Freiburg 1976

Brugger, W.: Artikel Definition", in: Brugger, W. (Hrsg.): Philosophisches Wörterbuch, 14. Aufl., Freiburg 1976

Brüntrup, G., Das Leib-Seele-Problem. Eine Einführung, Stuttgart, 2. Aufl. 2001.

Carnap, R.: Scheinprobleme in der Philosophie und andere metaphysikkritische Schriften, Hamburg 2004

Cassirer, E.: Philosophie der symbolischen Formen, Teil 1: Die Sprache, Darmstadt ⁶1973

Chisholm, R.M.: Erkenntnistheorie, München 1979

Conradt, R.: Empirische Erkenntnislehre. Grundzüge einer allgemeinen Lehre vom Lernen auf der Basis der Erfahrungswissenschaften, Frankfurt 1973

Coreth, E.: Metaphysik, Innsbruck ²1964

Coreth, E.: Grundfragen der Hermeneutik, Freiburg 1969

Davidson, D.: Subjektiv, intersubjektiv, objektiv, Frankfurt 2004

Delius, H.: Untersuchungen zur Problematik der sogenannten synthetischen Sätze a priori, Göttingen 1963

Descartes, R.: Discours de la methode, Von der Methode des richtigen Vernunftgebrauchs und der wissenschaftlichen Forschung, frz.-dt. Parallelausgabe, übers. und hrsg. von L. Gäbe, Hamburg 1969 (zitiert: Discours)

Descartes, R.: Meditationes de prima philosophia, Meditationen über die Grundlagen der Philosophie, lat.-dt., hrsg. von L. Gäbe, Hamburg 1976 (zitiert: Meditationes)

Diemer, A.: Artikel „Erkenntnistheorie 1", in: Ritter, J. (Hrsg.): Historisches Wörterbuch der Philosophie, Bd. 2, Darmstadt 1972

Diemer, A.: Elementarkurs Philosophie (Dialektik, 13d. 1), Düsseldorf Wien 1976

Duden Etymologie, Herkunftswörterbuch der deutschen Sprache, Der große Duden, Bd. 7, Mannheim 1963

Duden Grammatik, Der große Duden, Bd. 4, Mannheim 1966

Dux, G.: Die Logik der Weltbilder. Sinnstrukturen i:n Wandel der Geschichte, Frankfurt 1982

Eccles, J.G.: Wahrheit und Wirklichkeit, Heidelberg / New York 1975

Engels, E.-M.: Erkenntnis als Anpassung?, Frankfurt am Main 1990

Engels, F.: Vorarbeiten zum „Anti-Dühring", in: Marx, Engels Werke, Bd. 20, Berlin 1962a

Engels, F.: Herrn Eugen Dührings Umwälzung der Wissenschaft (= Anti Dühring), in: Marx, Engels Werke, Bd. 20, Berlin 1962b.

Enskat, R., Authentisches Wissen. Prolegomena zur Erkenntnistheorie in praktischer Hinsicht, Göttingen 2005,

Essler, W.K.: Wissenschaftstheorie (Definition und Reduktion, Bd. 1), Freiburg, München 1970

Flechtner, H.J.: Memoria und Mneme, Bd. I: Gedächtnis und Lernen in psychologischer Sicht, Stuttgart 2 1976 Bd. II: Biologie des Lernens, Stuttgart 1976 Bd. III: Das Gedächtnis, Stuttgart 1979

Frankl, V.E.: Der Mensch vor der Frage nach dem Sinn, München, Zürich 1979

Franzen, W.: Die Bedeutung von „wahr", und „Wahrheit", Freiburg, München 1982

Frege, G.: Funktion, Begriff, Bedeutung, Göttingen 1962

Gabriel, G.: Definitionen und Interessen, Stuttgart 1972

Gadamer, H.-G.: Wahrheit und Methode, Grundzüge einer philosophischen Hermeneutik, Tübingen ³1972

Glasersfeld, E. v.: Radikaler Konstruktivismus. Ideen, Ergebnisse, Probleme. Frankfurt/M., 1996

Gloy, K.: Wahrheitstheorien, Tübingen 2004

Gödel, K.: Über formal unentscheidbare Sätze der Principia Mathematica und verwander Systeme, in: Monatshefte für Mathematik und Physik 38 (1931), 173–198)

Gödel, K.: Wahrheit & Beweisbarkeit, 2 Bde., Wien 2002

Grabmann, M.: Die Geschichte der scholastischen Methode, 2 Bde., Freiburg 1909/11 (unveränderter Nachdruck, Berlin 1957/61)

Grundmann, Th. (ed.): Erkenntnistheorie: Positionen zwischen Tradition und Gegenwart, Paderborn 2003

Habermas, J.: Technik und Wissenschaft als „Ideologie", Frankfurt 1969

Habermas, J.: Erkenntnis und Interesse, Frankfurt 1973

Habermas, J.: Theorie des kommunikativen Handelns (Handlungsrationalität und gesellschaftliche Rationalisierung, Bd. 1), (Zur Kritik der funktionalistischen Vernunft, Bd. 2), Frankfurt 1981

Haeffner, G.: Philosophische Anthropologie, 3. Aufl., Stuttgart 2000

Handbuch der Psychologie (Der Aufbau des Erkennens, Bd. 1) 1. Halbbd.: Metzger, W. (Hrsg.): Wahrnehmung und Bewußtsein, Göttingen 1966; 2. Halbbd.: Bergius, R. (Hrsg.): Lernen und Denken, Göttingen 1964

Hegel, G.W.F.: System der Philosophie, Erster Teil. Die Logik, hrsg. von H. Glockner (= 8. Bd. der Jubiläumsausgabe), Stuttgart 1929

Hegel, G.W.F.: Phänomenologie des Geistes, hrsg. von J. Hoffmeister, Hamburg ⁶1952

Hegel, G.W.F.: Enzyklopädie der philosophischen Wissenschaften im Grundrisse, hrsg. von F. Nicolin und O. Pöggeler, Hamburg 1959

Hersch, J.: Das philosophische Staunen, München 1981

Heidegger, M.: Die Frage nach dem Ding, Tübingen 1962

Heidegger, M.: Einführung in die Metaphysik, Tübingen ³1966

Heidegger, M.: Zur Sache des Denkens, Tübingen 1969

Heidegger, M.: Sein und Zeit, Tübingen ¹⁵1979

Herder, J. G.: Abhandlung über den Ursprung der Sprache, in: Sprachphilosophische Schriften, Hamburg 1960

Hoche, H.-U. und Strube, W.: Analytische Philosophie, Freiburg/München, 1985

Hoeres, W.: Kritik der transzendentalphilosophischen Erkenntnistheorie, Stuttgart 1969

Hogrebe, W. (Hrsg.): Grenzen und Grenzüberschreitungen. XIX. Deutscher Kongreß für Philosophie, 2002, Vorträge und Kolloquien, Berlin 2004,

Holenstein, E.: Von der Hintergehbarkeit der Sprache, Frankfurt 1980

Horkheimer, M.: Kritische Theorie, 2 Bde, Frankfurt ³1977

Hume, D.: Eine Untersuchung über den menschlichen Verstand, hrsg. von R. Richter, Leipzig ⁶1920

Husserl, E.: Logische Untersuchungen 1 (Husserliana, Bd. 18), Den Haag 1975

Husserl, E.: Ideen zu einer reinen Phänomenologie und phänomenologischen Philosophie (Husserliana, Bd. 3), Den Haag 1976 (zitiert: Ideen)

Husserl, E.: Die Krisis der europäischen Wissenschaften und die transzendentale Phänomenologie, hrsg. von E. Ströker, Hamburg 1977

Janich, P. (u.a.): Wissenschaftstheorie als Wissenschaftskritik, Frankfurt 1974

Jankowitz, W.-G.: Philosophie und Vorurteil, Meisenheim 1975

Jaspers, K.: Einführung in die Philosophie, München 1953

Kaltschew, B.: Rational – empirische Erkenntnistheorie. Denken, Zeichen, Zeit, Stuttgart 1987

Kamlah, W., und Lorenzen, P.: Logische Propädeutik, Mannheim ²1973

Kant, I.: Kritik der reinen Vernunft, Werke in 6 Bdn, hrsg. von W. Weischedel, Bd. 11, Darmstadt 1956 (zitiert: KrV)

Kant, I.: Immanuel Kants Logik, ein Handbuch zu Vorlesungen, Werke in 6 Bdn., hrsg. von W. Weischedel, Bd. III, Darmstadt 1958 (zitiert: Logik)

Kant, I.: Grundlegung zur Metaphysik der Sitten, Werke in 6 Bdn., hrsg. von W. Weischedel, Bd. IV, Darmstadt 1956 (zitiert: Grundlegung)

Kant, I.: Beantwortung der Frage: Was ist Aufklärung?, Werke in 6 Bdn., hrsg. von W. Weischedel, Bd. VI, Darmstadt 1964 (zitiert: Aufklärung)

Karsten, A. (Hrsg.): Vorurteil. Ergebnisse psychologischer und sozial-psychologischer Forschung, Darmstadt 1978

Keller, A.: Sein oder Existenz?, Pullach 1968a

Keller,A.: Heutige Aufgaben der Erkenntnistheorie, in: Lotz, J. B.(Hrsg.): Neue Erkenntnisprobleme in Philosophie und Theologie, Freiburg 1968 b, 13–38

Keller, A.: Artikel „Sein. in: Krings, H. u.a. (Hrsg.): Handbuch philosophischer Grundbegriffe, Bd. 3, München 1974, 1288–1304

Keller, A.: Über die Mitteilbarkeit von Wahrheit, in: Zeitschrift für katholische Theologie 99 (1977), 417–434

Keller, A.: Erkenntniskritik als Gesellschaftskritik, in Hochschule für Philosophie München, Jahresbericht 1979, 1–12

Keller, A.: Zeit – Tod – Ewigkeit. Der Tod als Lebensaufgabe, Innsbruck, Wien, München 1981

Keller, A.: Sprachphilosophie, Freiburg, München 1989

Keller, A.: Philosophie der Freiheit. Graz Wien Köln 1994

Klaus, G. und Buhr, M.: Philosophisches Wörterbuch, Leipzig [10] 1974

Kolakowski, L.: Wie ist eine gottlose Wahrheit möglich? Die Antwort: auf keinerlei Weise, in: Huber, H., u.a. (Hrsg.): Glaube und Wissen, Wien 1980

Kolmer, P., Wahrheit. Plädoyer für einen hermeneutischen Neuansatz in der Wahrheitstheorie, Freiburg 2005

Kraft, V.: Die Grundlagen der Erkenntnis und der Moral, Berlin 1968

Kreuth, H.: Realität und Wahrheit. Zur Kritik des kritischen Rationalismus, Tübingen, 1978

Krings, H., Baumgartner, H. M., Wild, Ch. (Hrsg.): Handbuch philosophischer Grundgegriffe, 3 Bde, München 1973f

Kripke, S.: Name und Notwendigkeit, Frankfurt 1981

Kuhre, H. und Wiedmann, F. (Hrsg.): Die Philosophie und die Frage nach dem Fortschritt, München 1964

Kutschera, F. v.: Wissenschaftstheorie, 2 Bde, München 1972

Kutschera, F. v.: Sprachphilosophie, München [2] 1975

Kutschera, F, v.: Grundfragen der Erkenntnistheorie, Berlin, New York 1982

Landgrebe, L.: Der Weg der Phänomenologie, Gütersloh 1978

Leibniz, G. W.: Grundwahrheiten der Philosophie, Monadologie, frz.-dt. Parallelausgabe, kommentiert von J. Ch. Horn, Frankfurt 1962 (zitiert: Monadologie)

Lenin, W. I.: Zur Kritik der Hegelschen „Wissenschaft der Logik", in: Lenin, Aus dem philosophischen Nachlaß, Berlin 1949

Lenk, K.: Ideologie, Ideologiekritik und Wissenssoziologie, Berlin, Neuwied [6] 1972

Lenzen, W.: Glauben, Wissen und Wahrscheinlichkeit, Systeme der epistemischen Logik, Wien 1980

173

Lorenz, K.: Elemente der Sprachkritik, Frankfurt 1970

Lorenz, K. (Hrsg.): Konstruktionen versus Positionen, Bd.I, Berlin, New York 1979

Lorenzen, P.: Formale Logik, Berlin ⁴1970

Lorenzen, P.: Methodisches Denken, Frankfurt 1974

Lorenzen, P. und Schwemmer, O.: Konstruktive Logik, Ethik und Wissenschaftstheorie, Mannheim ²1975

Lotz, J. B.: Artikel „Wesen", in: Brugger, W. (Hrsg.): Philosophisches Wörterbuch, 14. Aufl., Freiburg 1976

Lotz, J. B.: Wider den Un-Sinn, Frankfurt 1977

Lübbe, H.: Der Mensch als Orientierungswaise?, Freiburg München 1982

Luyten, N. A. (Hrsg.): Fortschritt im heutigen Denken, Freiburg, München 1974

Marx, K.: Die deutsche Ideologie, in: Marx, Engels Werke, Bd. 3, Berlin 1962

Menne, A.: Einführung in die Methodologie, Darmstadt 1980

Merleau-Ponty, M.: Phänomenologie der Wahrnehmung, Berlin 1966

Mittelstraß, J.: Der Flug der Eule, Frankfurt am Main 1989

Müller, M.: Der Kompromiß oder von Unsinn und Sinn menschlichen Lebens, Freiburg, München 1980

Nelson, L.: Über das sogenannte Erkenntnisproblem, Göttingen 1908

Newman, J. H.: Entwurf einer Zustimmungslehre, Ausgewählte Werke, Bd. 7, hrsg. von M. Laros und W. Becker, Mainz 1962

Oeing-Hanhoff, L.: Artikel „Methode, scholastische", in: Ritter, J. (Hrsg.): Historisches Wörterbuch der Philosophie, Bd. 5, Darmstadt 1980, 1369ff

Oerter, R.: Erkennen, Donauwörth 1974

Patzig, G.: Tatsachen, Normen, Sätze, Stuttgart, 2. Aufl. 1988

Pettöfi, J. S. (u.a.): Fachsprache – Umgangssprache, Kronberg 1975

Peursen, C. A. van: Wirklichkeit als Ereignis, Freiburg, München 1971

Piaget, J.: Einführung in die genetische Erkenntnistheorie, Frankfurt 1973

Platon: Der Staat, in: Werke in acht Bdn., gr.-dt., hrsg. von G. Eigler, 4. Bd., Darmstadt 1971

Platon: Menon, in: Werke in acht Bdn., gr.-dt., hrsg. von G. Eigler, 2. Bd., Darmstadt 1973 (zitiert: Menon)

Platon: Phaidon, in: Werke in acht Bdn., gr.-dt., hrsg. von G. Eigler, 3. Bd., Darmstadt 1974 (zitiert: Phaidon)

Popper, K.R.: Objektive Erkenntnis, Hamburg ²1974

Popper, K.R.: Logik der Forschung, 11.Aufl., Tübingen 2005

Popper, K.R.: Die beiden Grundprobleme der Erkenntnistheorie, Tübingen 1979

Prauss, G.: Einführung in die Erkenntnistheorie, Darmstadt 1980

Puntel, L.B.: Wahrheitstheorien in der neueren Philosophie, Darmstadt 1978

Puntel, L.B.: Der Wahrheitsbegriff: Neue Erklärungsversuche, Darmstadt 1987

Puntel, L.B.: Wahrheitstheorien in der neueren Philosophie. Eine kritisch-systematische Darstellung, Darmstadt 1993.

Putnam, H.: Die Bedeutung von „Bedeutung", Frankfurt, 3., ergänzte Auflage 2004.

Rahner, K.: Nicht jeder Künstler ist ein Heiliger, in: Entschluß 37 (1982) 1/4

Reinalter, H. (Hrsg.): Gibt es Grenzen der Vernunft?, Innsbruck 2002

Reinisch, L. (Hrsg.): Grenzen der Erkenntnis, Freiburg 1969

Riedel, M.: Zweck- und bedürfnisgebundenes Handeln, in: Poser, H. (Hrsg.). Philosophische Probleme der Handlungstheorie, Freiburg 1982

Riedl, R.: Biologie der Erkenntnis. Die stammesgeschichtlichen Grundlagen der Vernunft, Berlin 1980

Riedl R., Die Evolutionäre Erkenntnistheorie im Spiegel der Wissenschaften, Wien 1996

Risse, W. (u.a.): Artikel „Dialektik", in: Ritter, J. (Hrsg.): Historisches Wörter-buch der Philosophie, Bd. 2, Darmstadt 1972, 164–226

Ritter, J. (Hrsg.): Historisches Wörterbuch der Philosophie, Darmstadt 1971ff
ebenda: Artikel „intersubjektiv", Bd. 4, Darmstadt 1976

Rorty, R.: Der Spiegel der Natur, Kritik der Philosophie, Frankfurt 1981

Ruß, H.G, Wissenschaftstheorie, Erkenntnistheorie und die Suche nach der Wahrheit, Stuttgart 2004.

Russell, B.: Wahrheit und Falschheit, in: Skirbekk, G. (Hrsg.): Wahrheitstheorien, Frankfurt 1977

Russell, B.: William James (Auszug aus der Philosophie des Abendlandes 1946), in. Skirbekk, G. (Hrsg.): Wahrheitstheorien, Frankfurt 1977

Salamun, K.: Was ist Philosophie?, Tübingen 1980

Sartre, J.-P.: Das Sein und das Nichts, Versuch einer phänomenologischen Onto-logie, Hamburg 1962

Savigny, E. v.: Die Philosophie der normalen Sprache, Frankfurt 1969

Scheler, M.: Die Wissensformen und die Gesellschaft, Leipzig 1926

Schmidt, A. (Hrsg.): Beiträge zur marxistischen Erkenntnistheorie, Frankfurt 1969

Schmidt, A.: Restimee, in: Bingel, H. (Hrsg.). – Dt. Prosa, München [2]1967

Schnädelbach, H., Erkenntnistheorie zur Einführung, Hamburg 2002

Schüling, H. System und Evolution des menschlichen Erkennens, Ein Handbuch der evolutionären Erkenntnistheorie, 9 Bände, Bd. 1–6, Hildesheim 1998–2004

Schwemmer, O. (Hrsg.); Vernunft, Handlung u. Erfahrung, München 1981

Seifert, J.: Erkenntnis objektiver Wahrheit, Salzburg [2]1976

Sextus Empiricus: Grundriß der pyrrhonischen Skepsis, EinL. und Übers: von M. Hossenfelder, Frankfurt 1968

Simon, J.: Wahrheit als Freiheit, Berlin, New York 1978

Simon, J.: Sprachphilosophie, Freiburg 1981

Skirbekk, G. (Hrsg.); Wahrheitstheorien, Frankfurt 1977

Spaemann, R., Löw, R.: Die Frage wozu? Geschichte und Wiederentdeckung des teleologischen Denkens, München 1981

Spinoza, B. de: Epistolae, in: Opera, hrsg. von C. Gebhardt, 4.Bd., Heidelberg [2]1955/59

Splett, J.: Der Mensch und seine Freiheit, Mainz 1967

Stegmüller, W.: Das Wahrheitsproblem und die Idee der Semantik, Wien [2] 1968

Stegmüller, W.: Der Phänomenalismus und seine Schwierigkeiten/Sprache und Logik, Darmstadt 1969

Stegmüller, W.: Unvollständigkeit und Unentscheidbarkeit, Wien [3]1973a

Stegmüller, W.: Probleme und Resultate der Wissenschaftstheorie und Analyti-schen Philosophie,
Bd.I; Wissenschaftliche Erklärung und Begründung, Heidelberg/New York [2]1974

175

Bd. IV: Personelle und statistische Wahrscheinlichkeit, Heidelberg/New York 1973b

Stegmüller, W.: Hauptströmungen der Gegenwartsphilosophie, Bd. 1, Stuttgart ⁶1978

Strasser, H. und Knorr, K. D. (Hrsg.): Wissenschaftssteuerung, Frankfurt 1976

Ströker, E.: Einführung in die Wissenschaftstheorie, Darmstadt 1973

Ströker, E. und Janssen, P.: Phänomenologische Philosophie, Freiburg i. Br. 1989

Tarski, A.: Der Wahrheitsbegriff in den formalisierten Sprachen, in: Studia Philosophica (1935) 1, abgedr. in: Berka, K., Kreiser, L.: Logik-Texte, Berlin 1971, 447–559

Theobald, D. W.: Grundzüge der Wissenschaftsphilosophie, Stuttgart 1973

Thomas von Aquin: Summa Theologica, ed. Marietti, I und I–II, Turin 1948 (zitiert: S. Th.)

Thomas von Aquin: In duodecim libros Metaphysicorum Aristotelis Expositio, ed. Marietti, Turin-Rom 1950 (zitiert: Metaphysik)

Thomas von Aquin: De Veritate, in: Quaestiones Disputatae, Bd. 1, ed. Marietti, Turin/Rom 1953 (zitiert: De Ver)

Thomas von Aquin: Über das Sein und das Wesen (De ente et essentia), dt. lat., hrsg. von R. Allers, Köln 1953 (zitiert: De Ente)

Uexküll, J.v., Kriszat, G.: Streifzüge durch Umwelten von Tieren und Menschen, Frankfurt 1970

Vollmer, G.: Evolutionäre Erkenntnistheorie, Stuttgart 1998

Vries, J. de: Denken und Sein, Freiburg 1937

Vries, J. de: Grundfragen der Erkenntnis, München 1980a

Vries, J. de: Grundbegriffe der Scholastik, Darmstadt 1980b

Vries, J. de, und Lotz, J. B.: Philosophie im Grundriß, Würzburg 1969

Watzlawick, P.: Wie wirklich ist die Wirklichkeit? Wahn, Täuschung, Verstehen, München 1976

Weger, K.-H.: Vom Elend des kritischen Rationalismus, Regensburg 1981a

Weger, K.-H.: Der Mensch vor dem Anspruch Gottes, Graz, Wien, Köln 1981b

Weischedel, W.: Der Gott der Philosophen (Abgrenzung und Grundlegung, 2. Bd.), Darmstadt 1972

Weiss, A. v.: Neomarxismus, Freiburg, München 1970

Weizsäcker, C. F. v.: Die Einheit der Natur, Studien, München 1972

Wetzel, M.: Erkenntnistheorie, München 1978

Wild, Ch.: Philosophische Skepsis, Königstein/Taunus 1980

Wittgenstein, L.: Tractatus logico-philosophicus (Schriften Bd. 1), Frankfurt 1960 (zitiert: TLP)

Wittgenstein, L.: Philosophische Untersuchungen (Schriften Bd. 1), Frankfurt 1960 (zitiert: PhU)

Wittgenstein, L.: Wittgenstein und der Wiener Kreis, Gespräche aufgezeichnet von F. Waismann, hrsg. von B. F. McGuiness, Oxford 1967

Wittgenstein, L.: Philosophische Grammatik, hrsg. von R. Rees (Schriften Bd. 4), Frankfurt 1969 (zitiert: PhGr)

Wittgenstein, L.: Zettel, hrsg. von G. E. M. Anscombe u. G. H. von Wright, (Schriften Bd. 5), Frankfurt 1970a

Wittgenstein, L.: Über Gewißheit, hrsg. von G. E. M. Anscombe und G. H. von Wright, Frankfurt 1970b

Wohlgenannt, R.: Was ist Wissenschaft?, Braunschweig 1969

Wolf, H. E.: Kritik der Vorurteilsforschung, Stuttgart 1979

Wright, G. H. v.: Erklären und Verstehen, Frankfurt 1974

Wuchterl, K.: Methoden der Gegenwartsphilosophie, Bern 1977

Zubiri, X.: Vom Wesen, München 1968

# Namenregister

(Die Ziffern in den beiden Registern verweisen auf die Randnummern im Text)

# Sachregister

(Die Ziffern in den beiden Registern verweisen auf die Randnummern im Text)